TERRI COLE

KENDİN OLMA HAKKI VE SINIRLARINA HAKİM OLMAK

okuyan us

okuyan us

Psikoloji/Psikiyatri - 111

Kendin Olma Hakkı ve Sınırlarına Hakim Olmak
Doğruyu Konuşmak, Görülmek ve (Nihayet)
Özgürce Yaşamak İçin Temel Rehber
Terri Cole

ISBN: 978-625-7344-45-6
Yayıncı Sertifika No. 49055

1. Baskı: İstanbul, Mart 2022

Genel Yayın Yönetmeni: Cem Mumcu
Yayın Yönetmeni: Meltem Türkeri
İngilizceden Çeviren: Hale Türkeş
Editör: Erkam Evlice
Redaksiyon: Ayça Dilara Gerçek

Kapak Tasarımı: Deniz Dalkıran
Sayfa Tasarımı: Deniz Dalkıran

Baskı ve Cilt: Optimum Basım, Tevfikbey Mah. Dr. Ali Demir Cad.
NO:51/1, 34295 Küçükçekmece/İstanbul, T: +90 212 463 71 25
Sertifika no: 41707

Orijinal Adı: *Boundary Boss*

Kurucu: Cem Mumcu

Özgür ve Ebru, hep bizimlesiniz...

Adres: Gürsel Mah. İcabet Sokak, No:3 Daire:6
Kağıthane, İstanbul Tel.: (0212) 272 20 85 - 86

okuyanus@okuyanus.com.tr
www.okuyanus.com.tr

TERRI COLE

KENDİN OLMA HAKKI VE SINIRLARINA HAKİM OLMAK

Doğruyu Konuşmak, Görülmek
ve (Nihayet) Özgürce Yaşamak İçin
Temel Rehber

İngilizceden çeviren:
Hale Türkeş

okuyan us

Yazar Hakkında

Terri Cole New York merkezli, lisanslı bir psikoterapist ve ilişki uzmanı olup *Real Love Revolution, Boundary Bootcamp* ve *Crushing Codependency* adında kadınların güçlendirilmesine yönelik kurslardan ilk ikisinin kurucusu, üçüncüsünün ise ortak kurucusudur. Bu kurslar doksanı aşkın ülkedeki kadınlara ulaşmaktadır.

Aşk ve sınırlar üzerine uzmanlaşmadan önce, Terri ülkenin her iki yakasında faaliyet gösteren bir oyuncu ajansında menajer olarak çalışıyor; süpermodeller ve ünlülerin reklam anlaşmalarını müzakere ediyordu. Eğlence dünyasında yaşadığı hayal kırıklığı sonrasında otuzlu yaşlarında kariyer değişikliği yapma kararı alarak psikoterapist ve kadın güçlenmesi uzmanı oldu. O zamandan beri de mümkün olduğunca çok sayıda kadına etkili sınırları kolayca belirleme ve korumanın yanı sıra sağlıklı ve hayat dolu ilişkiler kurup sürdürmeyi öğretmeyi kendisine misyon edindi. Terri, son yirmi yıldır dünyanın en tanınmış kişileriyle çalışmakta olup bunlar arasında uluslararası pop yıldızlarından sporculara, Broadway sanatçılarından televizyonculara, düşünce liderlerinden Fortune 500 listesine giren şirketlerin CEO'larına kadar birçok sima yer almaktadır. Terri'nin yazdığı makaleler, blog yazıları, aydınlatıcı videoları, terapötik meditasyonları, çevrimiçi kursları ve *The Terri Cole Show* adlı popüler podcast'i haftada iki yüz elli binden fazla kişiye ulaşmaktadır.

Terri'nin yaklaşımı, uygulamalı psikolojinin ve Doğu'nun farkındalık uygulamalarının en iyilerinin birleşimidir. Karmaşık psikolojik kavramları ulaşılabilir ve eyleme geçirilebilir hale getirme konusundaki yeteneği sayesinde danışanları ve öğrencileri sürdürülebilir değişimi, yani gerçek dönüşümü yakalayabilmektedir.

Terri ayrıca uzman terapist ve yaşam koçu olarak A&E'de yayımlanan *Monster In-Laws, TEDx, The Lisa Oz Show, Real Housewives programlarında çıkmış, Hay House Radio'da haftalık bir radyo programı düzenlemiştir. HuffPost, Positively Positive, The Daily Love, Well+Good* yayınlarına içerik sağlamanın yanı sıra *Woman's Day, Psychology Today, The Boston Globe, Italian Elle, Forbes, Origin, CNN, Vogue ve Self* yayınlarına çıkmış; *Inspired Coach* dergisine kapak olmuştur.

Yaptığı çalışmalar hakkında daha fazla bilgiyi terricole.com adresindeki internet sitesinde bulabilirsiniz.

KENDİN OLMA HAKKI VE SINIRLARINA HAKİM OLMAK'A ÖVGÜLER

"Bu etkili kitap, derinden iyileşme çalışmalarına giden yolu açık bir şekilde tarif ediyor. Gerçek anlamda duygusal açıdan özgür olmaya hazırsanız, bırakın *Kendin Olma Hakkı ve Sınırlarına Hakim Olmak* size yolu göstersin. Teşekkürler Terri Cole! Bu muhteşem ve çoğu zaman eğlendirici rehberliğin hepimize bir armağan."

KRIS CARR - New York Times'ın
çoksatanlar listesine giren yazarlardan

"Bu kitap, iletişimde dürüstlük üzerine gayet net ve rahatlatıcı teknikler içeren hızlandırılmış bir kurs. Terri, insanı sağlıksız ödün vermeden sevgi dolu bağlılığa nasıl götüreceğini bilen, dobra bir psikoterapist."

DANIELLE LAPORTE - *The Desire Map* ve *Heart Centered* kitaplarının yazarı

"Terri sınırların efendisi olma yolunda pratik adımlar önererek, sınır çizmeyi somutlaştırmaya yardımcı oluyor. Son derece dobra ve insanın kendinden bir şeyler bulabileceği yaklaşımı yeni bir soluk getirirken, sınırları nasıl bir üst seviyeye çıkarabileceğiniz konusunda da yol gösterici kurallar sunuyor."

MARIEL BUQUÈ - Travma psikoloğu

"Etkili bir şifacı ve dönüşüm terapisti olan Terri Cole, *Kendin Olma Hakkı ve Sınırlarına Hakim Olmak* kitabında zarar verici alışkanlıklardan kurtulmanız, sürekli olarak başkalarını memnun etme çabasından vazgeçmeniz ve ruhunuzu özgür bırakmanız için gerekli psikolojik ilacı size sunuyor."

GABRIELLE BERNSTEIN - New York Times
çoksatan yazarlarından ve *The Universe Has Your Back* kitabının yazarı

"Eğer sınırlarla başınız dertteyse ve bir pusulaya ihtiyacınız varsa başka yere bakmayın! Terri Cole'un bu son derece ilginç, kolay anlaşılır ve pratik kitabına bayılacaksınız. Okurun hem kalbini hem de aklını ustaca etkisi altına alan bu kitap, yaşamları boyunca sınır çizme konusunda zorlananlara, bunun üstesinden gelmeye dair aldıkları kararlarının arkasında durmalarına yardımcı oluyor."

ROSS ROSENBERG, *The Human Magnet Syndrome* kitabının yazarı

"Terri Cole'un sınırlar üzerine yazdığı, öykü ve derslerin yanı sıra düşünüp değerlendirme ve öğrenilenleri uygulama fırsatlarının yer aldığı ve bütün bunların mükemmel bir biçimde dengelendiği bu kitaba hepimizin öteden beri ihtiyacı vardı. Terri bu kitabı öyle sevgi dolu ve lafı gevelemeden yazmış ki bu sayede bu derin ve hassas konuyu kolayca özümsenebilir ve hayata geçirilebilir hale getirmeyi başarmış. Beş yıldız."

ELIZABETH DIALTO - *Institute for EMBODIED Living* ve *Wild Soul Movement* hareketinin kurucusu

"Terri Cole'un tavsiyeleri ezber bozan cinsten! Kendisini *Off the Gram* podcastimde konuk ettikten sonra eve gidip toksik bir arkadaşımla yollarımı ayırdım ve sonra bunu kitabımda yazdım! Terri sınırların efendisi olma konusunda bir numara ve aynı zamanda bir iletişim kraliçesi. Bu etkili kitabında bize nasıl onun gibi olabileceğimizi gösteriyor. Dünyanın şu anda bu kitaba ihtiyacı var!"

MEAGHAN B. MURPHY - *Woman's Day* dergisinin içerik sorumlusu ve *Your Fully Charged Life* kitabının yazarı

"Bana şunu söyleyin: Sürekli olarak başkalarını memnun etmeye çabalarken eş bağımlılığa, aşırı çalışma ve aşırı çaba gösterme gibi zaman kaybettiren eğilimlere saplanıp kalmışken hayallerinizin peşinden koşmanız nasıl mümkün olabilir? Hemen söyleyeyim, olamaz. Hayatınızı KENDİ istediğiniz gibi kurmaya ve yaşamaya hazırsanız, *Kendin Olma Hakkı ve Sınırlarına Hakim Olmak* size bu konuda yol haritası olacak."

AMY PORTERFIELD, girişimci ve *Online Marketing Made Easy* podcastinin sunucusu

"Çoğu insan ihlal edilene kadar sınırları net bir şekilde çizme konusu üzerine düşünmez. Sonra da kendimizi ilişkilerimizin içinde sıkışıp kalmış hissederiz. Eğer size erken yaşta sınırların önemini ve bunları nasıl çizeceğinizi öğreten biri olsaydı, hayatınız nasıl olurdu bir düşünün. İşte Terri Cole bunu yapacak olan kişi. *Kendin Olma Hakkı ve Sınırlarına Hakim Olmak* adlı kitabında kendi sesinizi ve gücünüzü nasıl bulup sahipleneceğinizi ustaca açıklıyor. Kitabı okurken sanki sizi sevip kollayan bilge bir arkadaşınızdan tavsiye alıyormuş gibi hissedeceksiniz. Bu harika kitap mutlaka okunmalı!"

DAVID JI, *Sacred Powers* kitabının yazarı

Bu kitabı öncelikle kendisini sağlıklı ilişkiler ve olağanüstü hayatlar kurmaya adamış, dünyanın dört bir yanındaki cesur kadınlara adıyorum. Bu kitap sizin için. Sizi görüyorum ve bu değişim yolculuğunda size rehberlik edeceğim için onur duyuyorum.

Sarsılmaz desteği, sevgisi ve mutfak becerileriyle bu kitabı yazmamı mümkün kılan biricik aşkım Victor Juhasz'a.

Başarabileceğime her zaman inanan annem Jan Cole'a.

Sen değilsen kim?

Şimdi değilse ne zaman?

İçindekiler

SINIRLARIN EFENDİSİ OLARAK HAKLARINIZ

- Suçluluk hissetmeden başkalarına hayır (ya da evet) deme hakkına sahipsiniz.
- Hata yapma, rotanızı düzeltme veya fikrinizi değiştirme hakkına sahipsiniz.
- Tercih, istek ve gereksinimlerinizi müzakere etme hakkına sahipsiniz.
- Tercih etmeniz halinde, duygularınızın tamamını ifade etme ve bunları kabullenip sahip çıkma hakkına sahipsiniz.
- Başkaları aynı fikirde olmasa bile kendi fikrinizi dile getirme hakkına sahipsiniz.
- Size saygılı, düşünceli ve özenli davranılması hakkına sahipsiniz.
- Kimin hayatınızda olma ayrıcalığına sahip olacağını belirleme hakkına sahipsiniz.
- Sınırlarınızı ve sizin için kabul edilemez olan hususları ifade etme hakkına sahipsiniz.
- Bencillik ettiğinizi düşünmeden özbakımınıza öncelik verme hakkına sahipsiniz.
- Doğruyu konuşma, görülme ve özgürce yaşama hakkına sahipsiniz.

GİRİŞ

"Hayır" demek istediğiniz halde, hiç "Evet" dediğiniz oluyor mu?

Diğer insanların ihtiyaçlarını veya isteklerini sizinkinden daha önemli hale getiriyor musunuz?

Genelde hayatınızın her alanında daha fazla şey yapmalıymışsınız gibi hissediyor musunuz?

Sevdiğiniz insanların kararları, duyguları ve elde ettikleri sonuçlara gereğinden fazla mı değer veriyorsunuz?

Yardım isteme fikri sizin için o kadar ters ki sonunda çoğu işi kendiniz mi yapıyorsunuz?

Eğer bu sorular tanıdık geldiyse, o zaman sevgili okur, siz de aşırı çaba gösteren, fazla verici ve tamamen tükenmiş kız kardeşlerimden birisiniz ve ayrıca doğru yerdesiniz.

Sağlıklı ve güçlü kişisel sınırlar sizin mutlu, güçlü ve bağımsız bir hayat yaşamanızın anahtarıdır. Hem kendi kişisel tecrübelerime hem de yirmi üç yıllık lisanslı klinik terapi uzmanı olarak mesleki tecrübeme dayanarak söyleyebilirim ki bence bu bir gerçek. Y kuşağına mensup, hali vakti yerinde dergi editöründen kırklı yaşlardaki çalışmayan anneye ve boşanmış CEO'ya kadar ofisimden içeri giren her danışanım farklı bir sorunla gelir bana: Aldatan bir eş, otoriter bir patron, berbat aile dinamikleri vs. Fakat her birinin yaşadığı sıkıntının özünde aynı problem yatıyor; sağlıklı sınırların bulunmaması. Ne mutlu ki sınırların nasıl çizilip uygulanacağını öğrenmek, bu acıyı tam olarak dindirecek olan şey. Üstelik hiç de zor değil.

Dinleyin. Bu çok önemli beceri sizde yoksa, yalnız değilsiniz. Bir tahminde bulunayım. Evde ya da okulda sağlıklı sınırlar hakkında hiçbir şey öğrenmediniz. Yanılıyor muyum? Eğer bu konuda size hiç kimse bir şey öğretmediyse nasıl bilebilirsiniz ki?

Hiç ders almadan sağlıklı sınır dilini bilmeyi beklemek, tıpkı yeterince çok istenirse bir sabah kalktığınızda akıcı bir şekilde Çince, Rusça veya başka herhangi bir dili konuşmaya benzer ve bu mümkün değildir. Bu kitabı, etkili sınırlar üzerine yoğunlaştırılmış bir dil kursu kitabı gibi düşünün. Çalıştıkça ve alıştırma yaptıkça bu dili akıcı bir şekilde konuşmayı öğrenebilirsiniz. Üstelik bunu başardığınız zaman hayatınızın her alanında çiçekler açacak. İlişkilerinizde, özellikle de kendinizle olan ilişkinizde daha güçlü bir konuma geleceksiniz ki bu zaten bütün ilişkiler içerisinde en önemli olanıdır.

Bu kitap, tam bir *Sınırların Efendisi* olmanız için stratejik olarak tasarlanmış bir rehberdir. *Sınırların Efendisi* olan bir kadın,

- Kendisi hakkında işlevsel olmayan sınır kalıplarının nasıl oluştuğu ve bunların kendisini nasıl kısıtladığı dahil olmak üzere derin bir anlayışa sahiptir.
- Kendisi ile kalbinin gerçek arzuları ve bunların yerine gelmesi arasında duran davranışsal engelleri nasıl tespit edip dönüştüreceğini bilir.
- İstediği ve hak ettiği hayatı yaratmanın *tek* yolunun bu olduğunu bilerek, doğru ve dürüst bir şekilde konuşur.
- Şu anda bulunduğu yerden başlamak üzere, büyümek konusunda kararlıdır.

(Not: Bu kitap toplumsal ve biyolojik cinsiyeti aynı olan kadınlar düşünülerek yazılsa da herkes burada anlatılan stratejilerden ve kitabın içeriğinden faydalanabilir. Deneyimlerime dayanarak söyleyebilirim ki sınır problemi cinsiyetlerüstü bir problemdir.)

Davranışlarınızı gerçek isteklerinizle uyumlu hale getirmek için bir süre benim "bodrum" olarak adlandırdığım, başka bir ifadeyle, bilinçdışı zihninizi temizlemekle uğraşacağız. Bodrumunuz güzelce sakladığınız, sonra da (en azından bilinç düzeyinde) derhal unuttuğunuz inançlarınızın ve yaşantılarınızın depolandığı yerdir.

Bodrumdaki çöpler hayatınızı tamamen farkında olmadığınız biçimlerde şekillendirir. Bunun devrede olup olmadığını, genelde tepkileriniz olayın gerektirdiğinden çok daha aşırı veya orantısız olduğunda ya da sizin çıkarlarınıza göre veya akıllıca olmadığını bile bile hareket ettiğinizde anlarsınız. Olayın hemen ardından kendi kendinize *"Bu da neyin nesiydi böyle?"* diye düşünebilirsiniz. Bilinçsiz bir şekilde rahatsızlıktan kaçınmak adına sezgilerinizi ve vücudunuzdan gelen sinyalleri göz ardı edebilirsiniz. Buna "insan olmak" denir. Eğer bugünü ilgilendiren bir sorunla uğraşıyorsanız, size söz veriyorum, bodrumdaki pislikleri temizlediğiniz zaman konuyla bağlantılı bilgiler açığa çıkacak ve siz özgürleşme yolunda bir adım daha atacaksınız.

Geçmiş yaşantıları yeniden ele almaya direnmek normal bir tepkidir. Başlangıçta birçok danışanım bodruma inme konusundaki önerime şu tarz cümlelerle ayak direr:

"Çok uzun zaman önceydi. Artık aşmış olmalıyım."

"Annemle babamı suçlamak istemiyorum."

"Mutlu bir çocukluk geçirdim!"

Eğer size bodrumu kazmaya gerek kalmadan, başarılı bir *Sınırların Efendisi* nasıl olunur öğretebilseydim, bunu *kesinlikle* yapardım. Bu arada şunu belirtmeliyim ki yolculuğumuz esnasında kimseyi suçlamayacağız. Bir iyi haber daha: Bütün yol boyunca elinizden tutup size rehberlik edeceğim ve kafa lambam da yolumuzu aydınlatacak. Bunu başarabilirsiniz. Ben yanınızdayım.

Şimdi gelin, başarınızı garantilemek için *Sınırların Efendisi* olma yolunda çıkılan bu yolculuğun neleri içerdiğine ve bunun neden önemli olduğuna bir bakalım.

Sağlıklı, canlı ve esnek sınırlar çizmek, bunları ifade etmek ve korumak derin manada tatmin edici bir hayat sürmeyi mümkün kılar. Harika sınırlar olmadan bunu yapmak *imkansızdır*. Evet, imkansız. Bundan eminim.

Sürekli olarak otomatik pilot konumunda bir şeyler yapmakla meşgul olan veya ünlü psikolog ve kadın sorunları uzmanı Dr. Harriet Braiker'ın ortaya attığı, başkalarını memnun etme hastalığından mustarip kimseler için bu kötü bir haber gibi gelebilir.*

Evet, özbenliğinizi tanımak, ifade etmek ve korumak için yavaşlamak ve konfor alanınızın artık iyice eskiyen yatağından kalkmak zorunda kalacaksınız. ("*Özbenlik mi? O da ne?*" diye düşünenler elini kaldırsın!) Bununla birlikte, sınır çizmede ve doğruları söylemede kendinize olan güveniniz arttıkça, özbenliğinizi daha iyi tanıyacak ve takdir edeceksiniz. (Bu arada tam bir rock yıldızı olur kendisi...) Size kötü haber gibi gelen şey de artık fırsat gibi görünmeye başlayacak.

Sağlıksız sınır kalıplarının temelinde genellikle neyin aslında sizin sorumluluğunuz olduğu konusundaki kafa karışıklığı yatar. Örneğin, bir başkasının yaşadığı sıkıntı veya çatışmayı düzeltmek bizim görevimizmiş gibi düşünebiliriz ki aslında yaşadıkları duygu ve sorunlarla başa çıkmak tamamen *onların* görevidir. Mesele *onlara* aittir. Bu kitap ise tamamen siz ve *size ait* olan meselelerle ilgili.

Sizin halletmeniz gereken konuları netliğe kavuşturduğunuz zaman değişim süreci çok daha kolay olur. Bu tekniklerin işe yaraması için niyetinizi tamamen buna odaklanmanız şarttır. Bir şeylerin değişmesi için yeni bir şeyler deneme konusunda istekli olmanız lazım. Bu süreç çaba gerektirir ve siz de buna değersiniz. Gerçek sizi heyecanlandıran ve ortaya çıkaran bir hayat yaratma beceriniz beni büyülüyor. Sayısız öğrenci ve danışanımla kaydettiğim başarılara dayanarak, bunun sizin için de mümkün olduğundan yana hiçbir şüphem yok.

---

* Harriet B. Braiker, *The Disease to Please* (New York: McGraw-Hill, 2001), 1.

Süreç Nasıl İşleyecek?

Kitabın ilk kısmında, hayatınızın bütün alanlarına ilişkin bilgi toplayıp dürüstçe bir envanterini çıkaracağız ve bu esnada sınır çizme konusunda yaşadığınız sorunlara katkısı olabilecek belirli yaşantıları, etkileri ve yanlış bilgileri ortaya çıkaracağız. Ortaya çıkacak **Sınır Planınız** sınırlarla olan bilinçli ve bilinçdışı ilişki kurma yollarınızı gözler önüne serecek. Bu yollar nasıl yetiştirildiğiniz, aile içerisinde gözlemledikleriniz ve içinde bulunduğunuz kültürün toplumsal normları dahil olmak üzere büyürken öğrendiklerinizden etkilenmiştir.

Çoğu kimse bu süreci tam anlamıyla özgürleştirici bulur. Öğrenilmiş davranışlar sizin hatanız değildir; bununla birlikte, bunun şimdi farkına varmak kesinlikle sizin sorumluluğunuzdur. Doğru araçlar ve rehberlik sayesinde planınızı yeniden yazma gücünü elde edeceksiniz.

İkinci kısımda, sınır dilini akıcı bir şekilde konuşabilmeye ve kazandığınız yeni farkındalık sayesinde küçük adımlar atmaya başlayacağız. Bu kısımda yer alan bütün araçlar, stratejiler ve senaryolar tarzınıza ve konfor seviyenize göre uyarlanabilir. Herkese uyan tek bir sınır stratejisi yoktur. Siz eşsiz bir bireysiniz. Bu nedenle sınırlar konusundaki tercihlerinizi ve kabul edilemez hususları nasıl belirleyip ifade edeceğinize dair doğru yolunuz da tamamen size özgü olacak.

Ayrıca, tepkisel davranıştan proaktif davranışa geçmek için gerekli olan stratejileri içeren **Proaktif Sınır Planlarınızı** geliştirme sürecini de adım adım ele alacağız. Sınırlarınızı açık bir şekilde belirtmenizden çok sonra onları geçmeye kalkışan kimselerle nasıl başa çıkacağınız konusunu ve özellikle **Sınır Muhripleri** ya da narsist ve diğer zor kişiliklerle etkileşim halindeyken kuralların geçerli olmadığı durumları da konuşacağız. Şefkatli, sevgi dolu (ve mükemmel) rehberiniz olarak yolun her adımında yanınızda olacağım.

Bu süreç esnasında, çocukken gereksinimleri karşılanmayan parçanız olan "içinizdeki çocuk"la da iletişime geçeceksiniz. Henüz terapist olmadan önce "içimizdeki çocuk" kavramını ilk duyduğumda, bunu saçmalık gibi görüp önemsemedim. Kulağıma aynı "sihirli düşünme" gibi çok saçma ve uyduruk gelmişti. Halbuki çözümlenmemiş çocukluk yaraları şimdiki ilişkilerimizi olumsuz yönde etkiliyor. Zaman içerisinde, içimizdeki çocukla çok daha gerçekçi bir şekilde ilgilenilmesi gerektiğini gördüm. (Bu konuyla ilgili sekizinci bölümde daha detaylı bilgi bulabilirsiniz.) Şu anda yapmanız gereken tek şey, hayatınızdaki olaylara verdiğiniz tepkilerin, sözgelimi beş yaşındaki haliniz olabileceği fikrine açık olmak. Beş yaşında bir çocuğun, aileniz veya evliliğinizle ilgili önemli kararları vermesine izin verir miydiniz? Peki ya kariyerinizle ilgili atacağınız adımları belirlemesine? Hiç sanmıyorum.

İşte bu noktada kendimize karşı şefkatli davranmamız gerekiyor. Ancak o zaman işlevsel olmayan davranışlarımızın farkına varmak için gereken geniş alanı yaratabiliriz. Rahatsız edici olabilecek geçmiş anıları ortaya çıkarmak için bodrumun örümcek ağlarıyla kaplı köşelerini kurcalamak sürecin bir parçası olsa da içiniz rahat olsun; mesele geçmişe saplanıp kalmak değil. Noktaları birleştirirken yeterince geriye giderseniz, dikkat etmeniz gereken bir olay veya yaşantı bulacaksınız. İlk yaraları bulmak içinizdeki çocuğun yaşadıklarını kabul etmenize, işlemenize ve bunlara saygı duymanıza yol açacak. Hayatınızın erken döneminde yaşadıklarınızı anlamak şimdiki hayatınızı son derece olumlu şekillerde etkileyebilir.

Kendinize karşı şefkat göstermeyi hatırlamanız için size (Bölüm 6'da) bir strateji öğreteceğim. Bu strateji, içinizdeki çocuğun ne zaman devreye girdiğini *fark etmenize* ve böylece alışılmış şekilde tepki vermeyi *bırakıp* bir yetişkin olarak sizin için en iyi olacak *yanıtı* seçmenize yardımcı olacak. Bu stratejinin adı **Üçlü Yanıt Yöntemi (Farkına Var-Bırak-Yanıt Ver)**.

Eğer siz de sizden önceki binlerce danışanım veya öğrencilerim gibiyseniz, bu çalışmanın birtakım şeyleri açığa çıkartan doğası, sizde de umut, yorgunluk, kaygı ve heyecan gibi çeşitli duygular uyandıracaktır. Bazı zamanlar, özellikle de ilişkilerinizdeki dile getirilmemiş anlaşmaları değiştirmek ve kendi duygularınıza öncelik vermek konusunda kendinizi bencilmişsiniz gibi hissedebilirsiniz. Bazıları için sınır teknesini sarsma fikri korku suçluluk ve utanma gibi duygular uyandırabilir. *Sevdiğim insanlar benimle dalga geçer mi? Anlaşmamızın kurallarını tek yönlü değiştirerek onları reddetmiş olur muyum?*

Bu kitapta öğretilen becerileri edindikçe, gerçek ve sürdürülebilir değişimin bir gecede değil, adım adım meydana geleceğini bilin. Her seferinde bir sonraki doğru adımı atarak değişiklikler yapmayı ve davranışlarınızı değiştirmeyi öğreneceksiniz. Bilgilerin toplandığı birinci kısımdan bu bilgilerin yeni davranış kalıplarına ve seçimlere dönüştürüldüğü ikinci kısma kadar öğrenilecek çok şey var. Bu yüzden derine yerleşmiş, kendi kendini sabote eden tutum ve davranışlardan arınma sürecinden geçerken sabır ve özşefkat yol arkadaşınız olmalı.

Sınırlar konusunda attığınız yanlış adımlar üzerine düşündüğünüz zaman utanç veya pişmanlık hissedebilirsiniz. Geçmiş davranışların kim olduğunuzu değil, sadece o zaman için bildiklerinizi yansıttığını lütfen anlayın. Bu kitabın tamamı ve kişisel dönüşüm süreciniz yargılanmayacağınız bir bölgedir. Kendinizi kafanız karışmış ya da bunalmış hissettiğiniz anlar olursa kutlayın derim. Nüfusun yüzde 80'inin asla yapmayacağı bir şey yapıyorsunuz. Üstelik siz bir insansınız. Kendi üzerinize bu kadar gitmeyin.

Ama şu var ki kullanma kılavuzunuzu yazmaktan siz sorumlusunuz ve bu kılavuz karşılaştığınız herkes tarafından "okunacak." Eğer size saygı duyulmadığını, olması gerekenden az değer gördüğünüzü veya kıymetinizin bilinmediğini hissediyorsanız, tek yapmanız gereken kullanma kılavuzunuzu yeniden yazmak ve bu esnada hem kendiniz hem diğerleri için çıtayı daha yükseğe koymak. Bunu kesinlikle yapabilirsiniz.

Başarıyı garantilemek için, evinizde içinize odaklanabileceğiniz güvenli ve rahat bir yer oluşturmanızı tavsiye ederim. Ben bu özel alana *Zen Bölgesi* diyorum. Zen bölgeniz meditasyon yapmak, günlüğünüze yazmak ve aşağıda öğreneceğiniz bütünleştirme alıştırmalarını yapmak için mükemmel bir yerdir.

Bu Kitaptan Nasıl Yararlanacağınıza Dair Birkaç Tavsiye

Okuma tarzınız ne olursa olsun, sizinle bir konuda açık olmalıyım. Bu kitapta yazılanları sırasıyla okumanız gerekiyor. Peki neden? Çünkü her bölüm bir öncekine dayanıyor ve onun üzerine yeni bir şey ekliyor.

Öğrendiklerinizi uygulamanıza yardımcı olmak için her bölümde öneriler, özdeğerlendirmeler ve alıştırmalar bulacaksınız. Bunlar danışan ve öğrencilerimle çalışırken yararlandığım yöntemler olup arzu ettiğiniz sonuçlara ulaşmanız açısından çok önemli.

Her bölümde yer alan ana kavramları unutmamanız için özetleyeceğim.

> **Şimdi Sıra Sizde:** Hızlıca ve hemen o anda yapabileceğiniz özdeğerlendirmeler, bilgileri kişiselleştirmenize ve hemen kendi yaşantınıza uygulamanıza yardımcı olacak.

> ***Sınırların Efendisi* İş Başında:** Her bölümün sonunda, yeni edindiğiniz bilgileri hayata geçirmeniz için size iki temel yol önereceğim. *Farkına Varın* kısmında kendinize dair farkındalığınızı artırmanız için öneriler bulacaksınız. *Derine İnin* kısmında ise sürdürülebilir değişimler için gerekli (ve kitabın sonunda devam eden) bütünleştirme alıştırmaları yer alıyor. Bunları atlamayın! Arada bir *ilham* almanıza yardımcı olacak önerilerim de olacak.

> ***Sınırların Efendisi* Online Bonus Paketi:** BoundaryBossBook.com/bonus adresini ziyaret ederek özel farkındalık araçları, rehberli meditasyonlar ve ek stratejiler bulabilirsiniz.

Size tavsiyem, kendi hızınızı kendiniz belirleyin, işinize yarayanı alın, gerisini bırakın. Zorlanmaya başlarsanız yavaşlayın, rahatlayın ve nefes alın. Öğrendiğiniz araçları hatırlayın ve bunları kullanın. Kendinize zaman tanıyın ve hazır hissettiğiniz zaman geri dönün. İçsel çalışmalar yoğun duyguları açığa çıkartabilir. Dikkat edin ve dinleyin. Kendinize aşağıdaki soruları sorun:

- Ara vermem gerekiyor mu?
- Bir yürüyüşe çıkmam gerekiyor mu?
- Bir arkadaşımı veya bir uzmanı aramam gerekiyor mu?

Akıl sağlığınız ve duygusal güvenliğiniz sizin sorumluluğunuzdadır ve her zaman birinci önceliğiniz olmalıdır. Bu yüzden, yolculuk boyunca *lütfen kendinize iyi bakın.* Size söz veriyorum: Eğer gerekli çalışmayı yaparsanız, bunun olumlu sonuçlarını hayatınızda ve ilişkilerinizde görüp hissedeceksiniz.

Sınır konusuna hakim olmak zaman alsa da sınırları nasıl çizip uygulayacağınızı öğrenmek daha kolaydır. Eğer ilerlemeye devam ederseniz, kitabın sonuna geldiğinizde bunun için gerekli becerilere ve bilgiye sahip olacak ve sınır konusundaki davranışlarınızı etkileyen bozuk bilgileri sistematik bir şekilde söküp atacaksınız.

Aynı zamanda sizi sınırlayan, yerleşik düşünce kalıplarını güçlü ve farkındalıklı inanç ve hareketlere dönüştürerek olumlu ve sürdürülebilir değişikliklerin yolunu açacaksınız. Bu da bütün ilişkilerinize daha fazla tatmin, güven ve huzur getirecek. Üstelik bu değişiklikler miras aldığınız birtakım saçmalıklara değil, gerçekten istediklerinize dayanacak. Kendinizle ilgili öğrendikleriniz hayatınızın geri kalanı üzerinde güçlü bir etki yaratacak.

Bu kitabı benim kalbimden sizinkine uzanan bir sevgi armağanı gibi düşünün. Yirmi yıldan uzun bir süredir, bu sürecin insanların hayatlarını nasıl değiştirdiğine, sağlıklı sınırlar çizmenin ve uygulamanın nasıl öğrenilip etki yarattığına şahit oldum. Bunun somut sonuçlarını hem kendi hayatımda hem de danışanlarımın hayatlarında her gün görüyorum. Şimdiye kadar dünyanın dört bir yanından binlerce kadına kendi yöntemleriyle kendi sınırlarının efendisi olmaları yönünde rehberlik ettim. Size bir tek sizin yaşayabileceğiniz, eşi benzeri olmayan ve güçlü bir hayat yaşamanız için rehberlik etmek benim bu hayattaki görevim.

Hazır mısınız?

O halde başlayalım!

KISIM 1

NOKTALARI GEÇMİŞLE BİRLEŞTİRMEK

BÖLÜM 1

Sınır Özürlüden Sınır Ustasına

Yirmili yaşlarımda tam sekiz kere nedimelik yaptım. Sekiz!

O çirkin elbiseli tekliflerin en az yarısını kibarca reddetmem gerekirdi ama nasıl hayır diyeceğimi bilemedim. Ya da *"Hayatta olmaz"* hatta *"Gerçek aşkını bulmanı kutlamayı çok isterdim ama halletmem gereken acil bir işim var"* demeyi. Mesela metro bileti alabilmek için bozuk para kavanozumun dibini kazımak gibi. Zira o sıralarda New York'ta yaşamaya çalışan, beş parasız yirmi iki yaşında bir genç kadındım. Peki eskiden garsonluk yaptığım zamanlardan tanıdığım kızlarla bir düğüne katılacak parayı nasıl buluyordum? Doğruyu söylemek gerekirse, müstakbel gelinleri hayal kırıklığına uğratma fikri, banka hesabımda sadece cüzi miktarda bakiye bulunduğu gerçeğinden çok daha korkutucu geliyordu bana. Kaba, düşüncesiz ya da en kötüsü "kötü biri" gibi görünmek istemedim. Hayır diyecek olsam, seçilmiş kişi olma ayrıcalığını reddedecektim. Ben kimdim ki *böyle bir şey* yapacağım?

Sadece tek başına bu korku bile, eğer bir evim olsaydı, oraya taşınmamın şerefine vereceğim partinin misafir listesinde dahi adı yer almayacak insanların düzenlediği törenlere katılmak için, olmayan binlerce doları harcamaya itti beni.

Hoş geldin kredi kartı borcu! Ve doğal olarak, bu duruma içerledim ve kendimi bir yükün altına girmiş gibi hissettim. Herkesten gizlediğim bu duygular bekarlığa veda partilerinde, prova yemeklerinde ya da giysi dolabımın arkasında asılı duran seksenli yıllardan kalma, kabarık omuzlu, ördek yeşili rengindeki elbiselere gözüm takıldığında ortaya çıkardı. Bir daha asla giy*meye*ceğim elbiselere. Ne için giyecektim ki?

Doğruyu olduğu gibi söyleyememenin onuru... Dönüp baktığımda tek söyleyebildiğim şey, *"Hepinizin canı cehenneme!"*

Daimi nedimelik durumum aslında milyonlarca kadının uğraştığı daha büyük bir sorunun belirtisiydi: Sağlıksız sınırlar. Evet, hayatın her alanında sağlıklı sınırlar çizip uygulamakta ve bunları ifade etmekte yaşanan zorluk neredeyse bir salgına dönüşmüş durumda. Kötü çizilmiş sınırların getirdiği maliyet ise devasa boyutlarda. Sadece çatışmalarla dolu ve dengesiz ilişkilere yol açmakla kalmıyor, aynı zamanda zamanımızı kontrol edemememize ve genel bir keyifsizlik haline de neden oluyor. Bu kadar dramaya vaktiniz var mı? Hayır, yok.

Bozuk/düzensiz sınırlarıma gelince ki muhtemelen sizde de benzer bir sorun var, başkalarını hayal kırıklığına uğratma korkum sağduyumun önüne geçiyordu. Başka türlü davranmayı seç*ebilirdim*. Değerli vaktimi ve paramı nasıl harcayacağıma dair parametreler belirleye*bilirdim*. *"Hayır, teşekkür ederim. Berbat bir elbise. Aynı nişanlın gibi"* diye*bilirdim*. (Bekarlığa veda partisinde asıldı bana!) Şöyle diyeyim, önümde birçok seçenek olmasına karşın, sınırlarımı çizmeme mani olan kocaman bir engel vardı; bir seçeneğim olduğunu bile bilmiyordum.

Hayatınızın neresinde olursanız olun, sizin de seçenekleriniz var.

Son yirmi yıldır lisanslı klinik terapist olarak çalışıyorum ve ağırlıklı olarak sınırlarla ilgili sorun yaşayan kadınlara danışmanlık yapıyorum. Dengesizden fazla esneğe ya da yeterince esnek olmayana kadar, hepsinin sınırları bir şekilde *bozuk/düzensiz*. Bazı danışanlarım o kadar bağımsız ve kendi kendine yetebilecek durumda ki hiç kimseden yardım istemiyor ya da başkalarının ona hiçbir konuda yardım etmesine izin vermiyorlar. Taksi şoförlerinin ağır valizlerini bagaja kaldırmalarına ya da market çalışanlarının aldıkları şeyleri poşetlere koymalarına dahi engel oluyorlar ki bu *onların işlerinin* bir parçası. Bunun yerine *"Ben hallederim, teşekkürler"* diyorlar. Bir grup ise kendi sağlık ve mutluluklarını hiçe saymak pahasına sürekli olarak başkalarını memnun etme hastalığına yakalanmış durumda ya da neredeyse hiç hoşlanmadıkları kişiler dahil olmak üzere, herkesin gözüne girebilmek için aşırı bir çaba içerisine giriyor. Bu da onları sözgelimi hayır demek istedikleri halde evet demek ya da işte aşırı yoğun olmalarına ve aynı anda evlerini satma aşamasında olmalarına rağmen okul aile birliği için (bir kez daha) kermes düzenlemeyi kabul etmek gibi davranışlara itiyor.

ŞİMDİ SIRA SİZDE:
Sizin Sınırlarla Aranız Nasıl?

Aşağıda sınırlarla ilgili yaygın olarak yaşanan bazı sorunlar bulacaksınız. Kendinizi bu durumlarda bulduğunuz oluyor mu?

- İçinizden "Hayır, teşekkürler" demek geçtiği halde sizden istenen şeylere evet dediğiniz oluyor mu? "Evet, sizin için geleceğim *(bu arada kendimden tamamen vazgeçsem de)*. Kulağa harika geliyor. Sabırsızlanıyorum!"
- Başkaları için kendinizi zor duruma soktuğunuz zamanlar oluyor mu? "Elbette kedine bir hafta boyunca bakarım. Madem bunun için bir profesyonele ödeme yapmak istemiyorsun!" *(Brooklyn'de kalmak, yolumu bir saat uzatmak anlamına gelse de ve kedin benden nefret etse de... Belki de hislerimiz karşılıklıdır.)*
- Bir arkadaşınızın herhangi bir davranışıyla ilgili bir probleminiz varsa, onlardan kaçınarak zor bir konuşma yapmaktan kaçtığınız oluyor mu? "Seni görmeyi çok isterim ama işlerim çok yoğun!" *(Aslında dram yaratmayan arkadaşlarım için her zaman vaktim olsa da...)*
- Duygularınızı sakin bir şekilde ifade etmek yerine öfkenizi pasif-agresif yöntemlerle dışa vurduğunuz oluyor mu? "Senin için hangisi uygunsa. İlk başta söylediğin şey doğrultusunda planlarımı değiştirmiştim gerçi ama hiç sorun değil!"
- O kadar kendi kendine yeten bir insansınız ki her şeyi tek başınıza mı yapıyorsunuz? "Ben hallederim!" *(Her ne kadar bitkin, kızgın ve mutsuz olsam da ve şu anda aklımdan, geçmişte onlara gösterdiğim cömertlikten dolayı kimlerin bana yardım etmesi gerektiğini geçirsem de...)*

Yukarıda yazılı bu sağlıksız örneklerin içinde kendinizi tanıdıysanız, emin olun yalnız değilsiniz. Şu anda yaptığımız şey, sınırlarla olan ilişkiniz hakkında bilgi toplamak. Bu sayede çabalarınızı hangi noktaya yoğunlaştırmanız gerektiğini tespit edeceğiz.

Kötü sonuçlanacağını bilmelerine rağmen alkolik kuzenlerini doğum günü partilerine çağıranlar da örnek olarak verilebilir. Hem mesleki geçmişim hem kişisel deneyimlerimden *hayır* kelimesinin söylemesi çok kolay bir sözcük gibi geldiğini bilsem de birçoğu için bu aynı zaman da söylenmesi en zor sözcük olabiliyor.

Sosyal medyada *"Hayır tam bir cümledir!"* veya *"Bunu yapabilirsin!"* tarzı mesajları ne kadar çok görürsek görelim, sınır çizmek konusundaki performansımız öteden beri kötüyse, özbenliğimizi tanımamız ve ifade etmemiz de bir o kadar karmaşıklaşıyor.

Kötü çizilmiş sınırlar insanı yorar; zamanımızı ve enerjimizi çalan dramalara neden olur. Büyük olasılıkla sizin de bildiğiniz üzere, özel hayatlarımızda meydana gelen acil durum ve krizlerle uğraşmak epey bir çaba gerektiriyor. Sınırlarımızı kötü çizdiğimiz zaman, bu acil durum ve krizlere bilmeden kendimizin sebep olduğunu genelde fark etmiyoruz. Bu rahatsız edici sorunların önüne geçebilmek için en erken yaşantılarımıza, tabiri caizse, suç mahalline geri dönmeli ve ilk olarak nerede yaralandığımıza ve bundan neler öğrendiğimize bakmalıyız.

Bu ilk yaraların nasıl sağlıksız sınırlara ve kişinin kendisinin yarattığı çatışmalara neden olduğunu görmek için, gelin mazide bir yolculuğa çıkalım. Size sınır özürlüden yarı özürlülüğe ve sonrasında da efendiliğe nasıl terfi ettiğimi anlatacağım. Umarım hikayemi okuyunca içinde kendi hayatınızdan parçalar bulabilirsiniz ve sizin de *sınırların efendisi* olma yolunda kendi yolunuzdan gidebileceğinize dair güven hissiniz oluşur.

Okuyun ve Öğrenin

Çocukken bozuk/düzensiz sınırlar ve etkisiz iletişim hakkındaki her şeyi çocuk büyütmeye başlamadan önce neredeyse hiçbir hayat tecrübesi olmayan iki insandan öğrendim. Annem en büyük ablama hamile kaldığında henüz on dokuz yaşındaymış ve üniversiteye başlayalı daha üç ay olmuş. Hemen okulu bırakıp Glens Falls, New York'taki bir Presbiteryen kilisesinin arka ofisinde babamla evlenmiş. Altı yıldan az bir süre içerisinde üç kız çocukları daha olmuş. Ben en küçükleriyim.

New Jersey'nin banliyölerinden birinde dört kız çocuğu büyüten annem ve babamın geleneksel rolleri vardı. Babam eve ekmek getiren, beyaz yakalı bir üst düzey yöneticiydi. Hafta sonları golf oynar, çok fazla içer (*Mad Men* tarzı martini tüketen cinsten), işten eve geldiğinde de akşam yemeğinin sofrada hazır olmasını isterdi. Annem sevgi dolu, şefkatli ve koruyucu bir ev kadını olarak hem bizi hem de bütün arkadaşlarımızı büyüttü. Babam para kazanırken, evi çekip çevirmek ve bize bakmak da dahil geri kalan her şeyle annem ilgilendi.

Ailemiz, birçok aile gibi üstü kapalı iletişim ve duygusal işlevsizliğin hüküm sürdüğü problemli bir aileydi. Anne ve babamın her ikisi de acı veren veya sorunlu olaylar hakkında açıkça konuşmaktan kaçınan ailelerden geliyordu. Meselenin özü tam da bu işte: Etkisiz iletişim becerileri, zayıf veya bozuk/düzensiz sınırlara neden olur.

Babam şiddete başvuran veya istismarcı biri olmadığı halde, hepimiz onun bir şeyleri onaylamamasından korkardık. Annem babamı üzüp kızdırmamak için her şeye dikkat ederdi. Ablalarım ve ben, herhangi bir sorun olmadığı sürece babamın derin ve gürleyen sesini nadiren duyardık. Annemle babam ben on üç yaşındayken boşanana kadar, babamla aramızda geçen konuşmalarda ağzımdan çıkan sözcük sayısı yüzü bulmamıştır sanıyorum.

Babamın iletişimsizliği genelde duygusal yokluğa dönüşürdü. Yani evde olduğu zamanlarda bile bizimle olmazdı. *"Selam spor tutkunları!"* repliği *televizyonun kontrolünü ele geçirip golf izlemeye başlayacağının* işaretiydi. Dört kardeş hep beraber *Grease* filminin son beş dakikasına kendimizi kaptırsak dahi (yani Olivia Newton-John'ın iyi aile kızından fosur fosur sigara içen ve tayt giyen afete dönüşmesinden tam önceki dakikalar) babamın bu lafını duyar duymaz verebileceğimiz tek bir kabul edilebilir yanıt vardı. *"Sorun değil. Gittiiiik!"* Aslında filmin sonunu seyredemediğimiz için mutsuz olsak da sanki bu hiç umurumuzda değilmiş gibi davranırdık. Doğruyu söylemek bir seçenek değildi.

Ailelerdeki en etkili kurallar genellikle açıkça ifade edilmeyenlerdir. Örneğin benim ailemde, annem ve babamın arasında hangi görevleri üstleneceklerine dair sessiz bir anlaşma olduğu açıkça ortadaydı. Babam eve ekmek parası getiren kişi, annem de evi ve aileyi çekip çeviren kişiydi. Belki de bizim evdeki en önemli sessiz anlaşma, kızgınlığın doğrudan dışavurulmasından kaçınılması üzerineydi. Her zaman neşeli olan annemin, babamın canını durduk yere sıkmaktan korktuğunu sezdiğim an, öfkenin tabu olduğunu içgüdüsel olarak anlamıştım.

İnsanlar hatta çocuklar bile tehlike olarak algılanan durumlarla karşılaşma ihtimalini en aza indirgeyecek şekilde programlanmıştır. Yaşadığım çocukluk bana tehdit seviyesini değerlendirmek ve çatışmadan kaçınmak üzere etrafımdaki insanları ve ortamı otomatik olarak tartıp biçmeyi öğretti. İnsanların öfkesi tehditkar olabilirdi. Babamın canını sıkmaktan daima kaçındım. Ablalarım gibi ben de gerçek duygularımı ifade etmedim. Ama duygular sırf aile düzeni gereği rahatsız edici veya kabul edilemez diye öyle birden kaybolmuyor. Halının altına süpürülüyor ve bu hiç de iyi bir şey değil.

Bizim evde, dört kız kardeş, bastırdığımız öfkeyi kapıları çarparak, küfrederek ve annemle babam evde değillerse arada bir yumruk yumruğa kavga ederek dışarı vururduk. Ablalarım aynı zamanda öfkelerini (ve bütün bir aile düzeninin örtülü duygularını) evden kaçarak, kötü erkek arkadaşlar edinerek, uyuşturucu kullanarak ve içki içerek, dolaylı da olsa dramatik bir biçimde de dışarıya yansıtırdı. Bu gibi durumlarda babamın hoşnutsuzluğu ve annemin çektiği ıstırap bende güçlü bir etki yaratmıştı. İkisine de bu duyguları asla yaşatmayacağıma dair kendi kendime söz verdim. Bu yukarıda bahsettiğim şeylerin çoğunu yapmadım değil bu arada. Yaptım ama yakalanmamak için elimden gelen gayreti de gösterdim.

Tüm bunların sonucunda da gerçek hislerimi içime gömmeyi öğrendim. Bu duygularımı uyarlayarak daha kabul edilebilir duygulara dönüştürdüm (örneğin, kızgınlık mutsuzluğa dönüştü) ve içimden gelen hisleri göz ardı ettim. Bu strateji beni onaylanmamaktan korudu ve dile getirilmemiş kuralları altüst etmeye cüret etmem halinde gruptan atılmaya dair ilkel korkumu da yatıştırdı. Üniversite çağına geldiğimde sağlıksız iletişim tarzım, düzensiz sınırlarım ve tartışmaya açık başa çıkma tekniklerim tek bildiğim şeylerdi. Tam anlamıyla bir sınır özürlüydüm.

ŞİMDİ SIRA SİZDE:
Sizin Yasak Duygularınız Nelerdi?

Çocukluğunuzda ifade etmekten caydırıldığınız, dışavurmanız durumunda ise cezalandırıldığınız veya ifade edilmesi yasaklanmış duyguların yanındaki kutucukları işaretleyin.

- Mutluluk: Neşe, tatmin, iyilik ve mutluluk hali.
- Mutsuzluk: Hayal kırıklığı, umutsuzluk, ilgisizlik.
- Korku: Güvensizlik, tehdit altında hissetme, savaş/kaç/donakal tepkisinin aktive olması.
- İğrenme: Tiksinme, onaylamama, reddetme.
- Öfke: Düşmanlık, ajitasyon, hüsran.

Başarılı bir *Sınırların Efendisi* olmak için kendinize *bütün* duygularınızı hissetme konusunda izin vermeniz şart. Bu da hissetmek istemediğiniz duyguların farkına varmanızla başlıyor.

Tek Başıma

Sağlıksız sınır kalıplarım yetişkinliğimde de devam etti ve ben dolaysız iletişim kurmada usta oldum. Bunu da iğneleme, gözlerimi devirme ve arada bir düşmanca bir tavırla yalan söyleyerek yaptım. Örneğin, *"İyiyim dedim ya!"* gibi. Tanıdık geliyor mu? Bu arada üstü kapalı manipülasyonda da becerikli hale gelmiştim. Bununla kastım, manipüle ettiğim kişilerin -ki bunlar genellikle erkek arkadaşlarım olurdu- her şey yolunda maskesinin ardında kendi gizli emellerim olduğunu hiçbir zaman fark etmemeleriydi. Üstü kapalı manipülasyon taktiği sayesinde onaylanmayı, çatışmadan kaçınmayı ve onları mutlu tutmayı garantiledim.

Ama bu arada, arka planda gizli gizli her istediğimi yaptım. Örneğin, eski sevgililerimle zaman geçirmek veya kardeşlerimle gece kulüplerine gidip eğlenmek gibi ve her ikisinden de erkek arkadaşlarıma bahsetmeyi "unuttum." Başkalarını ve olayları kontrol etme girişimim, kendimi güvende hissetmek adına yaptığım bir şeydi. Bu strateji sadece bir süre işe yaradı. Çocukluğum boyunca kendimi olduğum gibi ifade etmekte yaşadığım sıkıntının ardından üniversiteye başladığımda kendimi bir terapistin koltuğunda bulmam ve o koltuktan son otuz yıldır hiç kalkmamam bir tesadüf değil.

ÖZET *Etkisiz iletişim becerileri zayıf veya bozuk/düzensiz sınırlara yol açar.*

Terapiye başladığım zaman henüz *sınır* terimini duymamıştım. Sınır belirleme ile olan bozuk ilişkimin, nasıl sosyalleştiğim ve iletişim kurduğum konusu da dahil olmak üzere hayatımın her alanını etkilediği hakkında hiçbir bilgim yoktu. Üniversite alkolik olmayanların bile alkolikler gibi içki içtiği bir dönem olduğu için, son seneme geldiğimde alkol kaynaklı kusma, kendinden geçme ve bilincini kaybetme nöbetlerinden payıma düşeni almıştım. Babam aşırı içki içerek önümde bir örnek oluşturmuş; eğlenceye düşkün, zaptedilemez ablalarım da onun izinden gitmişti. On dört yaşıma geldiğimde, ben de onlarla shot devirirken buldum kendimi. Üniversiteye başladığımda alkolün etkisiyle gösterdiğim davranışlarımın normal olduğunu düşünüyordum. Ama terapistim Bev, benimle aynı fikirde değildi.

Haftalar boyu alkolün etkisindeyken yaptığım şeylerden üstünkörü bahsettikten sonra Bev, duyunca bende bomba etkisi yaratan o sözleri söyledi: *"İçkiyi bırakmak için bir programa katılıp yardım almazsan, ilişkimizi bitirmek zorunda kalacağım."* Bir dakika, ne dedin sen? Terapistim benden ayrılacağını mı söyledi?

Verdiği ültimatom beni her ne kadar şoka uğrattıysa da yardım alma fikrine verdiğim içgüdüsel tepki beni çok daha fazla şaşırttı. Bütün vücudumla bir oh çekmek... Rahatlamıştım. Hem de *çok*. Vücudumda derinlerde bir yerde, aklımın biradan sonsuza kadar vazgeçmeyi düşünmesi ihtimalinden bile çok daha önce neyin doğru olduğunu biliyordum. (Yargılamayın lütfen. Üniversitedeydim.) Alkol büyümemi ve mutluluğumu engelliyordu. Kendimi sabote etme davranışım öfke, mutsuzluk ve korku hislerini içkiyle bastırmaya devam ettiğim sürece sürüp gidecekti. Üniversiteyi bitirmeme üç ay kala içkiyi bıraktım.

Tamamen Ayık

Ayık olmak, gözlerimi sağlıklı içsel sınırlar kavramına açmamı sağladı. İçsel sınırlar, kendinizle olan ilişkinizi ne denli iyi ya da kötü düzenlediğinizi ifade eder. Bu konuya yedinci bölümde ayrıntılı olarak değineceğim. Örneğin, ilk önce kendi ihtiyaçlarınıza kulak veriyor musunuz? Davranışlarınızdan siz mi sorumlusunuz? Hayatımda ilk defa kendimle olan ilişkimi gerçekten inceledim. İnsanın kendisiyle bir *ilişkisi* olabileceğini dahi bilmiyordum.

Aynı zamanda, başka bir ilişkide sağlıklı sınırlar oluşturabilmek için, önce kendi içsel sınırlarıma ve kendimle olan ilişkime hakim olmam gerektiğini de fark etmemiştim. Artık alkol bakış açımı bulandırmadığına göre, kendime bazı zor sorular sormaya başladım:

- Kendime verdiğim sözleri tutuyor ve gereğini yapıyor muyum? (Pek sayılmaz.)
- Başkalarına verdiğim sözleri tutuyor ve yapacağım dediğim şeyleri yapıyor muyum? (Her zaman değil.)
- Özdisiplin, zaman yönetimi, dürtü kontrolü ve duygusal özdüzenleme konularında ne durumdayım? (Çalışmam lazım.)

Henüz yirmi iki yaşındaydım ve önümde yapmam gereken tonca iş vardı. Buna rağmen hayatımda ilk defa her şeyi net bir şekilde görüyordum. Terapi bende o güne kadarki en derin aydınlanmaya ilham kaynağı olmuştu: Bu hayatta bana hangi kartlar dağıtılmış olursa olsun, yeni bir el istemekle kalmayıp tamamen yeni bir oyun kurabilirdim.

Bunu fark etmem hayal gücümü ve dönüşümümü kamçıladı.

Kendini keşfetme ve kişisel gelişim konusunda tutkulu bir halde, ilk terapistim Bev'i mezun olduktan sonra da yıllarca görmeye devam ettim.

Tıkır tıkır işleyen bir saat gibi, her pazartesi akşamı New York'taki Penn istasyonundan saat yedideki trene binip Long Island'da terapistimin yaşadığı küçük şehre gittim ve eve de gece yarısı civarında döndüm. Bu haftalık emeğim doğrudan kendini keşfetme ve kendini iyileştirme yolunda gitmeye devam etmem halinde hayatımın da daha iyiye gitmeye devam edeceğine dair inancımı yansıtıyordu. Evet! Hayatımı daha güçlü bir şekilde yaşamayı *seçebilirdim*. Gene de bunun gündelik bazda ne anlama geldiğini tam olarak kavrayabilmem için kilometrelerce yol gitmem gerekiyordu.

Göz Boyama

Gerçek anlamda ilk işime yirmi beş yaşında şaşaalı, ışıltılı ve bulanık sınırlarla çevrili eğlence dünyasında oyuncu menajeri olarak başladım. Akıl ve ruh sağlığı açısından tam da yeri olduğu söylenemez. Alışılmış iş dünyasının açık ve kesin kuralları yoktu orada. Kast direktörleri ve müşterilerle mesai sonrası sosyalleşmek ve partilere katılmak iş tanımının bir parçasıydı ve bu durum, iş ve özel hayat arasındaki çizgileri bulanıklaştırıyordu. İçkiyi bırakmama ve terapiye devam etmeme rağmen sınırlar konusunda hâlâ yarı özürlüydüm.

Buna karşın hiç de sağlam olmayan sınır çizme becerilerimi göstermeye devam ettim. *"Hayır, biri soyunma odana maden suyu bırakmayı unuttu diye sabahın üçünde beni arayamazsın."* O sıralarda daha yeni yeni farkına varmaya başladığım şey gerek iş gerek özel hayatımda olsun insanların bana nasıl davranacaklarına müsaade edeceğim konusunda aslında seçeneklerim olduğuydu.

Henüz gelişme aşamasında olan sınır çizme becerilerim arzularımı gerçekleştirmeme engel olamadı ve ben istikrarlı bir şekilde kariyer basamaklarını tırmanmaya devam ettim. Beş yıl içerisinde ülkenin her iki yakasında faaliyet gösteren bir oyuncu ajansının New York operasyonlarının başına geçtim ve süpermodeller ve ünlülerin beş ve altı haneli iş sözleşmelerinin pazarlığını yapmaya başladım. Muhteşem, değil mi? Aslında pek sayılmaz.

Havalı unvanımın arkasında yatan gerçek acı vericiydi. Akşam yemeği niyetine genelde donmuş yoğurt yiyen, ne zaman bir olay patlak verse -ki bu ekseriyetle bütün gün boyu olan bir şeydi- sadık dostum sigaramdan bir tane yakan, aşırı stres altında bir işkoliğe dönüşmüştüm. Müşterilerin meslek hayatlarını idare etmenin yanı sıra, özel hayatlarında yaşadıkları problemlere de sıklıkla müdahil olurdum.

Kendimi aynı zamanda altımda çalışanların, yakın arkadaşlarımın ve aile bireylerinin hayatlarını düzeltme konusunda da sorumlu hissediyordum. Bilinçsiz bir şekilde, yaşadıkları sorunların sorumluluğunun zaten onca yük altında ezilmiş omuzlarımda olduğuna inanıyordum. Aşk meşk konularında sürekli sıkıntı yaşayan postacım da dahil olmak üzere, herkese resmi olmayan bir şekilde terapi uyguladım. Bu arada kendim de perişan bir haldeydim ama aşırı çaba göstermeye devam ediyordum.

Kırılma noktam, modelleri bir rehabilitasyon kliniğine yatırmaya, terapiye başlatmaya ya da yeme bozuklukları için tedavi görmelerini sağlamaya, kârlı bir reklam veya film anlaşması yapmalarından çok daha fazla önem verdiğimi artık inkar edemeyecek aşamaya gelmem oldu. Kâr elde etmekten daha çok insanlara değer vermeye başlamıştım. Esaslı anlamda bir kariyer değişikliği yapmam gerekiyordu.

Yeni yeni filizlenmeye başlamış gerçek benliğimle uyumlu bir kariyer inşa etme isteğiyle, New York Üniversitesi'nin Sosyal Hizmetler Yüksek Lisans programına kaydoldum.

Maddi sebeplerden ötürü işime devam etmek zorundaydım ama. Bu yüzden bir yandan mankenlik ajansının televizyon departmanını idare ederken, bir yandan da New York Üniversitesi'ne bağlı Tisch Güzel Sanatlar Yüksekokulu'nda misafir öğretim elemanı olarak oyunculuk dersi veriyordum. Aynı anda hem yüksek lisans eğitimime devam edip hem de iki işte birden çalışmak, hâlâ gelişme aşamasında olan sınır çizme becerilerimi saat başı olmasa da her gün ortaya koymaya mecbur kıldı beni.

Başarılı bir öğretmen olabilmek için sınıftaki kurallarım (belirgin sınırlar çizme ve beklentiler) konusunda son derece açık ve net olmalı; ayrıca bu kuralları uygulamalıydım (başkalarını memnun etmeye çalışmak yok). Yüksek lisans eğitimim, içkiyi ilk bıraktığım zaman ortaya çıktığı üzere kendi içsel sınırlarımı daha da fazla geliştirmemi gerektirdi (kendime verdiğim sözleri tutmak gibi). Bu da ihtiyaçlarıma, tercihlerime ve isteklerime karşı duyarlı olup öncelik vermem ve başarmak için gerekeni yapmam, yani yaptığım plan ve programa sadık kalmam, davetleri geri çevirmem ve sorunu olan her arkadaşım veya aile bireyi için her şeyi bırakmamam anlamına geliyordu.

Sınırlarımı daha iyi çizmek, aynı zamanda ajansta birtakım işleri delege etmemi de gerektiriyordu ki bu daha yeni yeni iyileşmeye başlamış bir kontrol manyağı için özellikle zordu.

> **ÖZET** *Sınırlarla ilgili davranışlarınızı değiştirdiğiniz zaman, elinizde şu ana kadar fark ettiğinizden ya da yararlandığınızdan çok daha fazla seçenek olduğunu idrak edeceksiniz.*

İki yıllık yüksek lisans eğitimimi tamamladığımda, kendimi birçok açıdan başarılı hissediyordum; özellikle de yeni farkına vardığım sınır çizme zekam sayesinde. O esnada otuz üç yaşındaydım ve sınır çizme ile kişilerarası iletişim konusunda kaydettiğim büyük ilerlemeden son derece gurur duyuyordum. Fakat hayatın bana sınırlar konusunda o zamana kadarki en büyük sınavı verdirmek üzere olduğuna dair hiçbir fikrim yoktu.

Beklenmedik Gelişme

Tam hayatımın yeni bir dönemine başlamak üzereydim ki arka arkaya aldığım iki darbe her şeyi yeniden gözden geçirmeme sebep oldu: Babamın ani ölümü ve ardından kısa bir süre sonra gelen kanser teşhisi. Bu teşhisin ardından iki büyük ameliyat geçirdim ve radyoterapi gördüm. Bunların hepsi bir yıl içerisinde oldu.

Otuzlu yaşlarımın başında babamı kaybetmem ve hemen ardından da kendi ölüm ihtimalimle yüz yüze gelmem bende büyük bir hesaplaşmaya neden oldu.

Yıllardır terapi görmeme rağmen hâlâ eş bağımlılıkla mücadele ediyordum; iyice derine yerleşmiş ve kesinlikle uzun süredir süregelen bozuk/düzensiz sınırlarımın bir sonucu olarak edindiğim ve başkalarının sorunlarını kendi sorunlarımmış gibi üstlenme alışkanlığımla. Elbette bazı talep ve davetleri "Hayır, teşekkürler" diyerek geri çevirmeyi öğrenmiştim öğrenmesine ama (isteksiz nedimeliğe son!) başkalarının ihtiyaçlarını sürekli olarak kendi ihtiyaçlarımın önüne koymanın içimde yarattığı durumu ve bana yaşattığı şeyi tam olarak irdelememiştim.

Hayatımı başka insanların etrafında kurmam, onca yılın sonunda etkisini göstermiş ve yaşadığım kronik stres ölümle sonuçlanabilecek bir hastalığa neden olmuştu. Nefes alabileceğim bir yere ihtiyacım vardı. Bu yere ulaşabilmek için de kendimi nasıl herkesten ve her şeyden sorumlu hissetmeye başladığımın derinine inmem gerekiyordu. Doktorumun vereceği teşhisi duymayı beklerken kendi kendime şöyle düşündüğümü hatırlıyorum: "*Daha öğrenecek ve yapacak çok şeyim var. Umarım yeterli zamanım vardır.*"

İşte o an zihnimde bir ışık yandı. Evet, hem başkalarına hem de kendime nasıl yardım edip destek olabileceğime dair *seçeneklerim* olduğunu teorik olarak anlıyordum ama bu seçenekleri eskisinde göre daha bilinçli bir şekilde hayata geçirmem gerekiyordu. Buna mecburdum. Bu aydınlanma, bana sınır çizme konusunda ustalaşmak için ihtiyacım olan cesareti veren son şey oldu.

Şimdi hayatımın bu dönemini, yani kariyer değişikliğinden kanserimin iyileşmesine kadar geçen dönemi, *Sınır Acemi Birliğim* olarak görüyorum. Yeni bir özfarkındalık, kendini tanıma, kabul etme ve özşefkat dahil, sınır geliştirmenin bütün aşamalarından geçerek on yıldan az bir sürede *Sınır Ustalığına* terfi ettim. *Sınırların Efendisi* olma yolundaki yolculuğum başkalarının çektiği acıları azaltmak, nerelerde seçeneğiniz olduğunu gözler önüne sermek ve size bu tercihleri kolayca/rahatça ve zarif bir biçimde nasıl yapabileceğinizi göstermek konusunda derin bir arzu duymamı sağladı. Kendi deneyimlerime dayanarak, duygusal sağlığa giden yolun ne kadar hassas, uzun ve bazen de dolambaçlı olabileceğini biliyorum. Yoldaki her viraj kendinizi daha iyi anlamanızı sağlayacak ve bu sayede de sınırlarınızı daha iyi çizebileceksiniz. İnsanın hayatını eşsiz bir şekilde değiştirme gücüne sahip bu dili öğretme konusundaki tutkumun sebebi de bu işte. Kendimi özgürleştirmek uğruna döktüğüm kan, ter ve gözyaşı ile geçirdiğim onca yıl, size sınır dilini akıcı bir şekilde konuşmanız için en doğrudan ve verimli yolu öğretme arzuma güç veriyor. Yazar Richard Bach'ın dediği gibi *"En iyi öğrettiğiniz şey, en çok öğrenmeniz gereken şeydir."**

Çoğu kadın, benim eskiden olduğum gibi, bırakın nasıl değişiklik yapacaklarını, mutsuzluklarının kökeninde ne olduğunun dahi farkında değil. Farkındalık her zaman olduğu gibi ilk adım. Ne de olsa, farkında olmadığımız şeyi iyileştiremeyiz. Burada bulunuşumuzun sebebi de bu.

> **ÖZET** *Halihazırdaki sınır kalıplarınız ne olursa olsun, sağlıklı ve canlı yeni kalıplar oluşturmayı öğrenmeniz mümkün.*

---

* Richard Bach, *Illusions: The Adventures of a Reluctant Messiah* (London: Cornerstone, 2001), 60.

Şimdi Sıra Sizde

Burada, sizi doğrudan gerçek doygunluğa ve mutluluğa giden yola götürecek şekilde hayatınızı yeniden başlatacaksınız. Başka bir deyişle sevgili okurum, sıra sizde. *Sınır Özürlü*den (eğer öyleyseniz) *Sınır Ustalığı*na evrilme sıranız geldi. Bunu yapabileceğinizi biliyorum zira bu konuda çok fazla değişime tanık oldum.

Başkalarını memnun etme çabası, müzminleşmiş bir danışanımın iyi ve yerinde kararlar alabilen birine; aşırı verici olmaktan bitap düşmüş bir başkasının kolayca ve zarif bir şekilde hayır diyebilen birine dönüştüğünü gördüm. Böyle daha birçok örnek var. Bense herkes için her şey olmaya çabalayan birinden zamanını, enerjisini ve çabasını hayatındaki öncelikli insanlara odaklayan birine dönüştüm. Kendi görünür savaş yaralarım ve yoğun klinik deneyimlerime dayanarak, sizin de sınır çizme becerilerinizi genel bir revizyondan geçirmenize yardımcı olmak için test edilip onaylanan, adım adım bir süreç geliştirdim. Artık parlama vaktiniz geldi.

Hikayemi okudunuz. *Sınırların Efendisi* olma yolculuğunun duygusal ağırlık kaldırmak gerektirdiğini biliyorsunuz. Bu yüzden, eğer özbakımınızı artırmanız gerekiyorsa, hemen şimdi başlayın. *Özbakım* derken spada bir gün geçirmekten veya manikür-pedikür yaptırmaktan söz etmiyorum. Kastettiğim şey kendinize bolca alan tanımanız ve destek olmanız. Örneğin, gitmek istemediğiniz bir etkinliğe katılmak için kendinizi zorlamak yerine izninizi rica edin, telefonunuzu sessize alın ve dinlenin. Farklı detoks banyosu tarifleri deneyin. Vücudunuzu hafif yoga veya germe hareketleri gibi iyi hissettirecek ve canlandıracak şekillerde hareket ettirin. Ekran önünde daha az zaman harcayıp kendinize daha fazla zaman ayırın. Sakinlik ve sessizlik içerisinde oturun. Bir poponuz ve kanepeniz var. Daha ne? Meditasyon yapabilirsiniz. Hep beraber işleyiş tarzımızı *yapmaktan olmaya* geçiriyoruz. Bu bölümün sonunda, özbakım için güvenli ve özel bir alan olan kendi Zen bölgenizi yaratacaksınız.

Bu arada bir uyarı daha: Genelde üstün başarı elde etme veya mükemmeliyetçiliğe eğilimi olan biriyseniz, bu yaklaşımı burada uygulamamanız ya da *Sınırların Efendisi* olma yolunda kendinizi çok zorlamamanız son derece önemlidir. Yapılacaklar listesindeki maddelerin üstünü çizmekten veya işlevsel olmayan ilişkileri bir bölümde komple çözüme kavuşturmaktan bahsetmiyoruz. Bu bir *süreç.* Öte yandan, yeni bir şey denerken genel olarak kendinizi ambale olmuş veya hareket edemez halde hissetme eğiliminiz varsa, vereceğim talimatların basit, yapılacak değişikliklerinse küçük olduğunu bilmek sizi mutlu edecektir. Bu sayede zorlanmadan üstesinden gelebilirsiniz.

Bu arada, herkese kasabaya yeni bir sınır şerifi geldiğini haber vermenize de henüz gerek yok. Elinize bir megafon alıp *"Herkes dinlesin, konuşmamız lazım!"* diye bağırmayın. Hayır.

İnanın bana, muhasebe departmanındaki Bob'a gidip de dış görünümünüzle ilgili tuhaf yorumlarına artık katlanmayacağınızı söyleme fikrinin nasıl cezbedici olduğunu çok iyi anlıyorum. Sizi tanıyorum: Doğrusunu yapmak istiyorsunuz. Ama tamamen donanımlı bir hale gelmeden bu tarz zor konuşmalar yapmak, başarının formülü değil. Derine yerleşmiş kalıpları ve sınırlayıcı inançları değiştirmeyi öğrenmek bir dakikanızı alacak. Ancak davranışlarınızı değiştirmenin ve daha iyi sınırlar çizmenin neden bu kadar zor geldiğini tamamen anladığınız zaman gidip Bob'la konuşabilirsiniz. Güvenin bana, siz hazır olduğunuzda Bob ve saçmalıkları hâlâ orada olacak.

> **ÖZET** *Herkese uyan tek bir sınır stratejisi yoktur. Siz eşsiz bir bireysiniz. Bu nedenle, sınırlar konusundaki tercihleriniz ve kabul edilemez hususları nasıl belirleyip ifade edeceğinize dair doğru yol da tamamen size özgü olacak.*

İşlevsel olmayan sınır dansınızı yavaş yavaş değiştirmeye başladıkça, gerçek düşünceleriniz, duygularınız ve istekleriniz için daha fazla zaman ayırabileceksiniz. Bu süreçte, *iyi* bir insan olmanın belirli kuralları olduğuna dair efsaneye de toslamanız kaçınılmaz. Örneğin, aslında canınız o esnada yoga yapmak, kitap okumak veya bir tiyatro oyununa gitmek istese de işinin teslim tarihini geçirmemesi için kız kardeşinizin kıyafetlerini kuru temizlemeciden almanız veya çocuklarına bakmanız gibi. Ya da eşinize her hafta sonunu otoriter/tatlı/psikopat ailesiyle geçirmek istemediğinizi söylememeniz, daha yeni işten çıkarılan en iyi arkadaşınızın hayatı için detaylı bir plan yapmakla meşgul olduğunuzdan mutfak alışverişi yapmaya gidememeniz gibi (üstelik kendisi kariyerini nasıl kurtaracağına dair sizden bir PowerPoint sunumu istemediği halde). Veyahut iyi niyetli bir arkadaşınıza ondan tavsiye istemediğinizi söylemenin sebep olacağı çatışmadan kaçınmanız gibi.

ÖZET *Kendinize nasıl davranacağınıza (içsel sınırlarınıza) ve başkalarının size nasıl davranacağına (dışsal sınırlarınıza) dair kullanma kılavuzunu siz yazıyorsunuz.*

Tam şu anda *"İyi biri olmanın nesi yanlış?"* diye düşünüyor olabilirsiniz.

Gerçeği söylemek gerekirse, doğru sözlü olmayıp da yalandan iyi olmayı tercih ettiğiniz her vakit kendinizi tatmin etmeyen deneyimlere, içerlemeye ve gerçek sizin tanınmamanızdan ötürü yalnızlığa mahkum ediyorsunuz. Bir düşünün: Hayır demek istediğiniz halde evet diyerek sevip saydığınız insanlara aslında yalan söylemek gerçekten "iyi" bir şey mi? Hayır, değil. Böyle yaparak onlara sadece yanlış istihbarat vermekle kalmıyor, kendinize de aynısının daha fazlasını yaşatıyorsunuz.

Sağlıklı sınırlar çizmek ve korumak hayatı değiştiren bir sanattır. Bu değişimin ana itici gücü de sizin *gerçek* duygularınızdır. Kendimize bir başkasının duygularını incitmekten kaçınarak iyilik ettiğimizi söyleyebiliriz ama hikayenin tamamı bu değil. Bu pek dürüst olmayan jestlerin sebebi genellikle sevgiden ziyade korkudur; bu konuya üçüncü bölümde daha fazla değineceğiz. İlgili olma maskesi altında kendimizi aşırı verici, aşırı çaba harcayan ve yapabileceğinden daha fazla sorumluluk altına girmiş bir halde bulabiliriz. Ya da kimseyi rahatsız etmemek için her türlü yardımı sert bir şekilde reddedebiliriz. Her ikisi de daha fazla değil, daha az sevildiğimizi hissetmemize neden olur.

Doğrudan ve dürüstçe konuştuğunuz zaman, bunun faydaları iki mislidir. Sadece kendiniz görülmekle kalmaz, aynı zamanda hayatınızdaki diğer herkesin de görülmesi için ortam sağlarsınız. Dünyayı gerçek sizden, sadece sizde olan bir şeyden mahrum bırakmamış olursunuz.

Sağlıklı sınırlar cömert *ve* verimlidir. Sağlıklı sınırlarınız olduğu zaman zumba yapmak, seramik yapmayı öğrenmek veya kuantum fizik çalışmak gibi diğer daha üretken arayışlar için ne kadar çok zaman, enerji ve kapasiteniz olacağına şaşıracaksınız. Kendinizden vazgeçmeyi, kandırmayı, inkarı ve içerlemeyi kapı dışarı ettiğinizde neşe, özgürlük ve gerçek samimiyete dayalı bir hayat yaratabileceksiniz.

Gerçekten de bir kez farkına vardığınız zaman, bariz seçeneğin bu olduğunu, aynı zamanda herkes için daha iyi bir seçenek olduğunu göreceksiniz.

Birçok bakımdan sanki sizi zaten tanıyormuşum gibi hissediyorum çünkü bir zamanlar ben de sizin gibiydim. *Sınırların Efendisi* olma yolculuğunda nerede olduğunuzun, ne yaptığınızın ya da henüz neyi bilmediğinizin önemi olmadığını söylediğimde bana güvenin. Başlamak için tam olarak doğru yer ve zamandasınız. Marianne Williamson'ın bir zamanlar yazdığı gibi *"Çok geç değil. Çok yaşlı değilsiniz. Tam olarak doğru zamandasınız ve bildiğinizden daha iyi durumdasınız."*[*]

---

* Marianne Williamson, *The Age of Miracles: Embracing the New Midlife* (Australia: Hay House, 2013), 9.

SINIRLARIN EFENDİSİ İŞ BAŞINDA

Her bölümün sonunda, *Sınırların Efendisi* olma becerilerinizin temelini adım adım inşa etmek için size bazı seçme alıştırmalar vereceğim. Ne kadar küçük olursa olsun, her yeni düşünce veya eylem önemlidir. Daha fazla alıştırma ve destek için BoundaryBossBook.com/bonus adresindeki *Sınırların Efendisi Bonus Paketi*ni inceleyebilirsiniz.

1. Farkına Varın. Duygularınıza dikkat edin. Duygularınız ortaya çıktıkça, durun ve adını koyun. Çocukluğunuzdan kalma *yasak* duyguları saptamanın daha zor olabileceğinin ve bunların daha kabul edilebilir duygular şeklinde görünebileceğinin farkında olun. Örneğin, öfke bende mutsuzluk olarak tezahür ederdi. Gerçek duygularınızı tanımak ve ismini koymak için farkındalığınızı kullanın. Sonra da bu duyguları kabullenin.

2. Derine İnin: Kendi Zen Bölgenizi Yaratın. İlk alıştırmanız *Sınırların Efendisi* olma yolunda yapacağımız bu ortaklaşa yolculukta (ve sonrasında) meditasyon yapmak, dinlenmek, günlüğünüze yazmak ve bütünleştirme alıştırmalarınızı yapmak için kullanabileceğiniz kendinize ait özel bir alan yaratmak olacak. Bu sizin *Sınırların Efendisi* olarak yapacağınız ilk radikal özbakım işlemi olacak. Aynı zamanda *Sınırların Efendisi* olma sürecine kendinizi adamanıza da yardım edecek. Kitabın sonundaki "Derine İnin" bölümünde bunu nasıl yapacağınıza dair adım adım talimatları bulabilirsiniz.

3. İlham Alın: Meditasyon Yapın. Meditasyon farkındalığınızı artırır ve anda kalabilme yeteneğinizi güçlendirir. Bu, başarılı bir *Sınırların Efendisi* olmak için çok önemlidir. Kitabın sonundaki "Derine İnin" bölümünde, başlamak için basit bir meditasyon bulabilirsiniz.

BÖLÜM 2

SINIRIN TEMELLERİ

Yıllar önce, güneşli bir ilkbahar günü, arkadaşım Jules ile bir yandan öğle yemeği yiyor, bir yandan da yetiştiriliş tarzımız ve neden belli tercihleri yaptığımız hakkında felsefi bir sohbet ediyorduk. Yedi çocuklu bir ailede büyümenin nasıl bir şey olduğunu anlatırken Jules gayet rahat bir şekilde *"Banyo tezgahının üzerinde içine diş fırçalarımızı koyduğumuz bir sepet vardı"* deyiverdi.

İnanamadım. *"Hangisinin senin olduğunu nasıl biliyordun?"* diye sordum.

"Bilmiyordum ki" dedi omuz silkerek. *"Hepimiz hangisi kuruysa onu kullanıyorduk."*

Bir dakika. Ne?

Jules'un bağımlılık, yoksulluk ve istismarla beslenen kaotik bir ailede büyüdüğünü biliyordum. Bir terapist olarak çoğu şey beni şaşırtmaz. Gene de kendisine ait bir diş fırçası olmaması gerçeği karşısında şaşkınlıktan kalakalmıştım. Ayrıca Jules'un bunu hiç de önemli bir mesele değilmiş gibi anlatması da vardı tabii. Kendisine ait bir *diş fırçası* olma hakkının olduğunu bile bilmiyordu.

Ama bu durum kendisine ait bir fırça olmasını istemediği anlamına gelmiyordu. On üç yaşındayken girdiği ilk işten kazandığı ilk parayla kendisine bir diş fırçası ve saklama kabı alıp ortak sepette değil, yastığının altında sakladı.

ŞİMDİ SIRA SİZDE:
Sizin Sınır Olarak Temel Aldığınız Şey Nedir?

Bunu açıklığa kavuşturmanıza yardımcı olmak için, aşağıda yazılı soruları okuyun ve sizin için geçerli olanları işaretleyin.

- Ne düşündüğünüzü çekinmeden, açık bir şekilde söyleyerek sınır çizme girişiminde bulunmak, sizde kaygı veya korku duyguları yaratıyor mu?
- Aldığınız bir hizmet için ödeme yaparken, hizmetten memnun olmadığınız halde bunu dillendirmekten kaçınıyor musunuz?
- Tercih veya ihtiyaçlarınızı çok uzun süre göz ardı edip sonra da hüsran/hayal kırıklığı içerisinde patlıyor musunuz?
- Çoğu şeyin nasıl yapılması gerektiği konusunda aklınızda son derece belirgin bir fikir var ve diğerlerinin bu konuda tamamen bihaber olmaları gerçeği sizi sık sık hüsrana uğratıyor mu?
- İnsanlar sınırlarınızın ne olduğunu sezmediklerinde ya da bunlara saygı duymadığında genellikle üzgün, kızgın ya da içerlemiş hissediyor musunuz?
- Birlikte olduğunuz kişi veya grubun fikrine katılmamanız ya da farklı şekilde düşünmeniz halinde, bunu dile getirmekten genel olarak korkuyor ya da kaçınıyor musunuz?
- İçinizden geleni söyleyemediğiniz, tercihlerinizi paylaşamadığınız ya da hayır diyemediğiniz için sorunlu ilişkiler yarattınız mı?
- Sık sık başkalarının davranışlarına kırılıyor ya da bunları düzeltme zorunluluğunda hissediyor musunuz?
- Kendinizi ihanete uğramış hissettiğiniz zaman, zor bir konuşma yapmaya kalkmaktansa o kişileri hayatınızdan çıkartıyor ya da onlardan kaçınıyor musunuz?
- Arkadaşlarınızın veya ailenizden birinin bir sorunu olması halinde, sizden yardım istememiş olsalar dahi, kendi-

nizi önerilerde bulunmak veya çözüm bulmak mecburiyetinde hissediyor musunuz?

Bu soruların her biri bozuk/düzensiz sınırların belli bir ifadesini işaret etmekte olup sizi bu yolculukta ilerlerken üzerinde çalışmanız gerekecek alanlara yönlendirebilir.

Jules'un ailesinde maddi sınırların zayıflığına dair bu küçük gibi görünen örnek daha büyük bir ihmal ve istismar sorununu temsil ediyordu. Anne ve babası Jules'u şiddete eğilimli abi ve ablalarından korumamış; Jules'un günlüğünü okumuş ve ne ona ne de başka kimseye banyonun kapısını kilitleme izni vermemişti. Jules'un mahremiyeti banyo küvetindeyken bile sık sık ihlal edilmişti. Tıpkı Jules gibi, siz de belki üzerinde çok fazla durmadığınız, sözüm ona küçük ve önemsiz sınır ihlalleri yaşamışsınızdır. Bununla birlikte, bütün sınır ihlallerinin ileride sınır çizme konusunda yaşanacak sorunların tohumunu ekme potansiyeline sahip olduğunu fark etmek önemlidir. Kötü çizilmiş sınırlar kötü çizilmiş sınırlardır. Çoğu danışanım için, bu sağlıksız sınır tohumları yetişkin hayatlarında kişisel istek, ihtiyaç, arzu ve hatta tercihlerini tanımlayamama, önceliklendirememe ya da dile getirememe sorununa dönüşüyor.

Kişisel Sınırlara Giriş

İşe öncelikle kişisel sınırların temelini anlamakla başlayalım ki bunların neden her Allah'ın günü önemli olduğunu daha iyi anlayabilesiniz. Etrafında uzun bir çit olan ve *"Yaklaşmayın"* ve *"İzinsiz Girenler Cezalandırılır"* gibi tabelaların olduğu bir ev hayal edin. Hepimiz bu çitin bir sınır anlamına geldiğini net bir şekilde anlıyoruz. Tabelalar da sınırın aşılması halinde olacak sonuçları açık bir dille ifade ediyor.

Altta yatan mekanizma aynı olsa da kişisel sınırlar bir çitten çok daha karmaşıktır. Öylece üstümüze tabelalar asıp insanların bunlara uymasını bekleyemeyiz.

Kişisel sınırlar görünmez olduğu için (çoğu zaman tekrarlanan) sözcük *ve* hareketlerle çizilmesi gerekir. Kişisel sınırlar bireye özgü olup çocukluk yaşantıları, kültürel normlar, cinsiyet rolleri ve daha bir sürü başka faktörle şekillendirilir. Bir tabela asmak gibi, her şeyi bir seferde kapsayıp halleden tek bir sınır çizme yöntemi yoktur.

Kişisel sınırlar, diğer insanların size nasıl davranabileceğini açık bir şekilde tanımlamak üzere sizin tarafınızdan yazılan bir el kitabı gibidir. Evet, bu, teslim tarihine odaklanmanız gerektiği için iş arkadaşınıza günlük ofis dedikodusuyla ilgilenmediğinizi ya da yargılayıcı arkadaşınıza kilonuz, dış görünümünüz ya da aşk hayatınız hakkındaki alaycı yorumlarını istemediğinizi *söyleyebileceğiniz* anlamına geliyor. Sınır çizmenin içerisine aynı zamanda biri bu sınırı aştığı zaman tam olarak nasıl yanıt vereceğinizi tanımlamak da giriyor ki bu da sınırlarınızı sürekli ihlal edenlerin katlanacağı sonuçları açık bir şekilde belirlemek anlamına geliyor. Bu konuya yedinci bölümde detaylıca değineceğiz.

Sağlıklı sınırlar çizmek, sizi duygusal anlamda zarar görmekten korurken itibarınızı da korur. Evet sevgili okurum, sağlıklı sınırlar sizin önemli bir hakikati hayata geçirmenize de yardımcı olur: Saraylı olduğunuz gerçeğini. Kendinize bir sultan gibi davranmanız, kendinizden vazgeçmek yerine kendinizi tanıma, saygı duyma ve koruma anlamında sarsılmaz bir beceri geliştirmeniz demektir. Bu önemlidir, zira *kendinizi* nasıl gördüğünüz ve *kendinize* nasıl davrandığınız hayatınızdaki diğer ilişkilerin de çıtasını belirler.

ÖZET *Toplum sizi sağlıklı sınırlara sahip olmanın bencil, zıt ve şirret biri yaptığına inandırabilir ama sağlıklı sınırlarınızın olması, sizi aslında cesur ve cömert biri yapar.*

Sınır Kategorileri

Sınırlar beş ana kategoriye ayrılır: Bunlar fiziksel, cinsel, maddi, zihinsel ve duygusal sınırlardır. Bu sınırların herhangi biri geçildiğinde, başımız dertte demektir. Sınırlar ayrıca türlerine göre de üçe ayrılır: Katı, geçirgen ve sağlıklı. Bu kategorileri ve türleri anlamak sınırlarla ilgili olarak nerelerde sorun yaşadığınızı görmenize yardımcı olacaktır. Böylece bu sorunları düzeltmeye başlayabilirsiniz. Duygusal sınırlarınız çok mu geçirgen? Zihinsel sınırlarınız çok mu katı? Nerelerde esnek ve dengelisiniz?

Aşağıda dikkat etmeniz gereken kişisel sınırları bulacaksınız.

- **Fiziksel Sınırlar.** En temel fiziksel sınırınız bedeninizdir. Bunun içerisine size kimlerin nasıl dokuna-bileceği ve ne kadar kişisel alana gereksinim duyduğunuz girer. Birinin izniniz olmadan sizi kavraması, deodorantınızı (veya diş fırçanızı) kullanması ya da siz duştayken kapıyı vurmadan banyodan içeriye dalması fiziksel sınır ihlaline birkaç örnektir.

- **Cinsel Sınırlar.** Cinsel amaçlı dokunuşların ne düzeyde "kabul edilebilir" olduğuna, aynı zamanda nerede, ne zaman ve kiminle olabileceğine karar verecek olan sizsiniz. Örneğin, size cinsellik için baskı yapan ya da zorlayan, müstehcen yorumlarda bulunan ya da sizin açık onayınız olmaksızın kendi cinsel dürtülerini uyandırmak veya tatmin etmek üzere herhangi bir harekette bulunan kimse cinsel sınırlarınızı ihlal ediyordur.

- **Maddi Sınırlar.** Başkalarının sizin eşyalarınızı nasıl kullanıp kullanamayacağını siz belirlersiniz. Bunun içerisine arkadaşlarınıza ya da akrabalarınıza borç para verip vermeyeceğiniz ya da giysilerinizi, arabanızı veya başka şeyleri ödünç verip vermeyeceğiniz ve hangi koşullar altında vereceğiniz girer. Örneğin, evinizin herhangi bir alanı, misafirlere kapalı mı? Evinize gelen kimselerin ayakkabılarını çıkarması gerekiyor mu?

Birinin izniniz olmadan bilgisayarınızı kullanması, dolabınızdan giysilerinizi alması veya temiz arabanıza çöp bırakması maddi sınır ihlaline örneklerdir.

- **Zihinsel Sınırlar.** Düşüncelerinizi, değer verdiğiniz şeyleri ve fikirlerinizi siz belirlersiniz. Zihinsel sınırlara sahip olmak için, öncelikle neye inandığınızı bilmeniz gerekir. Sağlıklı zihinsel sınırlara sahip olmak, temel inançlarınıza sahip çıkarken aynı fikirde olmasanız bile başkalarını açık fikirlilikle dinleyebilmeniz demektir. Örneğin, rica yerine talepte bulunan birisi, inançlarınızı hor gören birisi ya da kendi istediğini kabul ettirmek için hayır cevabınıza saygı duymayan birisi zihinsel sınırlarınızı ihlal ediyordur.

- **Duygusal Sınırlar.** Nasıl herkes duygularından kendisi sorumluysa siz de kendi duygularınızdan sorumlusunuz. Sağlıklı duygusal sınırlar birini düşünmeden eleştirmenizi veya istenmediği halde tavsiye vermenizi engeller. Aynı zamanda, sizi hissettikleriniz için başkalarını suçlamaktan ve bunun tam tersi, size ait olmayan duygular için sorumluluk kabul etmekten de alıkoyar. Duygusal sınırlar kendinizle ilgili detayları çok erken paylaşmanızı, olayları kişisel almanızı ya da başkalarının sorunları veya olumsuz duyguları yüzünden kendinizi suçlu hissetmenizi engeller. Genel olarak aşırı duygusal, kavgacı veya savunmacı bir tavır takınma eğilimindeyseniz, duygusal sınırlarınız bozuk/düzensiz olabilir. Başkalarının duygularını geçersizleştiren, size nasıl hissettiğinizi ya da hissetmeniz gerektiğini söyleyen ya da istenmeyen ve son derece kişisel sorular soran biri sınırlarınızı ihlal ediyordur.

Sınır Türleri

Kişisel sınırların her bir kategorisi katı, geçirgen ve sağlıklı olmak üzere üç türe ayrılır. Sınırlarınız çok gevşek veya katıysa, sınır çizme konusunda sorunlarınız var demektir.

- **Katı Sınırlar.** Çok katı sınırlarınız varsa,
  - İhtiyacınız olduğunda yardım istemiyor,
  - Reddedilme ihtimalini en aza indirgemek için yakın ilişkilerden kaçınıyor,
  - Başkaları tarafından mesafeli veya soğuk biri gibi algılanıyor veya
  - Kendinizi soyutlama eğiliminde olabilirsiniz.

İnsanlar sizi ulaşılamaz, kapalı veya hiç esnek olmayan biri gibi tarif edebilir. Kişisel mottonuz *"Dediğim dedik çaldığım düdük"* olabilir veyahut da buzlar kraliçesi imajı veriyor olabilirsiniz. İnsanlarla aranız pek iyi olmadığı için, size karşı kabahat işleyenlere sizi nasıl üzdüklerini anlatmak yerine onları derhal hayatınızdan çıkarmaya çok daha meyillisinizdir. Katı sınırlara sahip olmanın sağlıklı sınırlara sahip olmakla eşdeğer olduğuna dair yaygın bir yanılgı vardır. Aslında durum öyle değil. Zira esnek olmamak, aynı çok esnek olmak gibi sağlıklı ilişkiler kurulmasına engel olur.

ÖZET *Yaygın inanışın aksine, hiçbir şekilde esnek olmayan sınırlar da sağlıklı değildir. Bunun altında yatan şey kırılganlık korkusu olup, açık ve sağlıklı ilişkiler ve deneyimler yaşanmasını engelleyebilir.*

- **Geçirgen Sınırlar.** Çok geçirgen sınırlarınız varsa,
  - Kişisel bilgilerinizi çok fazla paylaşıyor,
  - Hayır demek istediğiniz halde evet diyor,

- Kendinizi başkalarının sorunlarını üstlenirken veya onların sorunlarıyla çok fazla ilgilenirken buluyor ya da
- Saygısız veya istismarcı davranışlara katlanıyor olabilirsiniz.

İnsanlar sizi aşırı uyumlu ve yumuşak başlı, çatışmaktan kaçınan veya çok ama çok iyi biri olarak tarif edebilir. Dışarıya kolay lokma ya da arabulucu/uzlaştırıcı biri imajı verebilirsiniz. Başka insanların düşünce, duygu ve sorunlarından kendinizinkilere nazaran muhtemelen daha fazla etkileniyorsunuz.

Örneğin, diyelim tam spor salonuna gitmek üzere evden çıkacağınız sırada bir arkadaşınız sizi arayıp aşk hayatıyla ilgili toksik bir problemini anlatıyor ve siz evde kalıp 1985 basımı bir kendi kendine yardım kitabı klasiği olan *Women Who Love Too Much'ı (Çok Seven Kadınlar)* açıp arkadaşınızın okuması için bazı satırların altını çizmeye başlıyorsunuz. Tencere dibin kara, seninki benden kara. Belki de hayata karşı tavrınız *"Başkaları mutlu olduğu sürece, ben de mutluyum"* şeklindedir.

- **Sağlıklı Sınırlar.** Sağlıklı sınırları olan biri,
  - Kendi düşünce ve fikirlerine değer verir,
  - Yardım istemek veya kabul etmek konusunda rahattır,
  - Özel bilgilerini kiminle, ne zaman paylaşacağını bilir ve
  - Birinin bir isteğine hayır demesi dahil olmak üzere başkalarının sınırlarını kabullenip saygı duyabilir.

Sağlıklı sınırlarınız varsa, insanlar sizi güvenilir ya da kendinden emin biri gibi tarif edebilir. Başkaları yanınızda kendilerini rahat ve güvende hisseder. Sözünüzü tutan, etkili iletişim kuran ve kendi mutluluğunun sorumluluğunu üstlenen birisisiniz. Duygusal şantaj yapmıyor; duygusal tepkiler vermiyorsunuz. Örneğin, gecenin geç bir vaktinde ailenizden biri sizi arayıp can sıkıcı bir haber verdiği zaman, en iyi arkadaşınıza bir SOS mesajı göndermek veya çaresiz hissetmeye katlanamadığınız için hemen harekete geçmek yerine, oturup sabaha kadar duygularınızla baş başa kalmaya karar veriyorsunuz. Duygularınızı yönetebilme becerisine sahipsiniz.

Sağlıklı sınırlarınız varsa, aynı zamanda içten gelen bir ferasete de sahipsinizdir. Hangi sınırların uygun olduğunu; aile ve arkadaşlarınız için uygun olan bir şeyin iş arkadaşlarınız veya patronunuz için uygun olamayabileceğini bilirsiniz. Örneğin, ayrılık acısı çekiyorsanız, bunu kız arkadaşlarınızla paylaşabileceğinizi ama ayrılmanızın detaylarını altınızda çalışan biriyle veya patronunuzla paylaşmanın uygun olmayacağını bilirsiniz.

Sağlıklı kişisel sınırlar geliştirmek muhakeme ve anlayış kabiliyetinin yanı sıra, kendinizle olan ilişkiniz dahil olmak üzere bütün ilişkilerinizin durumuna iyice ve dürüst bir biçimde bakmayı gerektirir ki bunun zamanı muhtemelen çoktan gelmiştir.

Bir Yere Kadar İşe Yarar

Jules'un kendisine ait bir diş fırçası edinme arayışı bozuk/düzensiz maddi sınırlara verilen doğal bir tepkiyi gösteriyor. Ne pahasına olursa olsun, evin banyosunda sadece ona ait bir köşe yaratacaktı.

Jules çocukluğu boyunca istismara hedef olmamak için duygularını, ihtiyaçlarını ya da tercihlerini bastırmayı öğrenmiş. Babası sarhoş olduğunda şiddete başvururmuş (fiziksel sınır ihlali); kardeşleri onun kıyafetlerini ve eşyalarını izin almadan kullanırmış (maddi sınır ihlali) ve ağabeyleri tarafından dalga geçilip "şişman ve çirkin" olduğu şeklinde sataşmalara maruz kalırmış (duygusal sınır ihlali). Jules bütün bu yaşananlardan olay çıkarmamanın ve hayatındaki insanları memnun etmeye çalışmanın en güvenli yöntem olduğu sonucunu çıkarmış. Öğrendiği sınır davranışları çocukluğunda işe yarasa bile evden ayrıldığı andan itibaren çatışma ve memnuniyetsizliğe yol açmış ve uyumsuz davranışlara dönüşmüş. Kendi diş fırçası olması için savaş vermek gibi görünürde küçük ve önemsiz olan bir şeyin etkisi büyük olmuş.

Yetişkin biri olarak sürdürdüğü uyumsuz (geçirgen) sınır modeli on yıl boyunca berbat ilişkiler yaşamasına neden olmuş. Bu ilişkilerin her biri çocukluğundan kalma bozuk/düzensiz sınırlarını bir şekilde tekrar etmiş. Tıpkı kardeşleri gibi, Jules'un erkek arkadaşları da çalışmasının meyveleri, yani zor kazandığı parası ve oturduğu apartmanın yanı sıra zamanı ve emeği üzerinde de hak sahibi olduklarına inanmış (maddi sınır ihlali). Jules ise birini sevmek demenin onların istediğini yapmak ve almak istediklerini almalarına izin vermek olduğuna inanmış (düzensiz/bozuk duygusal sınır). Onun için bardağı taşıran son nokta gene koca bir hüsranla sonuçlanan son ilişkisi olmuş. ve Jules nihayet

Jules nihayet bütün bu acı tecrübelerdeki ortak paydanın *kendisi* olduğunu fark etmiş. Jules bu ilişkilerdeki rolünü "her zaman veren" taraf olarak tanımlıyor. Bence, "ciddi biçimde eş bağımlı" da doğru bir tanım olur. Kendi ihtiyaçlarını bir kenara itmesi, her ne kadar işlevsel olmayan aile düzeni içerisinde ona sevgi ve güvenlik temin etmişse de kendinden vazgeçmesi, yetişkin hayatında mutlu ve sağlıklı olmasının önünde duran kocaman bir engele dönüşmüş. Üstelik bozuk/düzensiz sınırları onu sonunda gerçek bir tehlikenin içerisine de sokmuş ve her şeyi kaybetme tehlikesiyle burun buruna gelmiş.

ÖZET *Dikkat etmeniz gereken farklı sınırlar fiziksel, cinsel, maddi, zihinsel ve duygusal alanlarda olup bu kategoriler içerisinde sahip olduğunuz sınırlar katı, geçirgen ya da sağlıklı olabilir.*

Jules'un romantik geçmişinden seçtiğim birkaç örnek onun erken yaşta deneyimlediği maddi sınır ihlallerinin yansımalarını açıkça ortaya seriyor. Örneğin, bir keresinde henüz yeni tanıştığı bir erkek arkadaşının onun evine taşınmasına izin vermiş; çünkü adam o esnada kirasını ödeyemediği için evden atılmak üzereymiş. Gene başka bir erkek arkadaşının yazdığı ve Broadway standartlarından çok ama çok uzakta olan bir tiyatro oyununun sahnesini tasarlama ve kurma fırsatına balıklama atlamış. Üstelik o esnada tam gün çalışmasına ve spor salonuna gitmeye bile enerjisinin olmamasına rağmen. Gene başka bir erkek arkadaşının "icadına" birikiminin yarıdan çoğunu büyük bir memnuniyetle yatırmış ve bir kuruşunu bile geri alamamış. Durumu anladınız.

Kısaca, Jules'un maddi ve diğer sınırları çok fazla esnekti. Bu da kendisini zaman zaman insanı felce uğratan bir kararsızlık olarak gösteriyor ve son kullanma tarihi çoktan geçmiş korkunç durumlar içerisinde sıkışıp kalmasına neden oluyordu. Arife tarif gerekmez: Kararsızlık, bozuk/düzensiz sınırları olan kadınlarda yaygın görülen bir durumdur. Sınırlarınız çok gevşekse (yani geçirgense), vereceğiniz bir karar yüzünden birini incitmekten, reddedilmekten veya alay edilmekten korkarsınız. Kararsızlık, böyle bir durumdan kaçınmak için bilinçsiz olarak tercih ettiğiniz bir yol olabilir. Eğer kendinizi fikrinizi değiştirme hakkından mahrum bırakıyorsanız, ne düşündüğünüzü çekinmeden, açıkça ifade edemiyor ya da hayır diyemiyorsanız, her karar "ömür boyu hapis cezasının" ağırlığını taşır.

Kulağa ne kadar saçma gelirse gelsin, Jules'un kardeşleri ergenlikte kendisine ait bir diş fırçası olmasını istedi diye onunla gerçekten alay ettiler. Onu aşağılayıp "talepkar bir assolist"e dönüştüğünü söylediler. (*Gerçekten inanılmaz!*) Birçok kadın gibi, Jules'e de hem doğrudan hem de üstü kapalı olarak sağlıklı sınırlara sahip olmanın onu bencil, zıt ve şirret biri yaptığı öğretildi ki gerçeğin bununla uzaktan yakından alakası yok.

Jules'un erken yaşta edindiği çarpık sevgi ve güvenlik anlayışı, yetişkin hayatında doğrudan kendisinden ve çıkarlarından vazgeçmesine dönüştü. Onun bağlılığını hak etmeyenlere karşı dahi, yanlış yönlendirilmiş bir sadakat anlayışı vardı. İçselleştirdiği bu zarar veren kalıpları değiştirmek için marketten beş dolara satın alabileceği bir diş temizleme kitinden çok daha fazlası gerekecekti.

Gene söylüyorum: Jules'un erken yaşlarda güvendiği ve o zamanlar *amacına hizmet eden* strateji, yetişkinlik döneminde artık *işe yaramamaya* başladı ve Jules'un kendisini kullanılmış ve değersiz hissetmesine zemin hazırladı; bu tam da çocukken hissettiği şeydi aslında. Burada tesadüfi bir durum yok. *Tekrarlayan Sınır Kalıbı* olarak adlandırdığım bu durum, günümüzde işlevsel olmayan bir durumun geçmişteki acı bir yaşantıyı aksettirmesi anlamına geliyor; bu konuya beşinci bölümde ayrıntılı olarak gireceğiz.

Toplumsal Geçmiş Bugünümüzü Etkiler

Kişisel sınırları tam olarak anlamak için, aile sistemimizin içinde öğrendiğimizden çok daha geniş bir bağlamın farkına varıp kabul etmemiz şart: Baskı geçmişi. Kadın haklarının gelişimi sınırlar konusundaki inançlarımızla olan bilinçli, bilinçdışı ve toplu ilişkimizi bugün dahi doğrudan etkiliyor. Geçmişimizle ilgili farkındalığımızı artırmazsak, geçmiş kolayca bugünümüz olabilir.

Şu gerçeği bir düşünün: ABD Anayasası'nda 1920 yılında yapılan ve ağırlıklı olarak beyaz kadınlara oy hakkı tanıyan on dokuzuncu değişiklikten önce (bu değişiklik beyaz olmayan kadınlar için geçerli olmayıp onlar eyaletlerin kendi yasalarına tabiydi) kadınlar düpedüz eşlerinin malıydı. Evet, mal. Tıpkı arsa, büyükbaş hayvan veya araba gibi. Ne bir hak, ne bir egemenlik, ne de söz hakkı...

Sadece yüz yıl öncesinden bahsediyoruz! Bir nevi akıllara durgunluk verecek cinsten. Ama düşündüğünüzde pek de öyle değil aslında.

Kadınlar yüzlerce ve hatta binlerce yıl ötekileştirildi ve metalaştırıldı. Özellikle de beyaz olmayan kadınlar. Ötekileştirilmiş bir gruba ait olmak insanın özkimliğini ve özdeğerini olumsuz yönde etkiler. *Internalized Oppression: The Psychology of Marginalized Groups (İçselleştirilmiş Baskı: Ötekileştirilmiş Grupların Psikolojisi)* kitabının yazarı E.J.R. David'e göre, kadın olarak kim olduğumuza dair olumsuz mesajları, bilmeyerek dahi olsa, genel olarak benimsiyoruz.* Bu durum baskı yaşantısını içselleştirmenin bir sonucu olup, aşağılık duygusuna ve kendinden nefret etmeye yol açabiliyor.

Bu içselleştirilmiş baskı, kadınlarda birkaç şekilde kendini gösteriyor. Örneğin, olayları drama çeviren biri gibi görünmekten korktuğumuz için düşüncelerimizi açıkça söylemeye çekiniyor ve yaşadığımız her neyse geçersiz kılıyoruz. Yaşlanırsak veya yaşlanma belirtileri gösterirsek daha az değerli olacağımıza inandığımız için genç kalma konusuyla, fiziksel çekiciliğimiz ve güzelliğimizle aşırı ilgileniyoruz. Sanki fedakarlık "iyi" olduğumuzun kanıtıymış gibi, başkalarının ihtiyaç ve isteklerini hemen kendimizinkilerden öncelikli hale getiriyoruz. İçselleştirilmiş baskı, bozuk/düzensiz sınırlarımızı daha da pekiştiriyor.

Sınır koymakta zorlanan bir kadınsanız, şunu anlayın ki yaşadığınız zorluk, sizden önceki nesillerde yaşamış ve aynı sizin gibi kendi değerinden şüphe eden sayısız kadına görünmez bir iplikle bağlı. Verdiğiniz mücadele bir boşlukta cereyan etmiyor. Peki, ne için bu mücadele? Bir kadın olarak sosyalleşmek için mi? Bence tam bir saçmalık. Ama hâlâ bunun yansımaları ve neticeleriyle uğraşıyoruz.

Gerçek anlamda toplumsal değişim zaman alır. 2006 yılında Tarana Burke tarafından cinsel istismara uğramış, beyaz olmayan kadınları empati yoluyla güçlendirmek amacıyla oluşturulan kampanyanın yol açtığı #MeToo hareketine bakmanız yeter.

Bu kampanya on bir yıl sonra, 2017 sonbaharında yeniden canlandı ve büyük nüfuz sahibi film yapımcısı Harvey Weinstein'a yönelik cinsel istismar soruşturması sürecinde çok daha geniş yankı buldu.** Uzun zamandır devam eden ve

---

* E.J.R. David, *"Internalized Oppression: We Need to Stop Hating Ourselves,"* psychologytoday.com (30 Eylül 2015). Erişim tarihi: 13 Temmuz 2020.

** Sandra E. Garcia, *"The Woman Who Created #MeToo Long Before Hashtags,"* nytimes.com (20 Ekim 2017). Erişim tarihi: Ocak 2020.

kadınların ilk elden bildiği cinsiyet eşitsizliği, yetki ve gücün kötüye kullanılması, sistemik taciz ve cinsel saldırı konuları bir anda bütün dünyada tartışılır oldu. Bu tür tarih boyu dengesiz kalmış dinamiklerin kadınları hem bireysel hem toplu halde nasıl etkilediğine dair yapılan etkili konuşmalar neticesinde çok sayıda istismarcı hakkında kesin işlem yapıldı. Şükürler olsun! Vakti çoktan gelmişti!

Bu arada bir iyi haber daha: #MeToo hareketinin kabul görmüş önyargıları yıkıp geçmesinden bir yıl sonra, Amerika'daki ara dönem seçimlerinde 42'si beyaz olmayan olmak üzere 117 gibi rekor sayıda kadın Kongre'ye seçildi.* (En azından bir başlangıç). Bu tür derin önyargılar bir gecede değişmiyor. Kötü haber, kolektif bilinçdışımıza işlemiş cinsiyet rollerinin varlığını sürdürmeye devam etmesi ki bu roller halen daha nasıl giyinmemiz, hareket etmemiz ve konuşmamız gerektiğini dikte ediyor. Hâlâ yapılacak işimiz var.

> **ÖZET** *Kişisel sınırlarınız çocukluk yaşantılarınız, kültürel normlar, cinsiyet rolleri ve daha bir sürü başka faktörle şekillendirilir.*

Bu arada, bizim gibilerin hâlâ çocukluğumuzdan bu yana katlandığımız ve içselleştirdiğimiz açık veya üstü kapalı cinsiyetçi varsayımlara, yansıtmalara ve yargılara bir çözüm bulması gerekiyor. Yarattığı etkinin farkında olalım ya da olmayalım, insanı güçsüzleştiren bu duygular benlik anlayışımızı son derece olumsuz bir biçimde etkileyebilir. Ve zaman kimseyi beklemediği için, *Sınırların Efendisi* olma yolculuğuna *hemen şimdi* çıkmanız hem kendiniz hem de sizin yaşayacağınız değişimden güç kazanacak sonraki nesiller için zorunludur. Meditasyon ve farkındalık uzmanı Davidji'nin bilgece dediği üzere *"Kendimizi değiştirerek dünyayı değiştirebiliriz."***

---

* Maya Salam, *"A Record 117 Women Won Office, Reshaping America's Leadership,"* nytimes.com (7 Kasım 2018). Erişim tarihi: Ocak 2020.

** Davidji, Sacred Powers: The Five Secrets to Awakening Transformation (Carlsbad, CA: Hay House, 2017), 6.

Farklı Bir Son Yazmak

Jules'un bozuk/düzensiz sınırlarının ciddiyetine uyanması için dibe vurması gerekti. Biten bir başka ilişkisinin ardından kısa bir süre sonra, New York Emniyeti'nden bir dedektif kapısında belirdi ve *"Lütfen benimle gelin"* dedi.

Jules kalbi deli gibi attığı halde paltosunu kaptı ve memurun arkasından sivil polis otosuna doğru yürüdü. Karakolda dedektif Jules'u bir kredi kartı dolandırıcılığı hakkında sorguya çekti. Meğer eski erkek arkadaşı alçakça faaliyetleri için Jules'un posta adresini kullanıyormuş ve Jules'un haberi olmadan onu da işin içine karıştırmış.

Jules erkek arkadaşıyla ilgilenmeye ve onu memnun etmeye öylesine odaklanmıştı ki gözünün önünde olan biten şeyden tamamen bihaberdi. İliklerine kadar sarsılmış bir halde, felakete ne kadar yaklaştığının farkına vardı; cezai kovuşturma ve ziyan olmuş bir hayat!

Neyse ki Jules'un hikayesi mutlu sonla bitiyor. Bu korkutucu olayın ardından psikoterapiye başladı ve çok çalışarak kendisine ve sınırlarına gereken özeni ve ilgiyi gösterdi. Sonuç mu? *Jules'e Nasıl Davranılır* kılavuzunu güncelledi ve kendi kendisinin uzmanı oldu. Sağlıklı sınırlar çizme, ifade etme ve koruma dilini akıcı bir şekilde öğrenen ve artık baştan ayağa tam bir *Sınırların Efendisi* olan Jules, son on iki yıldır eşi Gio ile mutlu bir evlilik hayatı sürdürüyor. Ortak arkadaşlarının ayarladığı bir randevuda tanıştığı Gio'nun iki kızına severek "ikinci annelik" yapan Jules, aile piyangosunu tutturmuş gibi hissettiğini söylüyor.

Jules'un sonunda işlevsiz çocukluğunu aşması, daha sağlıklı etkileşim yolları öğrenmenin *mümkün* olduğunun bir kanıtı. Tıpkı Jules gibi siz de sadece kendiniz için değil, ama etrafınızdaki herkesin yararına olacak şekilde, sınır becerilerinizi geliştirmeyi isteyebilirsiniz. Gerçekten bilmenizi isterim ki olabileceğiniz ya da olmak istediğiniz kişiye dönüşmek için asla geç değil.

Arzuladığınız hayatı yaşamaya kendinizi hemen şimdi adayın.

ÖZET *Sağlıklı sınırlar çizmek, sizi duygusal anlamda zarar görmekten korurken itibarınızı da korur ve kendinizle olan ilişkiniz dahil olmak üzere bütün ilişkilerinizi güçlendirir.*

SINIRLARIN EFENDİSİ İŞ BAŞINDA

1. Farkına Varın. Farklı sınır kategorilerine ve türlerine dikkat edin. Bunlar mevcut ilişkilerinizde nasıl ortaya çıkıyor? En çok hangi sınırlarınız ihlal ediliyor? (Fiziksel, cinsel, maddi, zihinsel, duygusal)

2. Derine İnin: Neler Olur, Neler Olmaz? Hayatınızın her alanında olur ve olmazlarınızı dürüst bir şekilde değerlendirme vakti. Kitabın sonundaki "Derine İnin" bölümüne giderek "Olur/Olmaz" listenizi oluşturun. Değişim için temel olan bu alıştırmayı atlamayın.

BÖLÜM 3

Eş Bağımlılık Bağlantısı

Başarılı bir güzellik editörü olan Esther, ofisime adım attığı an, daha oturmadan geliş sebebini açıklayıverdi. *"Biraz stresimi azaltmam gerekiyor"* dedi tek bir solukta. Sesindeki ciddi tondan Esther'in işleri kontrol etmeye alışkın biri olduğunu anlayabiliyordum.

"Tanıştığımıza memnun oldum, Esther. Ben Terri" diye yanıt verdim.

Oturur oturmaz derin bir nefes aldı ve *"Yani... Açıkçası iyiyim. Ama bir türlü rahatlayamıyorum ve bu artık sağlığımı etkilemeye başladı. Dün ilk defa telefon açıp işe gelemeyeceğimi söylemek zorunda kaldım. Böyle bir şeye gerçekten vaktim yok. Bana yardım edebilir misiniz?"* diye sordu.

Esther'in kaygılı hali bir terapist olarak bana tanıdık geldi. İnsanlar genellikle ancak daha fazla dayanamayacak hale geldikleri zaman yardıma başvururlar. Bozuk/düzensiz sınırlarının mutlu, sağlıklı ve başarılı olma çabalarını nasıl sabote ettiğinin tam olarak farkında olmayabilirler ama yaşadıkları büyük öfke, hayal kırıklığı ve acı mutlak bir şekilde ortadadır.

İş bitirici tavrından Esther'in elinde olsa yoğun seanslarla dolu bir hafta sonu maratonu planlayarak "terapi" maddesini yapılacaklar listesinden çıkarıp mümkün olan en kısa sürede hızlı temposuna geri dönmek isteyebileceği hissine kapıldım. Ama hem kişisel hem mesleki tecrübelerimden bildiğim üzere, öncelikle epey bir yavaşlamamız gerektiğinin farkındaydım. Bu sayede, düzenli bir şekilde çalışarak stresinin altında yatan nedeni ortaya çıkartabilir ve onun --şimdiye kadar-- hayatta kalmasını sağlayan başa çıkma mekanizmalarını araştırabilirdik.

Esther bana yaşadığı yüksek kaygının çeşitli hastalıkların sebep olduğu fiziksel ağrılarını artırmaya başladığını söyledi. Uyurken dişlerini sıktığı için onu güçten düşüren baş ağrıları oluyordu ve alt çene eklemi rahatsızlığı olarak bilinen temporomandibular eklem sendromundan mustaripti. Bu arada uyku problemi de yaşıyordu. Son üç yıldan bu yana ara ara uykusuzluk yaşadığını belirtti. Yakın zamanda teşhis edilen ve ağrılı döküntülere neden olan bir viral enfeksiyon olan zona hastalığı o kadar şiddetlenmişti ki çalışmasını etkilemeye başlamıştı. Bütün bunlar, stres ve kaygıdan kaynaklanabilecek durumlardı.

Esther'i tanımaya başladıkça, onun tek çocuk olduğunu ve çocukluğu boyunca İngilizceyi akıcı bir şekilde konuşamayan Güney Koreli anne ve babasının hayatlarını sürdürmesinde onlara yardımcı olduğunu öğrendim. Daha çocuk yaşta omzuna yetişkin sorumlulukları yüklenmiş; veli toplantılarında ve doktor randevularında anne ve babasına tercümanlık yapmıştı. Esther büyürken, üzerinde anne ve babasının kültürel şartlanması gereği şekillenen başarı fikrine uyum sağlama baskısı hissetmiş ve tıp okuması gerektiğine inanmış. Fakat, bir editör olarak iş hayatında başarısını kabul ettirmeye başladıkça içindeki çatışma da büyümeye başlamış. Kendisi adına mutlu olsa da bir yandan da hayal kırıklığı yaşıyormuş. Onun için bu kadar anlam ifade eden bir şeyi anne ve babası asla onaylamazmış.

Her şeyi ben hallederim tavrı özel hayatında da kendisini göstermiş. Esther'in yarı zamanlı oyunculuk yapan erkek arkadaşı akşam yemeklerinde hesabı sık sık onun ödemesine izin veriyor; bazen de Esther'in araştırıp ayarladığı ve her detayına kadar planladığı lüks tatillerin kendisine düşen payını ödemeyi "unutuyormuş." Cicim ayları sona erdiği zaman,

Esther kendisini sık sık erkek arkadaşı ve tatlı ama sürekli ilgi bekleyen annesi arasında arabuluculuk yaparken bulmuş. Bazı zamanlar aralarındaki bariz farklılığı, *"Zıtlar birbirini çeker"* diyerek umursamazlıktan gelse de aslında kendi üstüne düşeni yapmayan biriyle olmak, onu *açıkça* görüldüğü üzere yormuş ve strese sokmuş.

Esther'i tanıyınca kendi kendime *"Boşuna kendini hasta hissetmiyorsun"* diye düşündüm. Esther gibi biri için, performans gösterememek yoğun kaygı yaratan bir durumdur. Bütün kimliği dış dünyayı ne kadar iyi idare edebildiği üzerine kurulmuş çünkü. Çok geçmeden Esther'in yüksek işlevli bir eş bağımlı olduğu anlaşıldı.

Yüksek İşlevli Eş Bağımlılığı Açıklayalım

Aynı Esther gibi, danışanlarımın pek çoğu CEO, girişimci anne ya da Broadway aktörü gibi toplum standartlarına göre başarılı bireylerden oluşuyor. Hepsi de iyi birer eş, ebeveyn, lider ve arkadaş olmak için gayret gösteriyor. Değerli olmanın *her şeyin* üstesinden gelebilmek olduğu inancından hareketle hemen her alanda beklenenin üzerinde başarı sergiliyorlar. "Yardım" sözcüğü ise yasak bir sözcük onlara göre; tabii, yardım eden kendileri olmadığı sürece. Bir sürü iş yapmakla meşgulken kaçırdıkları önemli bir gerçek var: Bu esnada *kendilerini* tamamen zarara uğratıyorlar. Düşünmesi bile insanı yoruyor, öyle değil mi? Bu tür aşırı çaba gösterme durumları, yüzde 99 eş bağımlılığın göstergesi olup bundan mustarip kadınlar (gerçi bu durum erkeklerde de görülebilir) kendilerini hayatlarındaki insanlar için, aslında onların yapması gereken şeyleri yapmaya mecbur hissediyorlar.

Eş bağımlı terimini duyduğumuz zaman, aklımızda belirli olumsuz imajlar belirir: Alkolik eşi kendisine bir türlü çekidüzen veremediği için her zaman günü kurtaran, zayıf iradeli bir kadın; aslında kendi başının çaresine bakabilmeyi öğrenmesi gereken bir arkadaşına tomarlarca borç para veren bir destekçi ya da kendi başına olmaya katlanamadığı için istismarcı eşi için mazeretler üreten bir kadın gibi.

Terapist olarak çalıştığım ilk yıllarda, son derece başarılı ve becerikli danışanlarımın çoğu bu terimi duyar duymaz hemen karşı çıkar ve sözlerime alınırlardı. *"Şaka mı yapıyorsunuz?"* sık sık duyduğum bir tepkiydi. *"Herkes 'bana' bağımlı. Her şeyi 'ben' yapıyorum. İnsanlar işin yapılması ve sorunlarının çözülmesi için 'bana' geliyor."*

Açıkçası, eş bağımlı insanları zayıf ya da eksik görmüyorum, hatta durum tam tersi. Danışanlarım eş bağımlılık teriminin klasik çağrışımlarıyla özdeşleşmediği için, ben de yeni bir terim uydurdum: Yüksek işlevli eş bağımlı (YEB). Yüksek işlevli bir eş bağımlı olmak demek, hayatınızdaki belirli insanların hissettiklerinden ve yaptıklarından kendinizi aşırı derecede sorumlu hissetmek demektir. Bu da kendisini ilişkilerde aşırı çabalama ve aşırı verici olmanın yanı sıra elde edilecek sonucu kontrol etme girişimi olarak (özellikle de bu sonuçlar *size* ait değilse) tavsiyelerde bulunma şeklinde gösterebiliyor. Başkalarının yaşamına bu denli odaklanmak kişisel istek ve ihtiyaçlarınızın bir kenara atılmasını gerektiriyor.

Tepeden tırnağa bir YEB olan Esther'in yaşadığı fiziksel belirtiler, *daha fazlasını yapma* şeklindeki "kazanca götüren formülünü" alaşağı etmekle tehdit ediyordu. Terapiyi yapılacaklar listesinden çıkarıp bir an önce bildiği hayatına geri dönebilmek için stresi ortadan kaldıracak sihirli tavsiyeler duymak için sabırsızlanmasına şaşmamak gerek. Hayatını idare edememe ve tek bildiği yöntem olan ittire kaktıra yoluna devam edememe ihtimali onun için son derece korkutucuydu.

Yüksek işlevli eş bağımlıların çocukluk yaşantıları farklılıklar gösterir. Kaotik, katı, istismarcı, ihmalkar veya madde bağımlısı bir aile düzeni içerisinde büyümüş olabilirsiniz. Başkalarını memnun etmeye öncelik vermeniz öğretilmiş olabilir. Tıpkı Esther gibi küçük yaşta ebeveyn rolü üstlenmiş, yani bakıcı rolüne zorlanmış veya yetişkin sorumlulukları yüklenmiş olabilirsiniz. Bu yaşantılar sizi başkalarının gereksinimlerini önceden tahmin etmeye ve kendinizinkilerin önüne koymaya şartlandırabilir. Kesin olan bir şey var ki bireyi YEB olmaya iten şey bir şekilde işlevsel olmayan bir çocukluk geçirmiş olması. Bu tür bir çocukluk, aşırı sorumluluk hissiyle karakterize olan, yıkması zor davranış kalıplarına yol açar. YEB'ler için yardım etmek, düzeltip onarmak, yapmak ve kurtarmak içlerine yerleşmiş ve bilinçdışı bir kompulsiyon ya da zorlantıdır.

ÖZET *Yüksek işlevli bir eş bağımlı olmak demek, işlevsel olmayan davranış kalıplarına sahip olmak demektir: Kendi istek ve gereksinimleriniz ve iyiliğiniz pahasına, kendinizi başkalarının hissettiklerinden ve yaptıklarından aşırı derecede sorumlu hissedersiniz.*

Eğer bunlar size tanıdık geliyorsa, kutlama yapın! Kişisel dönüşüm için gerekli olan şey, işlevsiz olan her neyse onun adını koymaktır. Farkındalık anları büyümeniz, iyiliğiniz ve mutluluğunuz için son derece önemlidir.

Eş bağımlılığın kökeninde ilkel bir hayatta kalma, güvenlik ve sevgi temin etme ihtiyacı yatar. Kendinizi faydalı ve hatta kaçınılmaz kılarak, bilinçsizce reddedilmeyeceğinizi garanti etmeye çalışıyor olabilirsiniz. Bu son derece insani bir içgüdüdür. Eş bağımlılığın altında yatan nedenler son derece anlaşılabilir olsa da nihayetinde sizin peşinde olduğunuz şey, güvenlik ve sevgiyi daha sağlıklı yollardan aramaktır.

Sizi motive eden şeyin, sinsi ve inatçı eş bağımlılık eğiliminiz olup olmadığını tespit etmenin en iyi yolu özfarkındalıktır. Aksi takdirde, size hizmet etmeyen eski davranış kalıplarınızı sürdürerek, hâlâ bilinçli seçimler yaptığınıza inanmanız işten bile değildir. Eşiyle kötü bir kavga eden ve kalacak yere ihtiyacı olan bir arkadaşınızı gidip evinden almak sizin *seçiminizmiş* gibi gelebilir. Halka açık yerlerde (yine) toplumun huzurunu bozacak şekilde sarhoş olan ve nezarete atılan kuzeniniz Billy'yi kefaletle çıkarmak da sizin *seçiminizmiş* gibi gelebilir. Benzer şekilde, çocuğunuzun sınıf öğretmeninin aile içi sorunlarına bulaşmayı da siz *seçiyormuşsunuz* gibi gelebilir. Ama sorun şu ki: Seçimler ve zorlantılar, birbirine çok benzermiş gibi gelse de aynı şey değildir. Başka bir insanın çözümünün bir parçası olmak söz konusu olduğunda, her ne sebeple olursa olsun *hayır* diyemiyorsanız, bu YEB kaynaklı bir zorlantıdır.

Merak etme çekirge, seni yargılamıyorum. Unutma ki ben de aynı yoldan geçtim ve çok şükür, şimdi hepsi geride kalsa bile benim de kendi bozuk/düzensiz sınırlarıma dair bazı gayet absürt hikayelerim yok değil. Birkaç örnek vermek gerekirse, kuzenimin yerine üniversite sınavına girmeyi teklif etmişliğim, üniversitedeyken bir erkek arkadaşımın yerine felsefe ödevini yazıp yakalanmışlığım ve başka bir erkek arkadaşımın New York polisi tarafından bağlanan arabasını geri almak için altı yüz dolar ödemişliğim var. Üstelik bu arkadaş, hemen ertesi gün bir park cezası daha yedi. Bütün bu yaptıklarım kesinlikle benim sorumluluğum değildi ama ne derler bilirsiniz; bazı şeylerin farkına geç varılıyor. Basitçe söylemek gerekirse, eş bağımlılık onay elde etmek, kendini değerli hissetmek ve sonucu kontrol etmeye çalışmak adına sürekli olarak başkalarının isteklerine, ihtiyaçlarına ve sorunlarına odaklı olma halidir.

YEB olduğunuzun başka bir önemli göstergesi, sanki yapılması gereken her ne varsa sizin tarafınızdan yapılması gerekiyormuş gibi, *her şeyden* kendinizi sorumlu hissetmektir. Aynı zamanda hayır demeniz, fikrinizi değiştirmeniz ya da herhangi bir sebepten ötürü bir işin sonunu getirememeniz halinde *vahim* bir şeyin olabileceğine de inanıyor olabilirsiniz. Bu yanlış inancın kökeninde bir çocuğun başarısız olma veya başkalarını hayal kırıklığına uğratma korkusu yatmaktadır. Aslında öyle olmadığı halde, durum size, sanki ölüm-kalım meselesiymiş gibi çok acil görünebilir.

Aşırı çaba gösteren danışmanlarımla yaptığım seanslarda, onları gerçeklerle yüzleştirmek için şöyle bir senaryo kurgularım: *"Diyelim yarın uzaylılar sizi kaçıracak. Ne olur?"* Gerçek şu ki güneş aynı şekilde doğup batmaya devam eder. Aileniz ve arkadaşlarınız kendi yollarını bulur. Yöneticiniz üzerinde çalıştığınız projeleri bir başkasına devreder. Çimenler büyümeye devam eder. Yapmak *zorunda* olduğunuzu düşündüğünüz bütün o şeyleri yapmak için kendinizi parçalamasanız da hayat *devam eder*. Kendinizden aşırı vererek değerinizi ispatlamanıza gerek yok. Siz zaten hayatta olduğunuz ve siz olduğunuz için değerlisiniz.

YEB olduğunuzun daha az belirgin bir işareti de kabul edilemez duygularınızı başka bir insana yansıtmanızdır. *Yansıtma*, istenmeyen özellik veya duyguları başka bir insana atfederek psikolojik olarak sahiplenmeme, yadsıma eylemidir. Aslında 'kabul edilemez' olduğunu düşündüğünüz *öfkenizi onlara* yansıtan siz olduğunuz halde, gayet sakin ve aklı başında olan eşinize *"Neden bu kadar öfkelisin?"* diye kızgın bir şekilde soru yöneltebilirsiniz. Bu aynı zamanda, hiç hoşlanmadığınız birinin sanki sizden hoşlanmayan oymuş gibi davrandığınızda da ortaya çıkabilir. (*"Cindy'nin neden benden nefret ettiği hakkında hiçbir fikrim yok!"* derken aslında, daha birkaç saniye önce bir arkadaşınıza ona ne denli kızgın olduğunuz hakkında mesaj atıyordunuz.) Güçlü duygularımızı konuşarak halledemezsek bilinçli ya da bilinçsiz olarak dışa vurmamız kaçınılmazdır. (Sıklıkla söylediğim gibi ya konuşup hallederiz ya da dışa vururuz.) Bu kafa karıştıran savunma mekanizmasını kullanmaya duyulan bilinçdışı gereksinim, gerçek duygular ne kadar çok farkına varılıp kabullenilir ve ifade edilirse o kadar azalır.

ŞİMDİ SIRA SİZDE:
Yüksek İşlevsel Bir Eş Bağımlı mısınız?

Sağlıklı ve ilgili davranışla eş bağımlılık arasındaki çizgi çok incedir. İkincisi samimiyet ve gerçek bir yakınlık kurma ihtimalinizi sınırlarken *sizi* günün sonunda sanki elinizde hiçbir şey kalmamış gibi hissettirir. Eş bağımlılık ayrıca sağlıklı sınırlar belirleme ve uygulamaya koyma becerinize de ket vurur.

Aşağıdaki soru listesi sizde eş bağımlılık eğilimi olup olmadığını tespit etmenize yardımcı olacak.

- Kendinizi başkalarının seçimlerinden, elde ettiği sonuçlardan ve duygu durumlarından sorumlu hissediyor musunuz?
- Birine kötü bir şey olduğu zaman, size de oluyormuş gibi hissediyor musunuz?
- Başkaları tarafından "ihtiyaç duyulmaya" mı ihtiyacınız var?

- Başkaları uğruna kendi istek veya ihtiyaçlarınızdan vazgeçiyor musunuz?
- Özdeğer ve özkimlik anlayışınızı başkalarına yardım ederek mi belirliyorsunuz?
- Bir başkasının sorunlarının çözümünün bir parçası olma ihtiyacı hissediyor musunuz?
- Sizden istenenden fazlasını mı yapıyorsunuz?
- Başkaları için onların yapabileceği ve yapmaları gereken şeyleri siz mi yapıyorsunuz?
- Hayır demek istediğiniz halde, evet mi diyorsunuz?
- Başkalarının suçunu ya da hatasını örtbas ediyor musunuz? (Örneğin, çocuğunuzun yarın teslim edileceğini "unuttuğu" fen bilgisi projesini bitirmek için sabahın ikisine kadar çalışıyor musunuz?)
- Başkalarının kötü davranışları için bahaneler buluyor musunuz?
- Aşırı verici olmaktan dolayı içerleme veya öfke duyguları besliyor musunuz?
- Kendi kendinize bazen *"Onlar için yaptığım onca şeyden sonra böyle bir şey söyleyebildiklerine/yapabildiklerine inanamıyorum"* diye düşündüğünüz oluyor mu?

Ne kadar çok soruya evet dediyseniz, eş bağımlı olma eğiliminiz ve sınırlar konusunda yaşadığınız sorunlar o kadar fazla demektir. Merak etmeyin. Her bir soruya evet demiş olsanız dahi, tam olarak olmanız gereken yerdesiniz. Unutmayın, burası yargılamanın yasak olduğu bir bölge. Kendiniz hakkında daha fazla şey öğreniyorsunuz ki bu önemli bilgileri kitabın ikinci kısmında kullanabilelim.

YEB'lerin Ortak Davranışları

Yüksek işlevli eş bağımlılar için otomatik pilota geçip sürekli bir şeyler yapmak farkında olmadıkça çıkılması zor bir moddur. Gelin eş bağımlıların kontrol gereksinimlerini ifade ettikleri belli başlı üç yola bakalım: Otomatik olarak tavsiyelerde bulunmak, herkesin yerine duygusal emek göstermek ve mükemmeliyetçiliğe meyilli olmak.

Bayan "Onarıcı"

Şunu hayal edin: Bir arkadaşınız yakın zamanda ailesiyle ilgili yaşadığı bir sorunun onu ne kadar üzdüğünü anlatıyor ve siz o henüz hikayesini bitiremeden, kendisini nasıl daha iyi hissettiririm diye zihninizi kurcalamaya başlıyorsunuz. İnternette onun durumuna uygun kaynaklar araştırıyorsunuz. Yardımcı rolüne girmekten kendinizi alıkoyamıyorsunuz zira yaşadığı sıkıntı sizde yoğun bir tepkiye yol açıyor: Mutlaka sorununa bir çare bulmak *zorundasınız*. Burada tam olarak ne yaptığınızın farkında mısınız? Nihayetinde sizi değil, arkadaşınızı ilgilendiren bir durumun sonucunu bilinçsiz bir şekilde kontrol etmeye çalışarak, onun için en iyisini bildiğinizi varsayıyorsunuz.

Kısmen de aslında sizinle ilgisi olmayan durumlara suçluluk hissiyle atlayabilirsiniz. Öncü klinik psikolog Dr. Harriet Lerner'ın yazdığı gibi *"Toplum kadınlara öyle bir suçluluk duygusu işliyor ki çoğumuz başkaları için duygusal bir servis istasyonu görevi göremezsek, kendimizi suçlu hissediyoruz."** Belki sizin de suçluluktan kaynaklandığını dahi fark etmediğiniz, başkaları hakkında derine yerleşmiş bir endişelenme alışkanlığınız olabilir.

YEB davranışınızın altında yatan duyguların farkında olmadan, özellikle bir şeyleri "düzeltip halletme" zorunluluğu hissetme oldukça yaygındır zira eş bağımlılar kendi içlerinde olan bitenden genellikle kopukturlar. Bu yüzden de sevdiğiniz biri (veya neredeyse hiç tanımadığınız biri dahi) üzgün olsa, çatışmayı önlemek ve acıyı, daha doğrusu, kendi acınızı en aza indirme güdüsüyle bir çözüm önerme dürtüsü hissedebilirsiniz. Aslında karşı tarafa şunu deriz: *"Duyduğun acı bana acı veriyor. Bu yüzden de bu acıyı durdurmak için sana ne yapman gerektiğini söyleyeceğim."* Bir şeyleri düzeltme zorun-

---

* Harriet Lerner, *The Dance of Anger: A Woman's Guide to Changing the Patterns of Intimate Relationships* (New York: Harper Collins, 1993), 7.

luluğu hissetmenin aslında bize sağladığı çok büyük bir fayda var, o da bizi kendi duygularımızla ilgilenmekten alıkoyması. Bununla birlikte, aradığınız yanıtlar ve sorunlarınızın çözümleri her zaman ve sadece sizin içinizdedir. Aynı şey aileniz, arkadaşlarınız, sevdikleriniz ve dünyadaki hemen herkes için geçerlidir.

Başkalarının sorunlarını çözmek için otomatikman ortaya atılmanın ne olduğunu çok iyi biliyorum. Yıllar önce, eşim Vic mesleki açıdan mağdur edildiğinde, içgüdüsel olarak ona yapılan bu yanlışı düzeltmesinde yardımcı olabileceğimi ve gözümü bile kırpmadan koruyucu bir anne ayı moduna geçtiğimi hissettim. Avukat arayışına girdim ve bir eylem planı hazırlamaya koyuldum. Neyse ki hayatımın o döneminde, YEB eğilimimin devreye girdiğini fark edecek kadar çalışma yapmıştım. Kendi kapımın önüyle ilgilenmek yerine, izin almadan Vic'in kapısının önünü süpürmeye kalkmıştım. Aslında ona sorununu çözmesi için yardımcı olmuyordum. Daha da kötüsü, olayları kontrol etme ihtiyacım kendisini daha da kötü hissettiriyordu.

Bu yüzden kendi içimi bir yokladım ve gerçekte ne hissettiğimin farkına vardım: Tamamen çaresizdim. Odaklanmam gereken ve bana ait olan sorun *buydu*. Duygularımın farkına vardıktan sonra Vic'in yanına gittim ve ona *"Sana şu anda en iyi nasıl destek olabilirim hayatım?"* diye sordum. Benden ona güvenmemi ve işleri kendi bildiği gibi halletmesine izin vermemi istedi. Sonunda da avukatların araya girmesine gerek kalmadan adil ve tatmin edici bir sonuca ulaştı. Kendi rahatsızlık hissimi yatıştırdığımda, Vic'in her zamanki gibi sakin ve etkili bir şekilde çözüm bulmasına şahit olabildim ve bunu takdir ettim. Üstelik, bu olay ilişkimizi daha da güçlendirdi. Hiç fena bir sonuç değil, ne dersiniz?

Başkalarının sorunlarını çözme dürtüsüne karşı koymak, samimi ve sağlıklı ilişkiler kurulabilmesi için şarttır. Kurtarıcı olmanızı gerektirmeyen birçok yanıt verme yolu var. Örneğin, *"Ne yapman gerektiğini düşünüyorsun?"* diye sorabilir ya da *"Sana inancım tam. Sana en iyi nasıl destek olabilirim, bana onu söyle"* diyebilirsiniz.

Bir dahaki sefere bir şeyleri düzeltip halletme zorunluluğu hissettiğinizde, şöyle bir durun ve derin bir nefes alın. Bu dürtünün geçmesini bekleyin ve hemen önerilerde bulunmak yerine dinleyin.

Aksi takdirde, o an tamamen kendi kendinizi rahatlatmaya odaklandığınız için, diğer kişinin gerçekte ne yaşadığını, aklından tam olarak neler geçtiğini ve ne hissettiğini öğrenme fırsatını kaçırmış olursunuz. Evet, umursadığınız insanların çırpınışlarını seyretmek çok zor olabilir ama onlara kendi yanıtlarını ve çözüm yollarını bulmaları için alan açmak *kendilerine* alan açmaya benzer. *The Grief Recovery Handbook'un (Yastan Kurtulma Rehberi)* yazarlarından ve aynı zamanda arkadaşım olan Russell Friedman'ın bir zamanlar bana dediği gibi *"İnsanlara istemedikleri halde tavsiyelerde veya eleştirilerde bulunmak, onların onurunu çalar."* Vay canına…

Ücretsiz ve Görünmez İş

YEB'in özellikleriyle kendinizi ne derece özdeşleştirirseniz özdeşleştirin, bir kadın olarak duygusal emek olarak adlandırılan yükün altına kesinlikle girmişsinizdir. Bu terimi 2017 yılında *Harper's Bazaar* dergisi için yazdığı bir makalede popüler hale getiren yazar Gemma Hartley, duygusal emeği" "duygu yönetiminin ve hayat yönetiminin kombinasyonu", "etrafımızdakilerin rahatı ve mutluluğu için yaptığımız, görünmeyen ve karşılığında bir ödeme yapılmayan *iş*" olarak tanımlıyor.* Bana

Bana göreyse duygusal emek, düpedüz canımızı çıkartan ama görünmeyen ve takdir edilmeyen iş demek. Örneğin, aileniz için tatil planları yapmaya önayak olmak, çocuğunuzun öğretmeni için yıl sonu hediyesi almayı hatırlamak (üstelik bunu pekala yapabilecek bir eşiniz varken), arkadaşlarınız basit bir matematik işlemini kolayca yapabileceği halde, yemekte hesabı bölüştürme işini sürekli olarak üstünüze almak gibi.

---

* Julie Beck, *"The Concept Creep of 'Emotional Labor"*, theatlantic.com (26 Kasım 2018). Erişim tarihi: Mart 2020.

Duygusal emek vermeyi bırakmaya dair en sevdiğim başarı öyküsü, eşi için gösterdiği onca duygusal emeğin takdir edilmemesi karşısında duyduğu içerleme hissinin evliliğini kötü anlamda etkilemeye başladığı bir yazar, anne ve eş olan Maddie Eisenhart'a ait.* Maddie, bir gün bir aydınlanma yaşadı: Köpek gezdiricisini iptal etmek gibi eşinin kolayca yapabileceği sayısız işe o atlıyordu. Bir mühendis olan eşi, basit bir telefon görüşmesini becerebilecek kapasiteye sahipti. Maddie eline beyaz bir tahta alıp aile teknelerinin su üstünde kalması için yapılması gereken (ve o zamana kadar tek başına yaptığı) her şeyin bir listesini çıkardı. Sonra da eşinden listenin yarısının sorumluluğunu üzerine almasını rica etti. Eşi, Maddie'nin harcadığı duygusal emeğin ya da bu duruma ne kadar içerlediğinin farkında değildi. İlk başta biraz gerginlik olsa da Maddie eşine sürekli olarak az da olsa içinde bir öfke taşımamanın uzun vadeli faydalarının geçici bir rahatsızlığa değeceğine karar verdi. Sonunda da duygusal emeği eşiyle daha adilane bir biçimde paylaşma stratejisi evliliklerine yaradı.

Başkalarının yapması gereken şeyleri, onların adına sürekli siz yaptığınız sürece içerleme ve diğer olumsuz duyguların ortaya çıkması kaçınılmazdır. Kontrolsüz bir şekilde harcanan duygusal emeğin büyük bir dezavantajı vardır. Hepimizin harcayabileceği sınırlı miktarda bir enerji var ve eğer siz bütün enerjinizi başkalarına "hizmet" etmek adına harcarsanız, kendinizi geliştirmek ya da aslında ne istediğinizi düşünmek için çok az enerjiniz kalır.

İşte bu yüzden aşırı çaba göstermek bizi sadece tek bir yere götürür; öfke ülkesine. Neden öfkeli olmayasınız ki? Herkesi sizden açık büfe, beş yıldızlı hizmet beklemeye alıştırırken kendinize çok az şey bıraktınız.

Arkadaşım Sarah örneğin. Kız kardeşi kanserden ölürken Sarah ailenin geri kalanı uzakta yaşadığından, kardeşinin uygun yardımı alması için elinden geleni yaptı. Bu takdir edilecek bir davranış olsa da Sarah, kimse ondan talep etmediği

---

* Julie Compton, *"What Is Emotional Labor? 7 Steps to Sharing the Burden in Marriage"*, nbcnews.com (9 Kasım 2018). Erişim tarihi: Mart 2020.

halde bu yardım işini fazla abarttı. 7/24 bakımın yanı sıra, aynı zamanda ailesine kardeşinin durumu hakkında düzenli olarak bilgi verdi ve kardeşinin anlaşılır bir şekilde yıkılmış haldeki arkadaşlarına terapist rolü oynadı. Sarah harcadığı bunca duygusal emeğin (ya da enerjinin) farkında bile değildi. Ta ki kardeşinin arkadaşlarından biri ona, *"Bu gerçekten olağanüstü. Sadece ona bakmakla kalmıyorsun, aynı zamanda bizimle de ilgileniyorsun"* deyinceye kadar…

> **ÖZET** *İnsanlar, doğası gereği toplum tarafından dışlanmaktan kaçınmaya şartlanmış oldukları için bu hayatta kalma içgüdüsü kişinin farkında olmadan, aşırı verici olma ve gerçek düşüncelerini olduğu gibi söyleyememe gibi yaygın olarak görülen ve korkudan kaynaklanan yüksek işlevli eş bağımlılık davranışları göstermesini körükleyebilir.*

Duyduğu bu sözler karşısında Sarah'ın kafasında bir ışık çaktı: *"Kahretmesin! Bu kadar enerjiyi kendi hayatıma harcasam, milyonlarca dolarlık bir imparatorluğum olurdu."* İşte o an, kendi sınırlarını fazlasıyla aştığının farkına vardı. Sarah'nın gösterdiği duygusal emeği *otomatikman verici* olmak şeklinde tanımlayabilirim. Başka aile düzenlerinde duygusal emek genellikle beklenen bir şey olsa da Sarah, başkalarının ondan beklemediği şeyleri yapmak için çok fazla zahmete giriyordu. Yaşadığı aydınlanma sonrası, davranışlarını değiştirmeye başladı ve bu sayede daha bilinçli seçimler yapabildi ve kız kardeşinin kalan az vaktini onunla geçirip tadını çıkartabildi.

Mükemmeliyetçilik

Mükemmeliyetçilik, aşırı hırslı ve para odaklı toplumumuzda kullanımına izin verilen bir uyuşturucu adeta. Hal böyleyken, aslında öyle olmasına rağmen nadiren elden ayaktan düşüren bir problem olarak görülüyor. Meşgul ve başarılı olmaya o kadar meraklıyız ki sonunda işkolik olup çıkıyoruz. Asla tatmin olmayan, mükemmeliyetçi tavırlarını ve deliler gibi uzun saatler boyu çalışmasını *"Serserinin teki olmaktan iyidir"* diye savunan bir kadın danışanım vardı. Tamam, hepimiz mükemmeliyetçiliğin beş para etmez bir insan olmaya yeğ olduğu konusunda hemfikir olabiliriz belki ama bu tarz bir mantık, katı ve korku dolu bir kurala göre yaşamanın getirdiği büyük maliyeti örtbas edebilir: *"Ancak her şeyi ben yaparsam ve doğru bir biçimde yaparsam, mutlu, değerli ve sevilmeye layık biri olabilirim"* kuralı.

ŞİMDİ SIRA SİZDE:
Mükemmeliyetçi misiniz?

Şimdi bir dakikanızı ayırın ve ne kadar mükemmeliyetçi olduğunuzu değerlendirin. Aşağıdaki tutum ve davranışlardan size uygun olanları işaretleyin:

- Süper eleştirmen: Kendinizi ve başkalarını çok fazla eleştiriyorsunuz.
- Acı yoksa kazanç da yok: İşkolikliğinizi bir şeref madalyası gibi görüyor ve başarıya ulaşmak için gerekli olduğuna inanıyorsunuz.
- Etkilemek için strese girmelisin: Daha genç yaşta, elde ettiğiniz başarıların olumlu geribildirimle sonuçlandığını öğrendiniz ama üstün olma arzusu başarısızlık korkusuyla karıştı. Bu durum sonu gelmeyen bir stres döngüsü yaratabilir.
- Vasatlığa ölüm: Vasat olma korkunuz mükemmel olma ihtiyacınızı tetikliyor. Seçtiğiniz bir işte başarılı olmanızın garantisi yoksa, hiç denememeyi tercih ediyorsunuz.
- Ya hep ya hiç: En iyisi olma gereksiniminiz yüzünden risk almaktan korkuyorsunuz. Bu da öğrenme konusunda istekli olmanızı kısıtlıyor.
- Reddedilmeye karşı korunma: Yoğun reddedilme ve başarısız olma korkunuz yüzünden kendinizi aslında olduğunuz haliyle başkalarına göstermekte zorlanıyorsunuz.
- Geçmiş bugündür: Geçmişteki başarısızlıklarınızı düzenli olarak kafanızda tekrar tekrar canlandırıyor ve elinizden

gelenin en iyisini yapmış olduğunuzu kabul etmek yerine *"Şöyle yapmalıydım, böyle yapmalıydım"* diyerek kendinize işkence ediyorsunuz.

- Her şeyi kişisel almak: Başkalarından gelen eleştirilere ya da size eleştiri gibi gelen yorumlara karşı son derece hassassınız. Size göre "yapıcı eleştiri" diye bir şey yok ve uzaktan yakından eleştiriye benzeyen her şeyi bir saldırı gibi görüyorsunuz.
- Utanç oyunu: Başarısızlık veya hata olarak algıladığınız her şey için büyük bir suçluluk ve utanç duyuyorsunuz.
- Analiz felci: Başarısızlıktan kaçınmak adına çok fazla düşünüp incelemekten hiçbir şey yapamama noktasına gelmek.

Bu listedeki en az beş maddeyi işaretlediyseniz mükemmeliyetçiliğe meyillisiniz demektir. *Sınırların Efendisi* olmak doğrusal bir süreç değil. Bunu bilmek, birlikte çıktığımız bu yolculuğun zorlu virajlarından geçerken size yardımcı olabilir ve kendinize karşı daha nazik olmanız gerektiğini hatırlatabilir. Kendinize yüklenmeyin!

Mükemmeliyetçilik üstün başarı gösterme çabasından farklıdır. Çünkü mükemmeliyetçi biri, kendisinin (ve başkalarının) her şeyi tam olarak doğru bir şekilde söyleyip yapabileceği ve söyleyip yapması gerektiğine dair gerçekçi olmayan ve son derece katı bir inanca sahiptir. Mükemmeliyetçilik genellikle yüksek işlevli eş bağımlılıkla yan yana görülür; zira her ikisinin de kökeninde öngörülemeyen, otoriter veya kaotik bir ortamda büyümek yatar.

Böyle bir çevrede büyüyen çocuk, *büyülü düşünme* sonucu eğer yeterince mükemmel olunursa bir ebeveynin hastalığının nüksetmesi veya işini kaybetmesi gibi kötü şeylerin meydana gelmesinin önlenebileceğine; eleştiriden, reddedilmekten veya daha kötü şeylerden kaçınılabileceğine inanır. Çocuklukta başvurulan bu bilinçdışı strateji, sizi iftihar belgeleri alan son derece başarılı bir öğrenci ya da yıldız bir atlet olmaya itmiş olabilir; ama yetişkin hayatınızda kendiniz ve başkalarından gerçekçi olmayan beklentilerinizin olması kaçınılmaz olarak hayal kırıklıklarına ve sınır çatışmalarına neden olacaktır.

Unutmayın: *Sınırların Efendisi* olma yolculuğumuzda, hâlâ farkındalığı artırma aşamasındayız. Alışkanlık haline gelmiş bu davranışları fark etmeye başladıkça, bakışlarınızı kendinize yöneltebilecek; yani sadece kendi kapınızın önüne odaklanabileceksiniz. Duygusal emek, bir şeyleri düzeltme ihtiyacı, mükemmeliyetçilik ve diğer YEB davranışlarıyla olan mücadeleniz, sahip olduğunuz süper güçlerinizin temeli *olabilir*. Sadece bir konuda sizi uyarmalıyım. Sahip olduğunuz beceri ve yetenekleri, hassasiyetinizi ve yaşamınızı korumak için *mutlaka* sağlıklı sınırlar belirlemelisiniz. Bu sayede, değerli zamanınızı ve enerjinizi nasıl harcayacağınıza dair bilinçli seçimler yapabilirsiniz.

Savaş/Kaç/Donakal ya da Hayatta Kalmayı Nasıl Öğrendik?

Yüksek işlevli eş bağımlılar, aslında işlevsel olmayan davranışları korkudan kaynaklansa da tamamen sevgiden bu şekilde hareket ettiklerine inanabilirler. Şu veya bu sebepten, bu kişiler daha küçük yaşta sevilmek, şefkat görmek veya onaylanmak için bir çocuk olmaktan çok daha fazlasını yapmaları gerektiğini öğrenmişlerdir.

Aynı Esther gibi etkisi altında olduğumuz, kendimize özgü ailevi ve kültürel faktörler vardır: Bunlar doğruyu söyleme, başkalarıyla aramıza uygun sınırlar çizebilme ve nihayetinde kendimize seveceğimiz bir hayat kurma becerimizi etkiler. Kültürel geçmişimiz ne olursa olsun, hepimiz insanız ve topluluktan dışlanmanın ölümle sonuçlanabileceği mağara insanlarından geldik.

Hal böyle olunca da hayatta kalma konusundaki ilkel içgüdülerimiz DNA'mıza işlenmiş durumdadır. Doğru düşünüp karar verme yetimizi bulandıran ve hayatı olduğu ya da olabileceği gibi görmemizi engelleyen şey de genellikle bu ilkel korkunun kendisidir. Reddedilmemeyi/yok edilmemeyi umut etmekle (bilinçsiz olarak) çok fazla meşgulüz.

Reddedilmekten kaçınmakla bağlantılı bir başka hayatta kalma içgüdüsü de savaş/kaç/donakal tepkisidir.* Bu tepki, vücudumuzun tehdit olarak algılanan şeylerden veya durumlardan (sözgelimi vahşi bir hayvan sürüsü veya düşman bir kabileden) korunmak için otomatik olarak devreye soktuğu bir sistemdir. Bu sayede, olası bir tehlike algıladığımızda, vücudumuz kortizol ve adrenalin salgılar; oksijen alımını artırmak için nefes alışımız hızlanır; tehlikeyi daha iyi seçebilmek için içeri daha fazla ışık girmesini sağlamak adına gözbebeklerimiz büyür ve kan akışı mide, el ve ayaklardan daha büyük baldır ve kol kaslarına yönlendirilir. Bu sayede, vücudumuz kalıp savaşmaya, kaçmaya ya da donup kalmaya hazır hale gelir. Bu muhteşem kendini koruma sistemi gerçekten hayati bir tehlike olması durumunda son derece faydalıdır. Fakat, günümüzde mahallede yürürken bir kaplan tarafından saldırıya uğrama olasılığımız sıfır olduğuna göre, sorulması gereken soru şudur: Aslında tehlikede olmadığımız halde, her an ölümcül bir tehlikeyle burun buruna kalabilirmişiz gibi tetikte olmamıza yol açan ve bilinçsiz olarak devreye giren savaş/kaç/donakal tepkisine ne oluyor? Görünen o ki, çok fazla şey oluyor.

Yazar ve terapist Harper West, savaş/kaç/donakal tepkisinin modern zamanlarda daha çok reddedilme, eleştiri veya yargılanma gibi duygusal tehditlere yanıt olarak verildiğine dikkat çekiyor.** Bunun da sebebi sosyal canlılar olan insanlar için, insanlar arası ilişki ve etkileşimlerde reddedilme fikrinin büyük ağırlık taşıması. Bu ağırlık da hayati tehlike içermeyen durumların öyleymiş gibi hayal edilmesine ve bunun sonucunda da sürekli olarak korku ve teyakkuz halinde yaşanmasına yol açıyor. Harvard Tıp Fakültesi tarafından yapılan araştırmalara göre, stres yanıtının sürekli olarak aktif halde olması fiziksel sağlığı olumsuz etkiliyor. Araştırma sonuçlarına göre kronik stres, başka sorunların yanı sıra yüksek tansiyona ve beyin kimyasında

---

* *Fight, Flight, Freeze,* anxietycanada.com. Erişim tarihi: Nisan 2020.

** Harper West, *"How the Fight-or-Flight Response Affects Emotional Health"*, harperwest.co (18 Aralık 2017). Erişim tarihi: Mart 2020.

kaygı, depresyon ve bağımlılığa sebep olabilecek değişikliklere yol açıyor.*

Hepimizin stresle olan ilişkisi kendine özgü. Bu da bazı insanların trafikte sıkışıp kalmak veya bir ilişki veya işyerinde çatışma yaşamak gibi nispeten zararsız durumlara bedensel olarak aşırı tepki verdiği anlamına geliyor. Hepimizin ailesinde ya da arkadaş çevresinde sürekli olarak gelecekle ilgili felaket senaryoları üreten, en kötüyü varsayıp kendisini buna hazırlayan birisi vardır. Üstelik, bu son derece korkunç şey *sadece zihinlerinde* meydana gelmiş olsa bile vücutları sahte tehlike notunu görmediği için stres hormonlarını salgılamıştır bile. Çoğu durumda, korku bir alışkanlığa ve gerekmediği halde bile verilen otomatik bir tepkiye dönüşür. Bunun da sebebi, bu tür derine işlemiş duygusal tepkilerin şiddetinin sağduyuya üstün gelebilmesidir.

Neyse ki bu konuda yapabileceğimiz şeyler var. Farkındalığınızı artırarak ve her gün düzenli olarak gerçekleştireceğiniz ve sağlığınıza destek olacak belli rutinler sayesinde bu bilinçsizce verilen stres yanıtını durdurabilirsiniz. İyi bir uyku alışkanlığı ve egzersizin yanı sıra meditasyon ve nefes alma teknikleri gibi farkındalık alıştırmaları fiziksel belirtileri hafifletebilir. Beş dakika süren basit bir nefes alma alıştırmasının ne derece güçlü bir sakinleştirici etkisi olduğunu görünce şaşırabilirsiniz.

Sağlıklı günlük alışkanlıklar aynı zamanda zihin açıklığı da sağlar. Bu son derece önemlidir; zira, sürekli stres, durumları doğru bir şekilde değerlendirme becerimizi sekteye uğratır. Örneğin, doğrudan konuşmak yerine en iyi arkadaşınıza bağırıp çağırabilir (savaş); insanlarla konuşmaktan korktuğunuz için bir konferanstan gizlice erken ayrılabilir (kaç) ya da muhasebedeki Bob uygunsuz bir şey söylediğinde beyniniz durabilir (donakal). Kendini koruma adına bu aşırı teyakkuz hali kadınlarda son derece yaygın olup işlevsel sınırlar çizilmesinin önünde önemli bir engel olabilir. (Dokuzuncu bölümde donup kalmanın önüne geçmenize yardımcı olacak etkili bir tekniği öğreneceğiz.)

---

* *"Understanding the Stress Response"*, health.harvard.edu (Mart 2011). Erişim tarihi: Mart 2020.

Bütün bu durumlarda, reddedilme (başka bir deyişle ölüm) korkumuz, bilinme / tanınma arzumuzdan daha büyük olması halinde ne düşündüğümüzü açıkça söylemeye çok daha az meyilli oluruz. Bu da gayet anlaşılabilir bir durum; zira nefes alabilmek anlaşılmaktan baskın gelir. Bu akut stres yanıtı aynı zamanda bilinçli bir şekilde farkında olmaya karşı direnç de yaratabilir.

ŞİMDİ SIRA SİZDE:
4x4 Nefes Alma Tekniği

Bu her zaman kullandığım bir nefes alma tekniğidir. Sadece birkaç dakika sürdüğü için her yerde uygulayabilir ve anında rahatlayıp sakinleşebilirsiniz. Hemen şimdi deneyin. Öğrenmesi çok kolay.

Nasıl yapacaksınız?

1. Elleriniz kucağınızda, avuç içleri yukarı bakacak şekilde, rahatça bir sandalyeye oturun.
2. Nefes alırken dörde kadar sayın.
3. Nefesinizi tutup aynı şekilde dörde kadar sayın.
4. Sonra dörde kadar sayarak nefes verin.
5. Aynı şekilde nefesinizi tutup dörde kadar sayın.
6. Bu şekilde dört turu tamamlayın.

Ohhhh! İşte bu iyi geldi. İhtiyacınız olan her zaman stresten arınmak için bu hızlı alıştırmayı yapın.

Örneğin, bir bankada veznedarlık yapan, Beth adında bir danışanım vardı. İsteksizce de olsa eşinin, ölmüş ve mirasçısı olmayan kimselerin banka hesaplarından para çalma planına uydu. Bunun öncesinde hiçbir zaman yasalara karşı gelmeyen Beth, bu kötü düşünülmüş plana ayak uydurması neticesinde hapis cezasına çarptırıldı. Eşi tarafından reddedilme tehdidi o kadar büyüktü ki kendinden ve ahlaki değerlerinden tamamen vazgeçmişti (olmaz kategorisine giren bir davranış). Bu, reddedilme korkusunun kişiyi nasıl kendi kendini mahveden davranışlara sürükleyebileceğine dair uç bir örnek. Nihayetinde Beth de herkes gibi, yaptığı seçimden kendisi sorumlu. Her ne kadar bu seçimi bilinçdışı etkenler etkilemiş olsa da...

> **ÖZET** *Savaş/kaç/donakal tepkisi, vücudun kendi kendisini koruma sistemi olup eleştiri, reddedilme ve saldırganlık gibi duygusal tehditlerle tetiklenebilir ve algılayışımızı ve doğru karar verme yetimizi bulandırır.*

Tehdit olarak algıladığınız şeylere öfke patlaması yaşayarak, iletişimi reddederek, görmezden gelerek, saldırarak ya da kaçarak tepki verirseniz, bu durum etkili ve şeffaf bir biçimde sınır çizme becerinize ket vuracaktır. Savaş, kaç ya da donakal tepkilerinden hangisinin sizde daha baskın olduğunun ve hayatınızı nasıl etkilediğinin farkına vardığınız zaman, kendinizin en iyi versiyonuyla uyumlu hale gelmeniz ve iradenizi kullanmanız kolaylaşacaktır. Unutmayın: Kendinizi bilmeniz dikkatinizi en çok nereye vermeniz gerektiğine dair gerçek veriler sunacaktır. Reddedilme korkunuzla yüzleşerek ve nerelerde kaçıp savaşabileceğinizi ya da donakalabileceğinizi fark ederek, hayatınızın her alanında neden sağlıklı sınırlar çizmediğinizi daha fazla anlamaya başlayacaksınız. Hayatta kalmak için savaştığınıza dair bilinçdışı illüzyonun etkisi olmadan hareket ettiğiniz zaman, sağlıklı sınırlar belirlemeniz ve bunları korumanız çok daha kolay olacaktır.

Esther'in durumuna geri dönecek olursak, birlikte yaptığımız çalışma anne ve babasının kariyer seçiminden duyduğu hayal kırıklığını ve onu bu konudan dolayı yargılamasını, sanki bir ölüm-kalım tehdidi gibi gördüğünü fark etmesine yardımcı oldu. Tehdit olarak algılanan bu durum, onu işkolik olmaya iten ve bunun neticesinde de fiziksel belirtilerini artıran duygusal acıya önemli katkısı olan bir etkendi.

Otomatik olarak YEB moduna bağlanan Esther, bilinçdışı bir şekilde, eğer seçtiği alanda yeterince başarılı olursa anne ve babasının sonunda seçimini kabullenip onunla gurur duyacağına inanmıştı. (Alt metin: Sürüden dışlanıp atılmayacak, reddedilme / yok olma tehdidinden kaçınacaktı.)

Mesleki gayretinin salt bir kariyer hırsından fazlası olduğunu fark etmek, Esther'in olayları algılamasında radikal bir değişime yol açtı ve bunun neticesinde de başarısızlık ve reddedilme korkusunu irdeleme fırsatı elde etti. Bu korkuların farkına vardığı zaman, bunların üzerinde yarattığı etkiden de kurtuldu. Bu da bize, anne ve babası meslek seçimini onaylamadığı sürece asla mutlu olamayacağına dair iddiası başta gelmek üzere, bazı sınırlayıcı inançlarını sorgulama fırsatı verdi. Bu açıklayıcı seans, Esther'in rahatlamasını, enerjisini geri kazanmasını ve önündeki yeni ve geniş olanaklar için heyecanlanmasını sağladı. *Yaşasın!*

Esther zamanla hem anne ve babasının onun için dileklerini kabul edebileceğini, *aynı zamanda da* yaptığı seçimlerden dolayı mutlu olmaya devam edebileceğini gördü. Daha da ötesi, kendisiyle gurur duydu ve kendini iyi hissetmek için milletin can attığı başka bir işi kapmasına gerek olmadığı fikrine açık hale geldi. Sevgi dolu ve sorumluluk sahibi olmanın mutlak itaat ya da kendinden vazgeçmek anlamına gelmesine gerek olmadığını da fark etti.

Aynı zamanda ilişkisi hakkında aslında nasıl hissettiğine dair de değerli bilgiler topladık. (Pek de iyi hissetmiyormuş.) Reddedilme korkusunun, özellikle erkek arkadaşıyla olan ilişkisini nasıl etkilediğini fark ettiği zaman, yavaşça ama emin adımlarla geri çekilerek aynı anda hem sevgili hem yedek anne hem de menajer olmak yerine, sadece kız arkadaş olabilmeyi başardı.

Etkili ve Etkisiz İletişim

Kişisel sınırların kalbinde doğruyu söyleme cesareti vardır. Yüksek işlevli eş bağımlıların doğruyu söylemelerinin önündeki büyük engellerden biri, yukarıda da belirtildiği gibi gerçek duygularından kopuk olmalarıdır; halihazırda yaratmaya çalıştığımız farkındalık ise işte burada devreye giriyor. Farkındalık oluşturmanın bir sonraki parçası, iletişim üzerine ufak bir derstir.

Sınırlarla olan ilişkiniz nasıl çocukken şahit olup deneyimlediklerinize dayanıyorsa, nasıl iletişim kuracağınızı da ailenizin tarzına ve kültürüne göre öğreniyorsunuz. Farklı kültürlerde hangi konuların konuşulabileceği ve konuşulamayacağı hakkında (dile getirilmiş veya getirilmemiş) farklı anlaşmalar vardır.

Örneğin, ben zor ve can sıkıcı hiçbir konunun konuşulmadığı, üst orta sınıfa mensup bir ailede büyüdüm. Gerginliklerin üstü *genellikle "Yumurtanı haşlanmış mı istersin, çırpılmış mı?"* ya da *"Ne güzel gün, değil mi?"* gibi masum ve zararsız bir soruyla örtülüp tatlıya bağlanırdı. Bunun sonucunda da bir sürü duygu ifade edilemeden bastırılırdı.

Yirmili yaşlarımda, erkek arkadaşım aklımdan geçeni okuyamadığı zaman büyük hayal kırıklığına uğrar ve moralim bozulurdu. Böyle durumlarda, telepati becerisinden yoksun olmasından beni sevmediği anlamını çıkartırdım hemen. Gerçekteyse kendimi tam olarak nasıl ifade edeceğimi bilemediğim için sıkkındım ve bu yüzden de onu suçluyordum. Yüksek işlevli bir eş bağımlı olarak duyduğum içerleme hızla birikti. Bir gün, erkek arkadaşım veya başka herhangi biri ne yaparsa yapsın, daha iyi iletişim kurmaya karar vermem gerektiğini biliyordum. Umarım siz de bu kararı vermeye hazırsınızdır. Gandhi'nin meşhur bir sözünü uyarlayarak dediğim gibi *"İlişkilerinde görmek istediğin değişimin kendisi ol."*

Gerçekte sadece iki tür iletişim türü vardır: etkili ve etkisiz iletişim. Hedefiniz sağlıklı sınırlara sahip olmaksa, etkili iletişim olmadan bunu başaramazsınız. Duygusal zeka, içgörü ve empati gibi diğer beceriler de önemlidir ama etkili iletişim *birinci sırada* gelir. Etkili iletişimi, sağlıklı sınır kalenizi inşa etmek için kullanacağınız esas yapı taşları gibi düşünün.

Önce etkisiz iletişimle başlayalım. Hiç içinizden *"Neden?"* diye sorarken *"Elbette!"* dediğiniz, sonra da iç çekip asıl konuşmayı hüsranı yansıtan vücut dilinizle yaptığınız oldu mu? İnsanların bizi görmelerine ihtiyaç duyarız. Eğer iletmek istediğiniz mesajı (fazla tehditkar olur diye) doğrudan sözlü olarak ifade edemezseniz, bunu üstü kapalı yollarla yapmanın bir yolunu bulursunuz.

Pasif-agresif davranış, öfkenin dolaylı yoldan ifadesi olup muhtemelen üstü kapalı iletişimin en yıkıcı şekillerinden biridir. Kapıları çarpmak, iğneleyici laflar, iletişim kurmayı reddetmek ve evet, ayrıca düşmanca bir tavırla tek kelimelik cevaplar vermek de buna dahildir. Hiç ABD'nin güneyine gittiniz mi? Toplum tarafından onaylanmış pasif-agresiflik orada neredeyse kendisine özgü bir dil haline gelmiştir. Örneğin, birisi hakkında ileri geri konuştuktan sonra "yaşa be" tabirini eklemek genellikle bahse konu kişinin *ne kadar aptal, perişan, sorumsuz ya da bir spor ayakkabı kadar duygusal zekası olduğu* anlamına gelir. Kuzeydoğunun *"Dalga mı geçiyorsun sen?"* şeklindeki daha doğrudan saldırganlık ekolünde yetişmiş biri olarak ben bile "yaşa be" tabirinin hiçbir kimseye övgü dizmek anlamına gelmediğini fark edebiliyorum.

Etkisiz iletişim dolaysızdır. Pasif, ürkek, gizemli, mesafeli ya da tam tersi kızgın, düşmanca, zorba ya da saldırgan bir tavır içerisinde olabilirsiniz. Etkisiz iletişim ne şekilde ortaya çıkarsa çıksın, istediğiniz şeyi karşıdaki kişinin anlayabileceği bir şekilde ifade etmiyorsunuzdur. Bu da muhatap olduğunuz her kimse kendisini genellikle şaşkın, bozulmuş ve yanlış anlaşılmış hissetmesine yol açar. Etkisiz iletişim devrede olduğu zaman, konuşmaları tam bir karışıklık şölenine çevirme riskiniz doğar. İkinizden biri ya da her ikiniz birden karşıdakinin aptalca mesajlarının şifresini elinde bir anahtar olmadan çözmek zorundaymış gibi hissedersiniz. Hiç kimse kazanmaz.

Kendinizi bu senaryoların birinde gördüyseniz, içiniz rahat olsun. Hiç kimsenin iletişimi yüzde 100 etkili ya da etkisiz değildir. Bununla birlikte, tıpkı üç katlı çikolatalı pasta yapmayı, bir araştırma yazısından alıntı yapmayı ya da salsa dansını öğrenmek gibi, etkili iletişim becerileri de öğrenilebilir. (Hızlıca göz atmak isterseniz, onuncu bölümde tam olarak kastettiğiniz şeyi daha kendinden emin bir şekilde söylemenize yardımcı olacak ve gündelik hayat içerisinde karşınıza çıkabilecek durumlarda söyleyebileceğiniz örnek cümleler bulacaksınız.)

Etkili iletişim doğrudan meseleye odaklanır ve ne kastettiğinize dair hiçbir şüphe bırakmaz. Tavrınızı pasif veya saldırgan bir biçimde değil, net ve kendinden emin bir şekilde ortaya koyarsınız.

Ne istediğinizi dile getirme korkunuz azalır ve basit taleplerde bulunabilirsiniz. *"Lafımı kesmeye son vermeni rica ediyorum, Milly Teyze"* gibi. Ya da işten bir günlüğüne izin isteyecekseniz dostça ve neşeli bir ses tonuyla bu ricanızı dile getirebilirsiniz. Gerçek talebinizi yüzlerce *"Özür dilerim"*, *"Kusura bakmayın"* ya da *"Affedersiniz"* gibi lafların altına gömmez; gerçekte istediğiniz şeyin etrafında dolanıp durmazsınız. Kendinizi açık bir dille ifade etmekle kalmaz, aynı zamanda karşı tarafın vereceği her türlü yanıta da açık olursunuz. Hepsinden önemlisi, tercih etmeniz durumunda, hayatta başınıza gelebilecek her şeye ve her duruma samimi bir şekilde yanıt verebilecek durumda olursunuz.

Etkili iletişimde diyalog şarttır; yani iletişim karşılıklı olur. Gerçekten dikkatli ve ilgili bir biçimde dinlemeyi öğrenmek *son derece önemlidir*. Hemen kendi bakış açınızı araya sokuşturabileceğiniz anı beklemek yerine, karşıdaki kişinin gereksinimlerine ve bakış açısına dikkat edin. Hepimiz *konuşmak için sabırsızlıkla sırasını bekleyen* birini tanıyoruzdur. Bu tür kimseler aslında sizin söylediklerinizi dinlemezler; çünkü ağızlarından çıkacak bir sonraki cevheri düşünmekle meşguldürler. Etkili iletişim, ne hissettiğinizi bilerek tepkisel olmayan bir şekilde yanıt vermeyi öğrenmenize bağlıdır. Bunu bir kere başardınız mı, hayat önünüze belki de hiç beklemeyeceğiniz yeni yollar açar.

Yeni Yeni

Birlikte geçirdiğimiz zaman süresince, Esther gerçek duygularıyla daha fazla temasa geçti ve erkek arkadaşıyla etkisiz bir şekilde iletişim kurduğunu fark etti. Her zaman hesabı ödeyen olmak, onu zor durumdan kurtarmak ya da terapistiymiş gibi davranmak istemediğini ona söylememişti. Bunun yerine, memnuniyetsizliğini düşmanca göz devirmeler ve derin iç çekmelerin yanı sıra konuyu değiştirerek ve bir oyunda rol kapamadığı için üzgün olduğu zamanlarda gerçekten dinlemeyerek ifade etmeye alışmıştı.

Zihni başkalarının sorunlarını çözmeye programlandığı için, sık sık erkek arkadaşının sözünü kesiyor ve oyunculuk hakkında çok az şey bildiği halde sanki bu konuda otoriteymiş gibi müdahale ediyordu. Esther bilinçsizce kendisine muhtaç olunmasına gereksinim duyuyordu. Aşırı çaba göstermesi bilinmeyenden duyduğu rahatsızlık ve kendisinden vazgeçmeniniş olmanın verdiği acıdan kaynaklanıyordu.

Nasıl davrandığının farkına vardığı zaman, kendisini ifade etmesi çok daha kolay oldu. Gerçi ilişkinin dinamiklerindeki bu değişiklik, erkek arkadaşını ilk başta rahatsız etti. (Bu konuya, yedinci bölümde detaylı olarak gireceğiz.) Ama sonunda davranışları hakkında daha bilinç sahibi olması ve ihtiyaçlarını açık bir şekilde ifade edebilmesi, erkek arkadaşına saygı duyabilmesi için daha çok alan yarattı. Bunun yanı sıra, olayları daha az kontrol etmeye çalışması da erkek arkadaşının harekete geçip sadece ilişkilerine değil, aynı zamanda kendi hayatına da faydalı olacak şekilde davranması için fırsat yarattı.

Esther için kendi hayatındaki olumlu değişikliklerin etkili kişisi olmak, onda çok çeşitli duygular uyandırdı. Zaman zaman şaşırmasını, rahatlamasını, umutlanmasını, zaman zaman da hüsrana uğramasını şair William Blake'ten yaptığı bir alıntıyla, *"algı kapılarını temizlemeye"* benzetti.*

Yüksek işlevli eş bağımlılığın verdiği güvenlik ve rahatlık hissinden vazgeçmek cesaret ve kararlılık gerektirir. (Bu çalışmanın zayıflara göre olmadığını söylemek isterim!) Bir çeşit hesaplaşma gibi gelebilir. Ama bu en azından çoğumuzun uzun zamandır (neredeyse bir ömür boyu) beklediği bir şey.

Doğruları *Sınırların Efendisi* tarzında söylemek şu aşamada yüksek bir dağa tırmanıyormuş hissi yaratabilir. Ama şunu bilin ki hissettiğiniz korku ne olursa olsun, bu son derece normal. Sonunda elde edeceğiniz fayda, hissedebileceğiniz

---

* William Blake, *The Marriage of Heaven and Hell* (1793), Google Books. Erişim tarihi: Mart 2020.

her tür korku ve endişeden çok daha ağır basacak. Sınırlarınızı yeniden belirlediğiniz zaman, kendinize tamamen yeni ve sanki bir hayal gibi gelen bir dünya yaratmış olacaksınız. İnsan hakları savunucusu ve şair Audre Lorde'un bir zamanlar dediği gibi *"Güçlü olmaya ve gücümü vizyonuma hizmet edecek şekilde kullanmaya cüret ettiğim zaman, korkup korkmamam çok daha önemsiz hale geliyor."**

Şimdi biraz su için ve güç şekerlemesi yapın. Bir sonraki bölümde sınırlarınızın ayarıyla oynayan Bozuk Sınır Verilerini daha derinden ele alacağız.

Arkanızdayım.

Bunu yapabilirsiniz.

SINIRLARIN EFENDİSİ İŞ BAŞINDA

1. Farkına Varın. Ne zaman otomatik olarak tavsiyede bulunduğunuza, bir konuşma esnasında meydana gelen sessizliği doldurma zorunluluğu hissettiğinize ya da dolaysız yoldan iletişim kurduğunuza dikkat edin.

2. Derine İnin: Duygusal Emek Değerlendirmesi. Ne kadar çok yorucu ama bir o kadar da görünmeyen ve karşılığında para almadığınız iş yapıyorsunuz? Kitabın sonundaki "Derine İnin" bölümüne giderek, nerelerde ve kiminleyken üstünüze düşenden fazlasını yapabileceğinizi tespit edin.

---

* *New Mexico Üniversitesi Kadın Araştırmaları Güz 2003 Ders Programı [University of New Mexico's Women's Studies Syllabus, Fall 2003]*, unm.edu/~erbaugh/Wmst200fall03/bios/Lorde.htm. Erişim tarihi: 15 Nisan 2020.

BÖLÜM 4

Bozuk Sınır Verisi

Bilmediğimiz şey, bizi kesinlikle üzebilir.

Kendini hayatın içinde sıkışıp kalmış hisseden ve bunun nedenini öğrenmek için bana gelen danışanım Rachel için durum kesinlikle böyleydi. Yıllarca serbest grafik tasarımcı olarak çalışmış ve sürekli müşterileri olan biri olsa da sık sık daha fazlasını yapabileceğini hissediyordu. Aklında onu heyecanlandıran bazı projeler olsa da bunları hayata geçirecek zamanı bulamıyordu. Özel hayatı bir dizi kısa süreli ilişkiden ibaretti ve bunlar en başta gayet tutkulu ve yoğun bir şekilde başlayıp ruh eşini bulmaya odaklıyken sonunda kaçınılmaz bir şekilde elinde patlıyordu. Terapiye başladığında duygusal açıdan uzak/mesafeli olan bir adamla, bir ayrılıp bir barıştıkları, toksik bir ilişkisi vardı. Adam sık sık, üstelik önceden de onu uyarmayarak şehri terk ediyor; bu da genellikle aralarındaki bağ yoğunlaşıp yeni bir seviyeye ulaştıktan sonra oluyordu.

Rachel, kendi kendine, bu mesafenin işine geldiğini söylüyordu. Bir mükemmeliyetçi olarak iş hayatında daha yüksek bir başarı seviyesine ulaşıncaya kadar bir ilişkiyi hak etmediğine inanmıştı. Sık sık ayrılıp tekrar bir araya geldiği erkek arkadaşının çok zengin oluşu, gerçek bir bağlılığa hazır olmak için maddi ve mesleki anlamda belirli bir seviyeye ulaşması gerektiğine dair inancını (yani korkusunu) perçinliyordu sadece. Bu yüzden de erkek arkadaşı yanında olmadığı zaman, daha çok maddi güvence sahibi olmak için zamanı oluyordu. Kendisine (ve bana) dediğine göre aralarındaki duygusal bağ onu ayakta tutmak için yeterliydi.

Bu değerlendirmeyi benimle paylaşırken kendinden emindi. Durumu kafasında olduğundan daha iyi göstermek için bir süreden beri uğraştığı ortadaydı.

"Erkek arkadaşın ortadan kaybolduğu zaman kendini nasıl hissediyorsun?" diye sorduğumda bakışlarını yere indirerek, *"Üzgün"* diye cevap verdi.

"Peki, geri döndüğü zaman nasıl oluyor? Ona ne hissettiğini söylüyor musun?" diye sordum bu sefer.

Başını hayır anlamında salladı. Genelde üzgün, kızgın ve endişeli oluyor, ilişkisi hakkında takıntılı bir şekilde arkadaşlarıyla konuşup duruyor ve haftada altı defa sıcak yogaya gidiyormuş. Sonra da kaçınılmaz bir şekilde onu tekrar gördüğü zaman, her şey yolundaymış gibi davranıyormuş.

"Ama bazen, her şey çok fazla geldiğinde, duygusal patlamalarım olmuyor değil" diye ekledi sonra, biraz mahcup.

Böyle anlarda öfkesini değil ama üzüntüsünü ifade ediyormuş. Erkek arkadaşı her defasında empati kursa da davranışları hiç değişmiyormuş. Bu sağlıksız dinamiğin içine iyice gömülmüş durumda olsa da değişmesi gerektiğini biliyordu. Bunun için de bir çeşit araştırma gezisine çıkmamız gerektiğini, yani Rachel'ın bodrumuna inip köşelerde ne olduğuna bakmamız ve *Sınır Planını* ortaya çıkarmamız gerektiğini biliyordum.

Sınır Planınız

Genelde, düzensiz sınır cehenneminde (evet, *cehennem*) sıkışıp kaldığımızda, inançlarımızı ve davranışlarımızı *Sınır Planımızın* yönlendirdiğini fark etmiyoruz. *Sınır Planınızı* tasarlamadığınız bir evin mimari planı gibi düşünün.

Kökeni çocukluğa dayanan, miras alınmış inançları ortaya çıkarmak, karar verme ve seçme gücüne tam olarak sahip bir biçimde yaşamak için *çok önemlidir.* Zira çoğunluğu bilinçdışı olan bu inançlar bütün yaşantınızı etkiliyor, üstelik de çoğu zaman iyi bir şekilde değil. Farkındalık kazanmadan ve davranışları değiştirmeden, küçük yaşta gördüğümüz ve sezgiyle öğrendiğimiz şeyleri tekrarlamaya devam ediyoruz. (Sınır Kalıplarının Tekrarlanması olarak bilinen bu durum, beşinci bölümün konusu.)

Aslında bakılırsa, böyle olması gayet mantıklı. Gerçekten öyle. Çocuklar sürekli olarak etrafı gözlemler, etrafından öğrenir ve edindiği bilgileri özümserler.

Ebeveyninin nasıl hareket ettiğini gözlemler ve aldıkları mesaj nettir: *Dünyada ilişkiler böyle kurulur/yürütülür.* İşte bu bilgi neye inanacakları ve nasıl davranacaklarına dair temel çizgileri olur.

Yetişkinler olarak, çoğu ebeveynin ellerinden gelenin en iyisini yaptıklarını anlamakla birlikte limitlerinin ve bilgisizliklerinin zararlı yaşantılara veya inançlara neden olmuş olabileceğini de fark ederiz. Çocukları için daha iyi bir hayat isteseler bile, bunu gerçekleştirmek için gerekli araçlara sahip olmayabilirler.

Sizin anne babanız da *kendi* anne babalarından bilinçsiz bir şekilde bir Sınır Planı devraldı. Sınır Planları, tıpkı aile gelenekleri veya aile tarifleri gibi, nesilden nesile aktarılır. Dikkatlice incelenmediği takdirde, bu miras günlük hayatlarımızı şekillendirir.

Bu kazı sürecinin en önemli tarafı S*ınır Planınızı* bir başkasının onlarca, hatta yüzyıllarca yıl önce tasarlandığı gerçeğinin farkına varmanızdır. Bu son cümleyi bir kez daha okuyun ve iyice kafanıza yerleştirin. Birçoğumuz *çok eski günlerden* kalma verilere dayanarak hareket ediyor ve sınırlarımızla ilgili kararları bunlara göre veriyoruz. Evet, halihazırda yaşamakta olduğunuz sınır ve iletişim problemlerinizin temelinde bu yıllanmış planlar yatıyor.

> ***ÖZET*** *Sınır Planınız sadece erken çocukluk yaşantılarınızı değil, aynı zamanda nesilden nesile aktarılan ve miras aldığınız ailevi ve kültürel inançları da yansıtır; bütün bu yaşantı ve inançlar siz farkında olmasanız da bugünkü sınır davranışlarınızı yönlendirir.*

Direnmeyi Anlama

Rachel ruhunun bodrumundaki tozlu kutuların içine bakma fikri konusunda hevesli değildi. Ona anne ve babasının nasıl iletişim kurduklarını ve sınırlarını nasıl çizdiklerini sorduğumda direnç gösterdi.

"Şey, ikisinde de iyi değillerdi ama bu konu hakkında bir konuşmaya başlarsam, yıllarca burada böyle otururuz" dedi, gözlerini devirerek.

ŞİMDİ SIRA SİZDE:
Sizin Sınır Planınız Ne?

Tozlu bodrum katını hatırladınız mı? Sınır dilini okuyup yazabilmek için, öncelikle bu planı şekillendiren çocukluk yaşantılarını tespit etmek zorundayız. Bodrumda (bilinçdışınızda) saklı materyalleri evin içine (bilinçli zihninize) taşımak bu gizli saklı şeyleri görmenizi ve değiştirebilmenizi sağlar.

Şimdi düşünelim:

- Çocukken yaşadığınız evde insanların kendilerine ait düşüncelerinin, özel konuşmalarının ve ilişkilerinin olmasına izin veriliyor muydu?
- Duygu ve düşüncelerinizi, özellikle ailenin geri kalan üyelerinden farklı olanları, ifade etmenize izin veriliyor ya da bu konuda teşvik ediliyor muydunuz?
- Çatışma olduğu zaman, aile üyeleriniz sorunları sakin bir şekilde konuşarak mı çözüme kavuştururlardı yoksa birbirlerine bağırıp çağırırlar mıydı ya da birbirleriyle hiç mi konuşmazlardı?

Bu sorular üzerine düşünmek çocukluk sınırlarınıza dair bir şipşak fotoğrafı ortaya çıkartacaktır. Bu faydalı bir şey olsa da asıl önemli olan büyük resmi *tamamen* ortaya çıkarabilmektir. *Sınır Planı* alıştırması *Sınırların Efendisi* yolculuğundaki *temel* alıştırmalardan biridir. Bu sebeple, bu bölümü bitirdiğiniz zaman kendinize bir çay koyun, Zen bölgenize gidip rahatça yerleşin ve işe koyulun. Bu alıştırmayı kitabın sonundaki "Derine İnin" bölümünde bulabilirsiniz.

Rachel'a miras olarak aldığı sınır planını ortaya çıkarmasında rehberlik edebilmem için, önce ona şimdiki hayatından geriye doğru giderek noktaları birleştirmesinin aslında nasıl faydalı olacağını (ve yıllar almayacağını) göstermem gerekiyordu.

Özel hayatında şu an içinde bulunduğu durumun tohumlarını eken ilk yarayı tespit etmeliydik ama önce kale gibi sağlam duran direncini yıkmak şarttı.

Duygusal direnç, kişinin kendi kendini sabote etmesini tetikleyen bir şeydir. Bu her zaman karşılaştığım bir durum. Danışanlar değişme ihtimalinin coşkusuyla gelseler de hedeflerine ulaşmak için gereken adımları atmaktan kaçınırlar. Kendi kendinize, "İnsan niye kendisini özgürlüğe, mutluluğa ve tatmine götürecek yolda atması gereken adımları atmamazlık etsin ki?" diye düşünebilirsiniz. Şöyle ki; duygusal direnç bilinçli kişisel dönüşümün ortaya çıkartabileceği rahatsızlıktan kaçınmamıza yardımcı olur. Bu içgüdüsel davranış bizi hatalı, kötü ya da eksik yapmaz; sadece *insan* yapar.

Bilinmeyen şey korkutucudur ve bizim olduğumuz yerde sıkışıp kalmamıza neden olan kalıpları, inançları ve davranışları aşmaya karar verdiğimizde karşılaştığımız şey tam olarak budur. Bu yüzden, istediğimizi iddia ettiğimiz şeyleri *yapmamayı* makul göstermek için her tür yönteme başvururuz. Örneğin, sağlıklı sınırlar belirleme konusunda içinizde bir direnç hissediyorsanız, bu kitabı sizden daha çok ihtiyacı olduğunu düşündüğünüz bir arkadaşınıza ödünç verebilirsiniz. (Kaçınma davranışı olarak eş bağımlılık demek, sizi kurnaz tilki sizi!) Veyahut da sizinle hiç ilgisi olmayan bir olayın içine girerek kendiniz ve hayatınız için yapmanız gerektiğini çok iyi bildiğiniz bir şeyi yapmayı erteleyebilirsiniz.

ÖZET *Duygusal direnç, kişinin kendi kendini sabote etmesini tetikler. Bu, bilinçli değişimin ve kişisel dönüşümün yaratabileceği rahatsızlıktan kaçınmanın bilinçdışı bir yoludur.*

İkincil Kazancın Anlaşılması

Rachel'ın direnci öylesine derine yerleşmişti ki onu bundan çekip kurtarmanın duyguları hakkında meraklı olmaya teşvik etmekten fazlasını gerektireceğini anlamıştım. Bu durumdan elde ettiği *ikincil kazancı,* yani kendi kendini sabote eden bu direnme halinin ona nasıl "fayda sağladığını" ortaya çıkarmalıydık.

Bir ay sonra ona şöyle dedim: *"Sana bir soru soracağım. Bu soru mantığa aykırı gelebilir ama cevap vermeni rica edeceğim. Erkek arkadaşına neden ortadan kaybolup durduğunu sormamak ve bu dinamiğin içinde sıkışıp kalmak sana ne kazandırıyor?"*

Rachel bana boş boş baktı. "*Ha*?"

"Biraz daha açık ifade edeyim. Bu kalıpta sıkışıp kalarak neleri hissetmekten, nelerle yüzleşmekten ya da neleri yaşamaktan kaçınıyorsun?" diye sordum.

Rachel bunun üzerine bir süre düşündükten sonra şu cevabı verdi: "Çatışma yaşamaktan kaçınıyorum. Gerçekten nasıl yapacağımı bilmediğim bir konuşma yaparak, kendimi tuhaf hissetmemiş oluyorum."

Açıkça görüldüğü üzere, Rachel erkek arkadaşıyla dürüst bir şekilde konuşmak için gerekli olacak kırılganlığın içine sokmak istemiyordu kendisini. Ona neden günlerce veya haftalarca ortadan kaybolup sonra da hiçbir şey olmamış gibi ortaya çıktığını soracak donanımda görmüyordu kendisini. Bu yüzden de kendisini esas itibariyle, önemsiz olduğuna ya da bir köşeye atılmış olduğuna dair hisleriyle yüzleşmenin acısından kurtarıyordu. Benim fikrime göre, bu acı çocukluğundan kalma ve araştırılmamış bir acıyı yansıtıyordu.

İkincil kazanç, sağlıksız davranış kalıplarını sürdürerek elde ettiğimiz ve *bariz olmayan* kazançtır. Birincil kazançta, belli bir davranışın sağlayacağı fayda ortadadır. Örneğin, spor salonuna gitmenin endorfin patlamasına sebep olması gibi. İkincil kazanç ise daha üstü kapalı bir şekilde işler ve genellikle bilinçdışıdır. Örneğin, sevgisiz bir evliliği sürdüren bir kadın her gece "şarap terapisi" yapma alışkanlığını umutsuzluk ve çaresizlik hislerini uyuşturmak için devam ettirebilir, her ne kadar bu alışkanlığı günün geri kalan yirmi saatinde kendisini sefil gibi hissettirse de. İşlevsel olmayan davranışlardan nasıl bir "fayda elde ettiğinizi" ya da daha net bir ifadeyle, ikincil kazancın sizi hangi duygu ve yaşantılardan koruduğunun farkına varıp bu durumu araştırmadıkça dünyadaki hiçbir şey sizin ileriye doğru adım atmanıza yardımcı olamaz.

İkincil kazancın, birçok insanın işlevsel olmayan ilişkileri ve aynı zamanda sağlıksız sınır ve iletişim kalıplarını sürdürmesinin *başlıca* sebeplerinden biri olması şaşırtıcı bir durum değil. Neyse ki bu durumdan elde ettiğiniz ikincil kazancı aydınlığa çıkarmak, direncinizi kırarak bilinçli bir şekilde *Sınırların Efendisi* gibi hareket etmenize yardımcı olabilir.

> **ÖZET** *Kendinize belli bir durumu sürdürmeniz halinde neleri hissetmekten, nelerle yüzleşmekten ya da neleri yaşamaktan kaçındığınızı sormak, bu davranışın sağladığı gizli faydayı ortaya çıkartacaktır. Bu soruyu sormak, direncinizi ortadan kaldırmak için güçlü bir yöntemdir.*

Rachel için durum kesinlikle böyle oldu. Kendini içinden çıkartamadığı durumun onun için ne gibi faydaları olduğunu görmeye başladığı zaman, bir nebze de olsa rahatlama hissetti. Sağduyusu gereği, ona iyi gelmeyen bir ilişkiyi sürdürdüğü için kendisinde son derece büyük bir sorun olmalıymış gibi hissettiğini ve bundan ötürü de kendisini yiyip bitirdiğini itiraf etti. Bu kadar mantığa aykırı bir şekilde kendisini korumaya çalışan tek kişinin kendisi olmadığını bilmek kendisine karşı daha fazla şefkat duymasını sağladı ve bu hiç de küçük bir zafer sayılmaz.

Acı tek başına, değişim için *en büyük* motivasyon faktörüdür. Bu yüzden de eğer elde ettiğiniz ikincil kazanç sizi acıdan koruyorsa, tahmin edin ne oluyor? Değişmek için hiçbir sebebiniz olmuyor.

Benim *gölge bağımlılık* olarak tabir ettiğim ve sosyal açıdan kabul edilebilir seviyede içmek, işkoliklik ya da aşırı spor yapmak gibi davranışlar kişisel gelişime ket vursa da duygusal acıdan kaçınmanıza yardım ederek ikincil bir kazanç sağlıyor. Bu tür davranışlar hissetmek istemediğimiz duyguları uyuşturuyor. Gölge bağımlılıklar tam bağımlılıkların genelde sebep olduğu felaket sonuçlara hemen (ya da hiçbir zaman) neden olmasa da duygusal netlik yerine duygusal karışıklığı besler ve bu da büyümemizi engeller. İşlevsel olmayan bu davranışlar bizi sağlıklı sınırlar çizmemiz için motive edebilecek acıyı uyuşturmanın yanı sıra, sağlığın bozulması veya alkolün tetiklediği dramalar gibi başka acılara neden olarak enerjimizi tüketir. Kendinizi sürekli olarak gerçek problemden uzak tutmak için bilinçsizse yarattığınız diğer sorunları çözmekle meşgul olunca, ruhsal olarak bodrumunuza girmek için pek yer kalmıyor.

ÖZET *Gölge bağımlılıklar, duygularımızı uyuşturup dikkatimizi dağıtan ve bize bildik, işlevsel olmayan kalıp ve davranışları sürdürten davranışlardır.*

Terapi sayesinde Rachel, ikincil kazançlarının ve neredeyse *ne olursa olsun* (hatta sıcak hava dalgası uyarısının yapıldığı günlerde bile) devam ettiği sıcak yogaya olan gölge bağımlılığının daha çok farkına vardı. İşte şimdi bir yere varmak üzereydik.

Bodruma Dönüş

Artan farkındalığı Rachel'a bodrumun kapısını araladı. Yavaş yavaş çocukken şahit olduklarını ve yaşadıklarını anlatmaya başladı. Ailede para iradesi saygı duyulan bir avukat olan babasındaydı ve bu da annesiyle olan ilişkisinde gücün daha çok onda olmasını sağlıyordu. Bunun sonucunda da annesi yiyecek alışverişi veya çocukların okul kıyafetleri gibi temel ihtiyaçlar için sık sık babasından para istemek zorunda kalıyordu. Bu para / güç kavgası her gün yaşanıyor, annesi babası işe gitmek için evden ayrılmadan önce her sabah ne kadar paraya ihtiyacı olduğunu söyleyip ricada bulunuyordu. Rachel içinden *kendisinin asla böyle bir duruma düşmeyeceğini* geçirdiğini hatırladı.

İçten içe kaynayan bu çatışma Rachel'ın annesi onu babasının bürosuna götürüp müvekkillerinin önünde olay çıkarmaya başlayınca patlak verdi. *"Eve halı kaplatmamız lazım! Nasıl olur da ailene almayıp buraya yeni halı kaplatabiliyorsun?"* diye bağırdı.

Annesinin kontrolden çıkmış haldeki duyguları o kadar yoğundu ki müvekkillerden gitmeleri rica edildi. Ama daha sonra bütün aile akşam yemeği için toplandığında, babasının söylediği tek söz, *"Domuz pirzola leziz olmuş, canım"* oldu.

Hiç kimse o gün yaşanan gürültülü / yüksek sesli yüzleşmeden tek kelime etmedi. Ya da halı olayından. Bu tür bir davranış, çocukların işlevsizliği içselleştirmesine ve bazen de sorunun *kendilerinde* olup olmadığını merak etmelerine neden olabilir. Zira anne ve babaları işlevsiz davranışları normalmiş gibi ya da böyle bir şey olmamış gibi davranmışlardır.

Rachel'ın çocukluğuna dair bu enstantane anne ve babasının çatışmaları ele alma ya da etkili problem çözümü konusunda ne derece donanımsız olduğunu gösteriyordu. Görmezden gelme, inkar ve sonrasında patlama istismar, bağımlılık veya gerçekten etkisiz iletişimin olduğu ailelerde yaygın rastlanan bir davranış modelidir.

Birçok ailenin çocuklarına kişilerarası sınırlar hakkında aktardığı veriler epey kötüdür. Bunun sonucunda da çocuklar *insanların böyle davrandığını* ve *kendilerinin de böyle davranması gerektiğini* öğrenir. Yetişkin olduğumuzda, farkında olmadan hayatımızı ve ilişkilerimizi bu bozuk istihbarat üzerine inşa ederiz.

Rachel'ın bodrumundaki bilinçaltı malzemeye eriştiğimizde, erkek arkadaşıyla yaşadığı durumun ona neden bu kadar tanıdık geldiğini anlamak kolay oldu. Çocukluğunun daha zor kısımlarına dalmak sancılıydı. Ama olduğu yerde sıkışıp kalmanın gerçeklerle yüzleşmekten çok daha acı vereceğini fark ettikten sonra Rachel hem ofisimde hem de evinde gözyaşlarına teslim oldu.

Dökülen bu yaşlar her şeyi ortaya çıkardı. Annesi gibi, onun da ihtiyaçları karşılanmıyordu ve zaman zaman duygusal patlamalar yaşıyor ama bu durum erkek arkadaşının davranışlarında hiçbir değişikliğe neden olmuyordu. Annesinin sağlıklı bir çatışmadan kaçınarak elde ettiği ikincil kazanç, çocuklarını tek başına ve beş parasız büyütme riskine girmemesiydi. Tıpkı annesi gibi, Rachel da korktuğu için *çok fazla* şeyi oluruna bırakıyor, duygularını bastırmak artık katlanılamaz bir hal alınca da patlıyordu. O da annesi gibi, özellikle ilişkideki maddi eşitsizlikten dolayı kendisini güçsüz ve çaresiz hissettiği için, erkek arkadaşının kabul edilemez davranışını görmezden geliyordu.

ÖZET *Sınır Planınızı inceleyerek işlevsel olmayan yerleşik ve bilinçdışı kalıpları yıkıp hem kendinizle hem başkalarıyla hem de dünyayla daha iyi bir ilişki kurmanız için bilinçli bir şekilde yeni bir plan oluşturabilirsiniz.*

Rachel mevcut *Sınır Planını* daha iyi anladığı zaman, ailesinin geçmişi yerine istediği geleceği temel alan yeni bir planı farkında olarak tasarlamak için heyecanlı ve hazırdı.

Sinsi Sınır Engelleri

Artık *Sınır Planlarına* aşina olduğunuza göre, şimdi gelin işlevsel olmayan sınır davranışı kalıplarının günlük hayatta en yaygın ortaya çıkış biçimlerinden bazılarına bir bakalım.

VIP Bölümünüzde Kadife Kordonunuz Var mı?

Kimin için zahmete girdiğinizi, programınızı yeniden ayarladığınızı ve kimi memnun etmeye çalıştığınızı bir düşünün. En önemlisi de kendinize bunu neden yaptığınızı sorun.

VIP bölümünüz kalbiniz, aklınız ve hayatınızdaki o özel yeri temsil eder ve size değer katan yani sizi canlandıran, besleyen ve size enerji veren kişiler için ayrılmıştır (veya ayrılmalıdır). İşin doğrusu, herkes orada olmayı hak etmiyor! VIP olmaya layık ilişkiler karşılıklıdır; saygıya dayanır ve sağlıklı ödün vermeye dayalı bir anlaşma vardır. Sizin için çok önemli olan bu kişilerin mükemmel olması gerekmez. Neticede onlar da sizin gibi insan. Bununla birlikte, size kendinizi sürekli olarak kullanılmış, istismar edilmiş ya da tükenmiş hissettirmemelidir.

Sürekli olarak başkalarını memnun etmeye çalışma rahatsızlığından mustaripseniz, bütün aile üyelerinizin ya da ilkokul arkadaşlarınızın, eski sevgililerinizin, dost gibi görünen düşmanlarınızın veya kısaca oraya ait olduğunu düşünen *herkesin* VIP bölümünüze kabul edilmesini *mecburi kılan*, bilinçdışı bir sınır planının etkisi altında kalmış olabilirsiniz. Dolayısıyla ne güvenlik görevliniz var ne kordonunuz ne de muhtemelen iç huzurunuz...

Bazı insanlar kendilerinde 7/24 VIP muamelesi görme hakkı görürler ve eğer yüksek işlevli bir eş bağımlı iseniz, onları doğrudan hizaya getirmek varsayılan yanıt biçiminiz değildir. Belki de ne zaman hayatında bir şeyler ters gitse (gündüz veya gece fark etmez) sizden A sınıfı konfor bekleyen bir arkadaşınız var. Mideniz düğüm olmuş bir halde gönülsüzce onu dinledikten sonra gerçek VIP olan birisine durumu anlatıp *"Beni gene gecenin bir vakti aradığına inanamıyorum! Kim yapar böyle bir şeyi? Neden?"* diye yakınırsınız.

Gerçek şu ki milyonuncu kez neden aradığı kimin umurunda? Başkalarının *nedenleriyle* ilgilenmememiz gerekiyor.

Ne de olsa, insanlar bizden saçma sapan taleplerde *bulunabilir* ve *bulunacaklardır* da. Siz izin vermediğiniz sürece, bu sizin probleminiz değil. Onlara odaklanmak sadece dikkatinizi dağıtmaya yarıyor. Dikkatinizi tekrar kendinize yönlendirin.

Sınırların Efendisi olmak *kendi nedenleriniz* hakkında meraklanmak demektir. Bu anlattığım durumda sorulması gereken gerçek soru *telefonu neden her defasında açtığınız sorusudur*.

VIP bölümünüz değerlerinize, doğruluk ve dürüstlüğünüze ve sizin için kabul edilemez olan durumlara dayanır. Tekin olmayan ve yasaları çiğneyen bir arkadaşınız varsa ve doğruluk ve dürüstlük sizin için önemliyse, kendinize *bu kişinin VIP bölümünüze girmeye hakkı olup olmadığını* sorun. Yanıt muhtemelen 'hayır' olacaktır.

Sadakat veya aileye bağlılığa dair baskıcı fikirlerle boğuşabilirsiniz ki bu normal bir durumdur. Ama anneniz/babanız/kız kardeşiniz ya da herhangi biri güveninizi ya da saygınızı kazanmamışsa, işte orada bir çizgi çekme hakkına sahipsiniz. Gerçek şu ki, açık izniniz olmadan kadife kordonun ötesine kimsenin geçmemesini sağlamak konusunda *kendinize karşı* bir yükümlülüğünüz var.

Lütfen şunu anlayın: Sağlıklı sınırlarınız olduğu zaman, daha çok ve daha az önceliğe sahip kimseler arasında bir ayrım yapıyorsunuz demektir. Bu kulağa son derece soğuk bir davranış gibi gelebilir ama doğru olan bir şey varsa o da hayatınızdaki herkesin yüksek önceliğe sahip olmasının mümkün ya da uygun olmayışıdır. Biriyle vakit geçirmek size enerji mi veriyor yoksa enerjinizi mi emiyor? Bu kişiyi görmek için sabırsızlanıyor musunuz yoksa içten içe istemiyor musunuz? Hangi ilişkileriniz bir seçimden ziyade yükümlülük gibi geliyor? Bu sorulara vereceğiniz yanıtlar size, hayatınıza, enerjinize ve değerli vaktinize kimlerin ne kadar erişebileceğine karar vermenize yardımcı olacaktır.

Dinleyin, eğer istemiyorsanız şu anda (ya da hiçbir zaman) büyük kararlar almanız gerekmiyor. Benim amacım hayatınızda olma ayrıcalığına kimin sahip olacağına *sizin* karar vereceğiniz konusunda net olmanız o kadar. VIP misafir listenizi istediğiniz zaman kırpabilirsiniz. İster akraba ister arkadaş ya da talepkar iş arkadaşlarınız olsun, istemediğiniz sürece kimseyi dramatik bir biçimde aforoz etmeniz gerekmiyor. *Sınırların Efendisi* olma yolculuğu kısmen koşullu benliğin zihniyetini bırakmanız ve güçlü ve gelişmekte olan bir benlik anlayışıyla düşünmeye başlamanız anlamına geliyor.

Yani kuzenimi doğum günü planlarıma dahil etmezsem çok üzülür diye düşünmeyi bırakıp doğum günümü birlikte kutlamak istediğim önemli kişiler kim diye düşünmeniz gerekiyor. Önemli olan şu ki, seçenekleriniz var ve eğer kuzeninizin doğum günü akşamınıza gelmesi kendinizi kötü hissetmenize neden olacaksa, o zaman onu listeye dahil etmeyin.

Her Zaman Evet mi Dersiniz?

Bir şeye evet dediğiniz zaman bu sizin bilinçli tercihiniz mi oluyor? Yoksa *"Tabii!"* varsayılan yanıtınız mı? Eğer ikincisiyse, siz büyük olasılıkla otomatikman 'evet' diyorsunuz. Otomatik olan her şey farkında olarak yapılmış bir seçim değil, bir reflekstir. Ben buna *"Anında Evet"* diyorum. Diyelim, çocuğunuzun sınıfı için bir bağış toplama etkinliği organize etmeniz istendi ve siz bir taşınmanın ortasında olmanız, annenizin hasta olması veya gerçekten mektupları düzenleyip sıraya dizmek ya da yapılması gereken her neyse onun için vaktiniz olmasa dahi evet diyorsunuz. Sanki bir tercih hakkınız yokmuş gibi.

Çok fazla düşünmeden evet demek, yaşam boyu şartlanmanın getirdiği bir sonuçtur. Kendinizi pısırık gibi hissedebilirsiniz ya da belki başkaları sizi öyle görüyordur. Ama genellikle, tam da soru sorulduğu anda, büyük olasılıkla içinizde bir yerlerde aslında reddetmeniz gerektiğini biliyorsunuz.

Anında evet deme refleksini durdurmak düşündüğünüzden daha kolay. Bu alışkanlıktan kurtulmak için cevap vermeden önce bir an sessiz kalmayı deneyin.

Kendinize bir an sessiz kalma izni vermek size ev yanıyorken itfaiyeyi aramamak gibi gelebilir ama gerçekte bu süreyi *hak ediyorsunuz*. (Üstelik yangın falan da yok.) *Hiç kimseye* anında evet deme borcunuz yok, hatta gecikmiş bir evet deme borcunuz da yok. Kısaca bir durup sadece *"Düşünmek istiyorum"* demek işe yarayabilir. Herhangi bir şeyi, gerçek duygularınızı göz ardı edip otomatikman kabul etmeyerek kendinizi nasıl özgürleşmiş hissedeceğinize siz de şaşıracaksınız.

Verilen bu örnekte, zaman kazanmak yerleşmiş kalıbı kesintiye uğratarak size aslında ne istediğiniz ve ne hissettiğiniz hakkında düşünmek için fırsat yaratmaktadır. Bir deneyin! Aslında yapmak istemediğimiz bir ton şeyi yapmaktan kesinlikle *vazgeçmek* zorundayız. Böylece kendimizi asıl yapmak *istediğimiz* şeylere tamamen verebiliriz.

Sessizliğin gücünden başka şekillerde yararlanmayı da deneyebilirsiniz. Rahatsız edici sessizlikleri doldurmak sizin işinizmiş gibi hissetmek yerine, bu anları daha hakiki bir bağ kurma potansiyeli barındıran *güçlendirici duraklar* gibi düşünün. O an tuhaf bir sessizlik olmasın diye konuşmayı tercih etmek isteyebilirsiniz, ama bunu yaptığınızda daha derin bir bağ ve yakınlık kurma fırsatını da kaçırmış oluyorsunuz. (Üstelik bu hiç de gerçek bir *Sınırların Efendisi* olan birinin tarzı değil.) Eğer konuşma esnasında aralarda sessizlik olmasına müsaade ederseniz hem kendiniz hem de hayatınızdaki diğer insanlar hakkında ne kadar çok şey öğrenebileceğinize şaşırabilirsiniz.

ÖZET *İşlevsel olmayan sınır kalıpları içerisine VIP bölümünüze kimlerin girmesi gerektiğine dair yerinde seçimler yapamamak ve kendi istek, ihtiyaç ve duygularınızı düşünmeden otomatikman başkalarının isteklerini yerine getirmek girer.*

Çok mu Verici Birisiniz?

Çok verici olmak, anında evet demenin kötü üvey annesidir. Eğer fazlasıyla verici biriyseniz, daha fazla verecek şeyiniz kalmayana kadar vermek görevinizmiş gibi hissedersiniz. Yüksek işlevli bir eş bağımlıysanız, burada neden bahsedildiğini kesinlikle anlamışsınızdır: Her şey için gönüllü olmak, sağlık sorunları yaşayan bir iş arkadaşınıza bir hediye sepeti göndermek için epey bir zahmete girmek ya da işyerinde sizin sorumluluğunuz olmayan bir iş için yardım etmeyi teklif etmekten bahsediyorum. Ama elbette birinin yardıma ihtiyacı olduğunu hissediyorsunuz ve yardıma koşan neden becerikli siz olmayasınız?

Bu düzensiz sınır tuzağına düşmek için illa yüksek işlevli bir eş bağımlı olmanız gerekmiyor. Kadınlar olarak bize bu dünyada belli bir şekilde hareket etmemiz gerektiği aşılandı. Eğer gerçekten iyi birer anne, kardeş, kız evlat ve *herkesin her şeyi* olursak, o zaman bencil biri olmayacağımız öğretildi. Herkes bizden ne isterse zamanımızı ve enerjimizi ona veririz ve aynı zamanda, çoğu zaman uygunsuz bir şekilde de olsa, verici olmak adına ve iyilik ve nezaket kisvesi altında kendiliğinden de bir şeylere atlarız. Halen aşırı çabalayan ve verici taraflarından kurtulmaya çalışan biri olarak, bu durumu gerçekten anlıyorum. Başkalarının ihtiyaçlarını kendimizinkinin önüne koymak bizi sözüm ona iyi biri yapıyor, değil mi? Meğer bu tarz düşünmek tamamen yanlışmış.

Bir dahaki sefere, içinizden aşırı verici olmak geldiğinde, kendinize bunu *sevgiden mi, yoksa korku ya da ihtiyaçtan mı* yaptığınızı sorun. Kendinizi gayet dengeli biri gibi görebilirsiniz ve bu yüzden de bir şeylerden korktuğunuzu ya da ilgi ve dikkat çekmek istediğinizi düşünmek istemeyebilirsiniz. Bununla birlikte birçok durumda, sözüm ona cömertlik olarak tabir edilen bu tarz bir davranışın düzgün ve kibar görünümünün altında yatan şey tam olarak budur. Belki de duyarsız biri gibi algılanmaktan korkuyorsunuz ya da kendinizi iyi, sakin ve kontrollü hissetmeye ihtiyacınız var. Kendinizi vazgeçilmez kılarak güvenlik hissi de sağlıyor olabilirsiniz.

Ama eğer bu yolda yeterince uzun süre devam ederseniz, "iyilik" pırıltısı yavaş yavaş yok olmaya yüz tutar ve siz de sonunda bu duruma içerlemeye başlarsınız. Hatta tüm insanlardan *bıkmış* bir hale dahi gelebilirsiniz. *Başkalarını kullanan, bencil insanlar!* (Burada şaka yapıyor olsam da içerleme insanda buna benzer duygular yaratabiliyor.) Aslında kendi sınırlarımızı düzene sokmaktan kaçınmanın bir yolu olarak başkalarını kendilerine hak gördükleri şey için suçlamak epey yaygın görülen bir davranıştır. Unutmamalıyız ki vermek sevgi dolu bir davranışken, aşırı vericilik işlevsizdir.

Aşırı verici olmak ve eş bağımlılık sonunda kişinin kendisini bomboş hissetmesine yol açar çünkü günün sonunda size hiçbir şey kalmaz. Eğer hayata karşı genel tavrınız *daha fazlasını yapmak* ise gerçekten sorunları yapıcı bir şekilde çözmüş oluyor musunuz? Hayır. Çünkü hiç kimse bunu sonsuza dek sürdüremez.

Bu korkunç, kendi kendini sabote etme tuzağından kurtulmanın yolu farkındalık artı özbakımdır. Bu yerleşmiş kalıpları durdurmak için, önce başkalarına vermek yerine ilk başta kendinizi düşünün. Bir şeye evet demeden önce kendinize iyice sorun. Her kararınızı mevcut kapasitenize, nasıl hissettiğinize ve karşınızdaki kişinin VIP olup olmadığına bakarak verin. Bunu yapabilirsiniz. Pratik yapmanız gerekecek ama kesinlikle yaparsınız. Üstelik bu sayede, cömertlik metrenizi yeniden kalibre edecek ve bundan sonra verici olduğunuzda bunu içtenlikle yapıp kendinizi iyi hissedeceksiniz.

Önce Onaylayıp Sonradan İçerliyor musunuz?

Sevdiğiniz biri ya da bir iş arkadaşınız için bir şey yapmayı kabul edip sonra da yanından ayrılırken kendi kendinize *"Kahretsin! Neden yaparım dedim ki?"* diye düşündüğünüz oldu mu hiç?

Bu tür bir davranış, daha sonra içerlemeye zemin hazırlar. Rahatsızlıktan kaçınmak için uygulanan ama uzun vadede sorunlara yol açan kısa vadeli bir stratejidir.

İşte size klasik bir örnek. Bir zamanlar fakir bir Orta Batılı çiftçi ailesinden gelen ve Manhattanlı bir emlak zenginiyle evlenmek üzere olan bir danışanım vardı. Danışanım adama gerçekten aşıktı ama adamın ailesi bu durumdan memnun değildi. Kıza para avcısı gözüyle bakıyorlardı. Bunun farkında olan danışanım, şartları kendisi için son derece elverişsiz olan bir evlilik öncesi anlaşma imzalamayı anında kabul etti. *"Bence bir sorun olmayacak, eminim"* dedi bana. Ama durum öyle olmadı. Hem de hiç.

On yıl, üç çocuk ve adamın birkaç yasak ilişkisinin ardından, kocasının ailesinin duaları kabul edildi ve evlilikleri sona erdi. Danışanım korunmasızdı. Evini ve müşterek "arkadaşlarının" çoğunu kaybetmekle kalmadı, aynı zamanda nafaka hakkı da yoktu. Sebebi de kendi çıkarlarını düşünmek yerine kocasının ailesini memnun etmek için evlilik öncesi anlaşmayı imzalamasıydı. Bunu eşinin ailesinin ileride onun iyi niyetini fark ederek sevip kabul edeceklerine dair safça bir umutla yapmıştı ama bu asla olmadı.

Genelde bir şeyi o an kabul ettiğimizde, ileride bu duruma son derece kızabileceğimizi fark etmeden bizi baskı altına almalarına izin veririz. Bu tip kabul etmeler bazen bencil görünme korkusundan kaynaklanır. Daha çok sevileceğimizi veya daha avantajlı olacağımızı düşünerek kendi çıkarlarımıza zarar veririz.

Müşterim açgözlü biri gibi görünmek istemediği için o anlaşmayı imzaladı. Artık bu tarz modası geçmiş, karşı taraftan onay bekleyen ve kişinin kendisinden vazgeçtiği davranışları ciddi bir şekilde yeniden düşünmemiz gerekiyor. *Sınırların Efendisi* olan bir kadın kendisini düşünür, düşünce ve duygularını önemser ve kötü bir anlaşma gördüğü zaman bunu fark eder. Bu da iyi bir şeydir.

Yardım Kabul Etmez misiniz/Etmeyenlerden misiniz?

"Sorun değil, ben hallederim." Eğer bu laf size tanıdık geliyorsa, o zaman karşılığında hiçbir şey beklemeden ve içtenlikle teklif edilen yardımları dahi kabul etmiyor olabilirsiniz. Yüksek işlevli eş bağımlı çoğu kadın için yardım istemek, gerçekten ihtiyacı olsa dahi, olabilecek en kötü senaryo olup en son başvurulacak yöntemdir. Eğer çoğu şeye otomatik yanıtınız *"Gerek yok, iyiyim/ben hallederim"* şeklindeyse, bir durup düşünmenizin vakti geldi demektir.

Bu alışkanlığı iyi bilirim. Eşim Vic ile çıkmaya başladığımızda, her şeyi (ve hatta daha fazlasını) kendi başıma yapmaya alışkındım. Çıkmaya başladığımız günden itibaren sürekli olarak benim için bir şeyler yapmayı teklif ederdi. Örneğin, yağmurda beklemek zorunda kalmayayım diye beni evden almaya gelmeden önce opera biletlerini almak gibi. Ne zaman böyle düşünceli bir şey teklif etse, *"Amaan dert etme, boşver!"* derdim. Bu cevabımın onu neden o kadar hayal kırıklığına uğrattığını da hiç anlamazdım. Sonra annem bunun farkına varıp bana şu soruyu sordu: *"Neden Vic'i senin için bir şeyler yapmanın vereceği mutluluktan alıkoyuyorsun? Onların hiçbirini yapmak zorunda değil ama yapmak istiyor."*

Hah? Hiç öyle düşünmemiştim.

Sonra da ekledi: *"Tekliflerini sana alınmış hediyeler gibi düşün. Her hayır deyişinde, bu tıpkı o hediyeyi suratına fırlatmaya benziyor. Lütfen benim yaşadıklarımdan ders al. Eğer asla yardım istemezsen ya da kabul etmezsen ve her şeyi kendin yapman konusunda ısrarcı olursan, bir gün o teklifler kesilecek ve aynı benim durumuma düşüp her şeyi tek başına yapıyor olacaksın."*

Kahretsin.

Annemin bu söyledikleri suratımda bir tokat gibi patladı adeta ve ben o andan itibaren hem Vic'ten hem de başkalarından yardım kabul etmeye ve bana yardım etmelerine izin vermeye başladım. (Teşekkürler, anne.)

Bir çekirge olarak göreviniz neden size yapılan teklifleri otomatikman geri çevirdiğinizin ya da yardım talebinde bulunmadığınızın farkına varmaya başlamak. Kendinize "*Neden evet demiyorum? Neden ihtiyacım olan şey için talepte bulunmuyorum?* ve *Neden korkuyorum?*" sorularını sorun.

Genellikle yardımları geri çevirmek kontrolü elde tutmanın üstü kapalı bir yoludur. Kendinizi borçlu gibi, insanlara yük olmuş gibi hissetmek ya da savunmasız/kırılgan olma riskine girmek istemiyor olabilirsiniz. Bu durum hem küçük hem büyük şekillerde ortaya çıkabilir. Kendi kendinize yetebilmek sizin için o kadar önemli olabilir ki, havaalanına gitmek üzere bindiğiniz bir taksinin şoförünün ağır valizlerinizi bagaja koymanıza yardım etmesine bile izin vermeyebilirsiniz.

Veyahut da kendinizi aileden birinin sağlık problemleri ya da bir işyeri sorununun içerisinde bulabilir ve kendi köşenize çekilip her şeyi kendi başınıza halletmeye kalkışıyor olabilirsiniz. Ama durum şu ki, sağlıklı kırılganlık (ya da altıncı bölümde ele alacağımız gönüllü kırılganlık) hakiki yakınlığın temelidir. Bu nedenle, insanların hayatınıza ama küçük ama büyük yoldan olsun değer katmalarına nasıl engel olduğunuza dair farkındalığınızı artırın. Gerçekten tanınmayı ve desteklenmeyi hak ediyorsunuz.

Hiç Aşırı Pozitif Davrandığınız Oluyor mu?

Bir arkadaşınıza başınıza gelen kötü bir olayı anlattığınızda, o andaki duygularınız ya da ses tonunuz ne olursa olsun, "her şeyin bir sebebi vardır" benzeri bir yanıt aldığınız oldu mu hiç? İşte bu tepki aşırı pozitifliğe bir örnek olup can sıkıcı ya da rahatsız edici bir habere (yukarıdaki gibi) zorlama bir açıklama veya *"Bu da geçer/geçecek"* gibi neşeli bir olumlama ile yanıt verme olayıdır.

Çok sağ ol ya!

Beni yanlış anlamayın. Hayata hakikaten iyimser bir şekilde bakmak enerji titreşiminizi yükseltir ve benim hayatta mutlu olmak için kullandığım en etkili araçlardan biridir. Bununla birlikte, bir başkasının söylediğini "düzeltmek" için pozitiflikten yararlanmak kötü bir dinleyici olduğunuzu gösterir; ayrıca sizin işiniz de değildir.

Aşırı pozitiflik bir tür inkar, gerçeği reddetme veya gerçekle yüzleşememe halidir. Rahatsız edici duygularla yüzleşmek istemediğimiz zaman başvurduğumuz bir yoldur. Başından boşanma veya hastalık geçmiş ya da başka bir tür zorluk yaşamış herkes büyük olasılıkla içinde bulunduğu durum karşısında başkalarının aşırı pozitif bir tavır sergilediklerine şahit olmuştur. Bana ilk kanser teşhisi konulduğunda bir arkadaşım bunun gölge benliğimi keşfetmek için iyi bir fırsat olduğunu söylemişti. İçimden "*Bu tam olarak bu tür bir sağlık sorununa vereceğim ilk yanıt olamaz*" diye geçirmiştim." *Ama gene de istemediğim tavsiyen için teşekkürler!*" Gölge benliğimi keşfetme konusuna karşı olmasam da sırf bir tür *kontrol* hissi yaşayabilmesi için hikayemi zorla ele geçirme / çalma konusundaki ısrarı beni rahatsız etmişti.

Bu tarz müdahaleci aşırı pozitifliğe maruz kılmak epey can sıkıcı olabilir. Sadece şunu bilin ki bu şekilde davranan herkesin (siz dahil), bu çarpık ve kaçıngan kendini koruma mekanizmasına başvurmasının nedeni, acı ya da rahatsız edici durumlarla yüzleşme kapasitesine sahip olmamasıdır.

Kolayca ve zarif bir biçimde sınır çizmeyi öğrenmek ve kendinize saygı duyup gerçek duygularınızı ve düşüncelerinizi içtenlikle söylemek, aşırı pozitifliğin arkasına sığınıp kendinizi korumaya alma ihtiyacını azaltır. Bu yüzden, eğer aşırı pozitif davrandığınızı fark ederseniz, kendinize kızmayın. Farkındalığınız arttıkça, doğrularla hakiki pozitiflik arasında bir denge kurabileceğinize güvenin. Üstelik bu dengeyi tutturduğunuzda, aslınızı da bulacaksınız.

Kendimize Söylediğimiz Yalanları Çürütmek

Sınır belirlemekten kaçınmak için, kendimize söylediğimiz bahaneler ya da düpedüz yalanlar ile kendi davranışlarımızı ya da başkalarının davranışlarını akla uygun hale getiriyoruz. Bu aynı zamanda zor bir konuşma yapmamayı ya da birinin hatasını yüzüne vurmamayı haklı göstermek için bir tür direnmedir.

Kendimize bilinçli olarak yalan söylemiyoruz elbette. Ama gerçeklere dayanmayan bahaneler ve mantıklı kılmalar insanların bizi tanımasına ve bizim de kendi doğrularımızı söylememize engel olabilir. *Eşinizden ev işlerinde size daha fazla yardımcı olmasını istemek yerine işleri tek başınıza yapmanızın daha kolay olduğunu düşünebilirsiniz.* Bu strateji her ne kadar yüzleşmeyi önlemede işe yarasa da içerleme duygusu kolay kolay gitmeyecek ve kalacaktır.

Kendinizi başkalarının pek de mükemmel olmayan davranışları için mazeret uydururken buluyor musunuz peki? Bu örneğin, *"Şu anda işyerinde çok büyük baskı altında ve bu yüzden dün gece bana bağırdı, biliyorum"* ya da *"Bana kırıcı sözler söylediği zaman bunları gerçekten kastetmediğini biliyorum. Şu anda zor bir zamandan geçiyor"* gibi bir şey olabilir.

Bu davranışı tetikleyen şey aynı zamanda misilleme korkusu da olabilir. Yaşadığımız şeyi önemsizleştirir ve kendi kendimize *"Küçücük bir şeyi büyütüyorum galiba"* gibi şeyler söyleriz. Ya da başkalarının bize olumsuz bir gözle bakmasından korktuğumuz için sesimizi çıkartmaktan vazgeçebiliriz. *"İnsan kaynaklarına gidersem, beni olayları büyüten ya da olay çıkartan biri gibi görebilirler"* şeklinde bir düşünce buna bir örnek. Bu tür bir kendinden vazgeçme neredenedavranışı nerede ve hangi konuda savaşacağımızı bilinçli bir şekilde seçmekle aynı şey *değildir*. Kendimize yalan söylemek hayatımızın ve yaşadıklarımızın kontrolünü elimize almaktan kaçınmanın ve çatışma veya yüzleşmeleri en aza indirgemenin bir yoludur.

ÖZET *Olay ya da durumları akla yatkın hale getirmek ve bahaneler üretmek, doğruyu söyleme ve sağlıklı sınırlar belirleme becerimize ket vurur.*

ŞİMDİ SIRA SİZDE:
Kötü Davranışlar İçin Mazeret Uyduruyor Musunuz?

Aşağıdaki sorulara yanıt vererek, başkalarının hangi kötü davranışları için mazeretler uydurduğunuzu tespit etmeye çalışın.

- Başkalarının kabul edilemez davranışlarına karşı *çok* mu anlayışlısınız? Özellikle de zor bir zamandan geçtiklerini ya da zor bir çocukluk yaşadıklarını biliyorsanız. (İçinizdeki empatlara ve aşırı duyarlılara sesleniyorum.)
- Yüzleşmekten kaçınmak için kötü davranışlar için önceden mazeretler uyduruyor musunuz?
- Kabahat işleyen kişinin öne sürdüğü saçma sapan mazeretleri kabul ederek hem onları hem de kendinizi ipten aldığınız oluyor mu? Yani hem onları davranışlarının sorumluluğunu üstlenmek zorunda bırakmıyor hem de siz hakkınızı savunmaktan kaçınmış oluyorsunuz. Duygusal işlevsizliği sürdürmek için kazan-kazan yöntemi.

Bu soruların herhangi birine evet dediyseniz, muhtemelen bu davranıştan vazgeçmeye hazırsınız demektir. Lütfen şu ana kadar yapamadığınız şeye takılıp kalmak yerine, değişme arzunuzu kutlayın. Louise Hay'in dediği gibi *"Güç noktası daima şimdiki andadır."* *

Noktaları Birleştirmek

Bu bölümde epey bir önemli konuya değindik. *Sınır Planınızın* halihazırda sınır konusunda attığınız yanlış adımlarla nasıl bağlantılı olduğunu keşfetmek sizi biraz yormuş olabilir ve bu tamamen normal bir durum. Şimdi derin bir nefes alın ve verin. Yalnız değilsiniz.

Danışanlarımdan tekrar tekrar duyduğum bir şey var ki o da nihayet kendileri için daha uygun ve onları daha güçlü kılacak bir Sınır Planı tasarlayabileceklerini gördüklerinde duydukları derin rahatlama hissi. Alışılmış ve yerleşik dav-

---

* Louise L. Hay, *Düşünce Gücüyle Tedavi* [You Can Heal Your Life] (Carlsbad, CA: Hay House, 1984), 3.

ranış biçimlerimizin bilinçli tercihlere dönüştürülebileceğini bilmek insanı gerçekten rahatlatıyor.

Rachel'ın kendi sınır planını çözüp demode sınır paradigmasının hayatını ve özellikle de ilişkisini nasıl etkilediğini incelemeye başladığı zaman hissettiği şey tam olarak buydu. Bazı anlarda ailesinden miras aldığı işlevsiz sınır kalıplarının fazlalığı karşısında hayrete düşse de artık kendi hayatını düzene sokabileceğini ve değişmeye kararlı olduğunu biliyordu. Bir kontrol listesi doldurup bir sabah her şeyi anlar bir şekilde uyanmadı elbette. Çoğu danışanım gibi, onun da içinden geçtiği süreç, içinde rahat ettiği ve hatta sevdiği ama artık ona uymayan kıyafetlerden parça parça kurtulmak gibiydi. Özgürleştiği an, kendisine söylemekte olduğu yalanları nihayet reddettiği andı: Yani tatmin edici ve karşılıklı bir ilişki için hazır (ve buna layık) olmadan önce belli bir maddi güvence elde etmesinin gerektiği *ve* erkek arkadaşının saygıdan uzak davranışının onun işine geldiği yalanı. Aslında, bilinçaltında erkek arkadaşının bu davranışı işine gelmiyor değildi. (Merhaba, ikincil kazanç!) Ama daha gerçekçi ve özgürleştirici bir seviyeden bakıldığında, durum tam tersiydi.

Cesaretini toplayıp gerçek duygularını tanımladı ve aslında kendisi için kabul edilemez olan bir durumu kabul etme şeklindeki sağlıksız kalıbın içinden çıkmayı başardı. Bu öylesine önemli ki, siz de bunu kendi hayatınızda yapabildiğiniz zaman, diğer kişinin en alt düzeydeki güdü ve davranışlarına ortak olmayı bırakacaksınız.

Rachel sonunda ilişkisini bitirdi ve bunun ardından gelen acıyla yüzleşti. Bu acı onu özgürlüğe götüren yol oldu. Zamanla, ilişkilerinde doğruyu o anda söyleme ve etkili sınırlar çizme becerisini geliştirdi. Bir zaman sonra da bir kreatif direktöre aşık oldu ve hayatında ilk defa birisinin onu gerçekten gördüğünü ve olduğu gibi sevdiğini hissetti. Kendi ruhunuzun bodrumunun derinliklerine dalmak her ne kadar korkutucu görünürse görünsün, aynı özgürlüğe siz de kavuşabilirsiniz.

Bu bölümde keşfettiğimiz şeyleri incelediğinizde, başkalarının davranışlarına takılmak yerine kendinize odaklanmak için bol bol zamanınız ve enerjiniz olacak. İşlevsel olmayan kalıplara sıkışıp kalmak hayat enerjinizi çalar. Umuyorum sadece bu bilgi bile halihazırda davranışlarınızı yönlendiren bilinçdışı inançları ortaya çıkarmak için gerekli motivasyonu size verecektir.

Şimdi doğada bir yürüyüş yaparak veya en sevdiğiniz çaydan bir fincan içerek deponuzu doldurun. Hazır hissettiğiniz zaman, *Tekrarlayan Sınır Kalıplarını* öğrenmeye başlayacağız. Yaşasın!

SINIRLARIN EFENDİSİ İŞ BAŞINDA

1. Farkına Varın. Sinsi Sınır Engelleri günlük hayatınızda *her zaman* ortaya çıkan şeylerdir. O yüzden dikkat edin. Anında evet diyor musunuz? Aşırı verici biri misiniz? Yardım almayı reddediyor musunuz? Kötü davranışlar için bahane mi üretiyorsunuz? Bu kalıpların farkına vardığınız zaman, size özgü *Sınır Engellerinin* ilişkilerinizde nasıl ortaya çıktığının daha çok farkına varacaksınız.

2. Derine İnin: Sınır Planı, Büyük Resim Baskısı. *Sınır Planınızı* tamamen çözmek için biraz zamana ihtiyacınız olacak ama bu *Sınırların Efendisi* olma yolculuğunun *köşe taşlarından* biri. O yüzden bu kısmı atlamayın! Takviminizde özsevgiye bir gün ayırın ve o gün Zen bölgenize gidip rahatça yerleşin. Sonra da kitabın sonundaki "Derine İnin" bölümüne giderek bu önemli çalışmayı nasıl yapacağınıza dair gerekli talimatları okuyun.

BÖLÜM 5

Derine İnmek

Şimdi, O Zaman Değil

Sert ama inanılmaz komik bir travma hemşiresi olan Ashley, bana ilk kez geldiğinde menopozun eseri gece terlemeleri, uykusuzluk ve "herkesten nefret etme" sendromundan mustaripti ve stresi azaltmasına ve uyumasına yardımcı olacak teknikler öğrenmek istiyordu. Sadece birkaç seans geçmişti ki "sürekli yanlış adamları seçtiği" için artık gönül işlerini bıraktığını söyleyerek neredeyse bütün hayatı boyunca işlevsel olmayan ve istismara dayalı ilişkiler yaşadığını itiraf etti. Hemen akabinde de babasının o daha iki aylıkken kendisini, annesini ve ağabeyini terk edip gittiğini söyledi. Öyle pek *"bir paket sigara almaya gidiyorum diye çıkıp hiç gelmeme"* gibi bir durum olmasa da yakın sayılırdı.

Annesine göre, babası başka bir eyalette "harika bir iş" bulduğunu söyleyip kalacak bir yer bulur bulmaz onları da yanına aldıracağına dair söz vermiş. Bir daha kendisinden hiç haber alamamışlar. Hem de hiç. İçgüdüsel olarak, bu travmatik olayla şu andaki stresli halinin ve sınır özürlü ilişki geçmişinin arasında bir bağ olduğunu biliyordum.

Terapiye başladıktan birkaç ay sonra, Ashley'nin *Sınır Planını* çözerken, bana gayet sıradan bir şey anlatırmış edasıyla, sanki çürütülemez bir doğruymuş gibi, babasının onları terk etme sebebini açıklayıverdi. *"Gökyüzü mavidir ve yeni doğmuş bir bebek olarak ailemin yıkılmasına ben sebep oldum."*

"Neden böyle düşünüyorsun?" diye sorduğumda, Ashley omuzlarını silkip *"Yani... Annem öyle dedi"* diye cevap verdi.

Bu bir defa söylense bile tek başına bir yara izi bırakabilecekken, Ashley bütün hayatı boyunca bu acıklı hikâyeyi annesinden sürekli olarak dinlemiş ve annesi neredeyse eline geçen her fırsatta ailenin yıkılmasından bildiğiniz kızını suçlamış. Ağabeyi de aynı fikirdeymiş ve bu hikayeyi sık sık o da pekiştirmiş. Ashley'nin doğumunun babasının evi terk etme sebebi olması sadece bir aile efsanesiydi: Sorgusuz sualsiz kabul edilen sahte doğrulardan biri. Bir bebeğin bir yetişkinin davranışlarından nasıl sorumlu olabileceğini sorduğumda gerçekten şaşırmış göründü. *"Ha? Hiç düşünmemiştim"* dedi.

Bu Ashley'nin en büyük sınırlayıcı inançlarından biriydi.

Sınırlayıcı İnançlar

Sınırlayıcı inançların tohumları, Ashley'ninki gibi çocuklukta atılsa da bunların varlığına ya da davranışlarımızı ve kimliğimizi nasıl etkilediğine dair hiçbir fikrimiz olmayabilir. Benim tecrübelerime göre, bu inançlar bilinçsiz bir şekilde kimliğimizin bir parçası olduğu zaman, derin bir yakınlık kurmak erişilemez bir durum olur. Sınırlayıcı inançlar kendimizi doğru bir şekilde tanımamızı engelleyerek başkalarının bizi gerçekten tanımasını imkansız hale getirir. Şu var ki, hepimiz gerçekten tanınmayı hak ediyoruz.

Bir önceki bölümde, ailemizden ve kültürümüzden miras aldığımız ama farkında olmadığımız şeylerin nasıl rahatsız edici, kafa karıştırıcı ve hiç tatmin edici olmayan ilişkilere, durumlara ve sınırlara neden olduğunu inceledik. Şimdi lastik eldivenleri çıkarma zamanı; çünkü biraz bodrumda temizlik yapmamız lazım. Bu sefer daha detaylı çalışacağız ve *belirli* sınırlayıcı inançların içimize nasıl yerleştiğini ve çocukluktaki acı veren (bilinçdışı) yaşantıların yetişkin hayatlarımızda tekrarlanmasının yolunu nasıl açtığını tanıyacağız.

Bu bir sonraki seviyedeki psikolojik detoks cesaret, merak, Zen bölgesinde zaman geçirme, açık fikirlilik ve hatta biraz da tetikte olmayı gerektiriyor. Söylemeyi sevdiğim bir laf vardır: "*Spor salonuna sadece bir defa giderek hayallerinizin vücuduna kavuşamazsınız.*" Ne kadar isteseniz de.

Benzer şekilde, bodrumumuzda bir dolu çöp varken neyin bastırıldığını ya da incelenmediğini ortaya çıkarmaya kararlı olmalıyız.

Ashley, üstün başarı göstermeye odaklı çalışma disipliniyle bu göreve hazırdı. Tek başına ailesini ve annesinin hayatını mahvettiğine inandırılmıştı. Bu yalan Ashley'nin hayatının geri kalan kısmının zeminini hazırlamış oldu. Böyle bakıldığında, makul sınırları aşan çalışma alışkanlığı, sağlıksız ve toksik romantik ilişkilere çekilmesi ve sürekli aşırı bir teyakkuz halinde yaşama hali mantıklı görünmeye başladı zira kendisini değersiz hissediyordu. Olduğu gibi kabul edilen bu masalı *sorgulamak* bile Ashley için bir şeyleri açığa çıkarmıştı. Artık kendi hapishanesine nasıl iştirak ettiğinin farkına varmaya başlıyordu. Hapisten kaçışı bu sınırlayıcı inancın davranışlarını, seçimlerini ve kimliğini nasıl şekillendirdiğini ortaya çıkararak başlamalıydı.

Sınırlayıcı inançlar ya da çocukluk hikayeleri sadece ebeveynin, öğretmenlerin, bizi büyütenlerin ve toplumun bizimle ilgili söylediği şeylerden kaynaklanmaz. Çocuklar da sık sık zor durumlara bir anlam verebilmek adına bir hikaye uydururlar. Bu yaygın görülen bir durumdur.

İşte bir örnek: Yıllarca farkında olmadan babam için bir hayal kırıklığı olduğuma dair bir inanç taşıdım içimde. Çünkü ben bir oğlu olması için son şansıydım. Bu sınırlayıcı inancın bilincine vardığım zaman, yetişkin hayatımın büyük bir kısmındaki hırsımın değerli olduğumu kanıtlamak adına gizli bir zorlantıdan kaynaklandığını fark ettim. Tam olarak bir seçim sayılmaz. Babam çoktan öldüğü için, dobra biri olan anneme ne düşündüğünü sordum. Ona göre, babam kızları olduğu için hayal kırıklığına uğramış falan değildi; bir oğlan çocuk da istemiyordu. Bunu duymak benim için son derece enteresandı. Çocukken gerçekte yaşadığım darbeyi yumuşatmak adına babamın gerçek duyguları hakkında kendi sınırlayıcı hikayemi yazmıştım. Babamın beni zerre kadar umursamadığını kabul etmektense sorunun cinsiyetim olduğunu düşünmek çok daha az acı vericiydi. Çoğu çocuk nahoş hatta travmatik yaşantılara bir anlam veremediği zaman, aynı benim yaptığım gibi boşlukları doldurmak için kendi hikayesini yazar.

ŞİMDİ SIRA SİZDE:
Sizin Hikayeniz Ne?

Gelin, hemen şimdi sizin sınırlayıcı inançlarınızı çürütmeye başlayalım. Bir an durun ve kendi değeriniz, yapabildikleriniz ya da potansiyeliniz hakkında kendinize anlattığınız ve ilişkilerinizde sağlıklı sınırlar çizebilmenizi engelleyen hikayenizi düşünün.

Son yirmi yıl içinde şahit olduğum sınırlayıcı inançlar listesine bir bakın:

- Sayılarla aram kötüdür.
- Çok hassasım.
- Sürekli yanlış kişiyi seçiyorum (aynı annem gibi).
- Aşkta şanssızım.
- Kötü seçimlerde bulundum. Bu yüzden de başıma geleni hak ediyorum.
- Kendime güvenemiyorum.
- Tamir olamayacak kadar kırılmış durumdayım.
- Herkesin iyi olduğundan emin olmak benim işim. Hayat bu.

Bunların hiçbiri tanıdık geliyor mu? Gelmiyorsa kendi hikayenizi tanımlamak için biraz düşünün ve yazın.

Kendinizi tam olarak ifade etmenizi engelleyen hikayelerin farkına vardığınız zaman, neden bu tür bir inanca sahip olduğunuzu sorgulayabilir ve bu inançtan vazgeçme/bırakma kararı alabilirsiniz. Sonrasında da bilinçli bir şekilde kendiniz ve hayatınızla ilgili doğru olan şeylere odaklanmayı, güçlü yanlarınız ve başarılarınız hakkında konuşmayı öğrenmeyi ve takdiri nezaketle ve şükranla kabul etmeyi seçebilirsiniz.

ÖZET *Sınırlayıcı inançların tohumları çocuklukta atılır ve bu inançlar sınır davranışlarımızı ve özkimliğimizi olumsuz yönde etkileyebilir.*

Sınırlayıcı inançlarımız (bizim oluşturduğumuz ya da miras aldığımız) sorgulanmadığı zaman, bunları doğru kabul ederiz. Bu sözüm ona doğrular faydalı ömürleri tükendikten çok sonra bile bizim zararımıza işlemeye devam eder. Özsaygımızı, özdeğerimizi, yaşam kalitemizi ve ilişkilerimizi olumsuz anlamda etkileme potansiyeline sahiptir. Ashley için durum böyleydi. Benim için de... Ve sizin için de böyle olabilir.

Siz sınırlayıcı inançlarınızın ne olabileceği konusunda düşünmeye devam ederken gelin bu durumlarda neyin "doğru" olduğu konusuna açıklık getirelim. İnsan ilişkileri ve duygular söz konusu olduğunda, hiç kimse doğrular konusunda diğerlerini gölgede bırakacak durumda değildir. Don Miguel Ruiz'in Toltek bilgeliği üzerine yazdığı son derece popüler kitabı *Dört Anlaşma*'nın ikincisi *"Hiçbir şeyi kişisel al(gı)lamayın"* olup* Ruiz'e göre kendi öznel gerçekliğimize o kadar gömülüyüzdür ki başkalarının bizim hakkımızda söyledikleri, bizden ziyade onlar hakkında bir şeyleri açığa çıkartır.

Çocukken bu karmaşık içgörüye sahip olmadığımız için bu yanlış düşünceler beynimize ekilir ve müdahale edilmezse büyümeye devam eder. Psikolog Carl Rogers'a göre, ebeveyn ya da bakıcılar çocuklara *değerli olmanın şartlarını*** yani çocukların sevgi görüp eleştirilmemek için uymaları gereken davranış standartlarını öğretir. Bu yüzden, eğer çocukken anne ve babanız size *"Sen değerlisin"* dedilerse buna inandınız. Aynı şekilde *"Sen değersizsin"* dedilerse de inandınız.

Gelişme çağında olan çocukların hayatta kalmak için mecbur oldukları kişilerden gördükleri adil olmayan muameleleri reddetme ya da onlar tarafından anlatılan şüpheli hikâyeleri sorgulama seçeneği yoktur. Çocuklar zoraki dinleyicilerin

---

* Don Miguel Ruiz, *The Four Agreements* (California: Amber-Allen Publishing, 1997), 38.

** John A. Johnson, *"Agreeing with the Four Agreements"*, psychologytoday.com (29 Aralık 2010). Erişim tarihi: Nisan 2020.

şahıdır. Örneğin, yedi yaşında birinin internetten oda arkadaşı ilanlarına bakmak gibi bir seçeneği yoktur. Bütün kontrol ebeveynimizde ya da bizi yetiştiren kimselerdedir. Kendi işlevsel olmayan öğrenmelerinin farkında olmadıkları zaman, biz çocuklarına açıkça veya üstü kapalı bir halde zarar verici mesajlar verebilirler.

Genç yaşında bir anda iki küçük çocukla bir başına kalmak Ashley'nin annesini epey bir sıkıntılı ve zor bir duruma sokmuştu. Büyük olasılıkla hayatının mahvolmasından suçlayacak birine ihtiyacı vardı. Ashley, bebekliğinden bu yana, annesinin acısını, öfkesini, duyduğu aşağılanma ve hayal kırıklığını yansıtabileceği uygun bir hedefti. Ona bakan tek kimse olan annesinin söylediklerini sorgulamak küçük Ashley'nin aklına bile gelmezdi. Her çocuk gibi o da hayatta kalmak için annesine bağımlıydı ve ona güveniyordu.

Çocukken "doğru" olarak bellediklerinizin/çocukluk "doğrularınızın" öznel doğasını ortaya çıkarıp anlamanız son derece önemlidir; zira kendinizle ilgili daha iyi ve daha kapsayıcı hikâyelere ve/veya inançlara imkân kapılarını açacak olan şey işte bu anlayıştır.

Ashley'nin günah keçisi ilan edilmesine dair duygularını işlemeye devam ettik. (Gönülsüzce başkaları için kendini feda etmek diye buna denir işte!) Ashley bilinçdışında güvenli bir şekilde saklanmış haldeki öfke, üzüntü ve kayıp gibi duygularla temasa geçmeye başladı. Birlikte dünyaya gelmeyi kendi seçmemiş bir bebeğin anne ve babasının ayrılığından sorumlu tutulamayacağını kabul ettik ve kendisiyle ilgili sınırlayıcı inançlarını incelemeye devam ederek ve hiç yaşamadığı çocukluğunun yasını tutarak çocukluk yaralarını onurlandırıp iyileştirmeye odaklandık.

Doğrularınız, Sadece Sizin Doğrularınız

Ashley'nin salt varlığının babasının tüm aileyi terk etmesine sebep olacak kadar kötü olduğuna dair bilinçdışı inancı kendisini değersiz, suçlu ve utanç içinde hissettiriyor; bu duygular da onu iş ve özel hayatında mutsuz ve yıkıcı durumlara sürüklüyordu. Kendisine meslek olarak seçtiği acil tıp hemşireliği her gün kaos ve yoğunluğun olağan olduğu bir alandı. Kendisinden beklenen sürenin neredeyse iki katı çalışmayı seçmişti; hem de Manhattan'ın en yoğun birinci seviye travma merkezlerinden birinde. Haftada üç kez on iki saatlik nöbetlerin standart olduğu ve fazla mesai seçeneğinin bulunduğu bir ortamda Ashley bu tempoda genellikle beş-altı gün çalışıyordu. Bu planlı bir şeydi.

Hayat memat meselelerinin içine gömülmek kendi hakkında düşünmekten kaçınmanın etkili bir yoluydu. Burada ayrıca kendinden vazgeçiş de vardı: Ashley kendi ruhsal ve bedensel sağlığını çok az düşünüyordu. Silahla yaralanmalar, araba kazaları ya da beyin travmaları gibi durumlar her zaman kendi gereksinimlerinin önüne geçiyordu. İşi gerçekten onun için mükemmel bir seçimdi. Sanki işlediğine *inandığı* bir suçun cezasını bilinçsizce çekiyor gibiydi.

Duyduğu suçluluk hissi ve utanç bütün kararlarını ve ilişkilerini yönlendiriyordu. Kaçınılmaz bir biçimde kapıldığı istismarcılarla bilinçsiz bir şekilde suç ortaklığı yapıyordu; çünkü derinlerde bir yerde, içinden bir şey bunu hak ettiğine inanıyordu. Menopoz dengeyi bozan durum oldu sadece. Uykusuzluk yüzünden o ağır tempoya artık daha fazla dayanamayınca bana gelmeye mecbur kaldı. Ve işte o zaman kendisini ne kadar cezalandırırsa cezalandırsın ya da ne kadar aşırı çaba gösterirse göstersin, annesinin olayları ya da kendisini algılayış biçimini değiştiremeyeceğini fark etmeye başladı.

> **ÖZET** *Çocukken "doğru" olarak bellediklerinizin / çocukluk "doğrularınızın" öznel doğasını ortaya çıkarıp anlamak kendinizle ilgili daha iyi ve daha kapsayıcı hikayelere ve/veya inançlara imkan kapılarını açar.*

Tekrarlayan Sınır Kalıpları

Ashley'nin sınırlayıcı inançlarının öz değerine nasıl zarar verdiğini tespit ettik ama düzensiz sınır hikâyesi bu kadar değil. Ashley'nin hem özel ilişkilerinde hem de hastalarına olan aşırı düşkünlüğünde *Tekrarlayan Sınır Kalıpları* olarak adlandırdığım, erken çocukluk yaşantılarını (yani onları terk eden babasının ve istismarcı annesinin yaşattıklarını) şimdiki hayatında bilinçsizce yeniden canlandırdığı durumlar vardı. Bir yetişkin olarak her ne kadar bilinçli olarak hiç istemediği bir şey olsa da bilmeyerek hayatının ilk yıllarında yaşadıklarını yansıtan ilişkiler ve yaşam biçimlerini arayıp bulmaya devam etmişti.

Bu anlattıklarım belki tanıdık gelebilir. Hiç aynı *yanlış* ilişkiyi defalarca tekrarlıyormuşsunuz gibi hissettiğiniz oldu mu? Bu örneğin, aynı ulaşılmaz/otoriter/sorumsuz/işsiz/kontrolcü (buraya istediğiniz kötü sıfatı ekleyebilirsiniz) kimselerle çıkmak olabilir. Ya da sürekli olarak berbat veya narsist patronlara denk gelebilirsiniz. Veyahut da yakın arkadaşlarınız tarafından reddedilmeye ya da ihanete uğramaya devam edebilirsiniz. Anladınız işte.

Bu sinir bozucu, hayal kırıklığı yaratan sizin *Tekrarlayan Sınır Kalıplarınızdır*. İlişkilerinizde anneniz gibi bütün çabayı sizin *göstermeyeceğinize* ya da anne ve babanız gibi atışmalı bir evliliğinizin *olmayacağına* yemin etmiş olsanız da gelin görün ki sonunda bütün hayatınız boyunca kaçınmaya çalıştığınız aynı diş gıcırdatıcı duyguları yaşayıp dururken bulursunuz kendinizi.

Kendinizi aynı istenmeyen sonuçlara yol açan, aynı tatmin edici olmayan ilişkileri tekrarlayıp dururken bulmak hem şaşırtıcı hem de iç karartıcı olabilir. Ama güvenin bana, yalnız değilsiniz. Ya da deli veya hayatta başarısız olmuş birisi. İstenmeyen yaşantıları tekrarlamaya yönelik bilinçdışı zorlantı yaygın görülen bir durum olsa da bilgi, çaba ve yol göstermeyle yüzde 100 tedavi edilebilir.

Buradan anne-babalarımıza ya da bizi yetiştiren her kimse onlara teşekkür edelim. İşlevsel olmayan şeylerin yanı sıra bize öğrettikleri ve gösterdikleri iyi olan her ne varsa onları da tekrarlıyoruz. Her iki gerçeği, iyi ve kötüyü, aynı anda kabul etmek zor olabilir. Aslında başkalarının bakıcılığını üstlenmeye meyilli çoğu insan kendisini, iyilik ve mutluluğu pahasına olsa bile ebeveynini (ve kendi ebeveynliklerini) iyileştirmeye mecbur hisseder. Bazıları da olumsuz yaşantı ve duyguları kabullenmenin kendilerini duygusal anlamda özgürleştirdiğini fark ederler. Çünkü bu sayede iyi ve olumlu olan şeyleri daha bir içtenlikle takdir edebilirler. Herhangi bir noktada kendinizi kötü, suçlu veya nankör hissederseniz, hemen durun ve Zen bölgenize gidip yerleşin. Bir nefes alın, bir mum yakın ve hissettiklerinizi günlüğünüze yazın. Unutmayın ki yaşadığınız şeyler geçerlidir. *Her ne hissediyorsanız öyle hissetmeye hakkınız var.*

Sadece bu da değil. Bu duyguları hissetmeniz de son derece önemli. "Grup düşüncesi"ni talep eden çok iç içe geçmiş bir aile düzeninde büyüdüyseniz (yani bağımsız düşünmekten caydırıldıysanız), gerçek duygu ve tepkilerinizi, grubunkilerden farklı olması durumunda, içinize gömmeyi öğrenmişsinizdir.

Ancak yaşadıklarınıza ve gerçek duygularınıza sahip çıkarak iyileşebilirsiniz. İçinizdeki yetişkin muhtemelen anne ve babanızın sizi neden hayal kırıklığına uğrattığı konusunda mantıklı açıklamalar bulmaya çalışıyor ve mazeretler ileri sürüyor. (Sizi hayal kırıklığına uğrattıklarını bilmem için onları *tanımama* gerek yok; çünkü onlar da herkes gibi hataları olan insanlar.) Gerçekte doğru olan her neyse ona öncelik vereceğiniz an işte bu an. Gelin, şimdi hepimizin anne babalarının o an sahip oldukları farkındalıkla ellerinden gelenin en iyisini yaptıkları konusunda anlaşalım. Cömert olacağız ve eğer ellerinden daha iyisi gelebilseydi, bunu yapacaklarını varsayacağız.

Çocukluk yaşantılarınıza geri dönmenin amacı kimseyi kınamak *değil*, tam tersine anlamaya çalışmaktır. Ayrıca (eğer hâlâ hayattalarsa) anne ve babanızın şu andaki resmini o zamanki resminden ayrı tutmaya istekli olmanız gerekir. Örneğin, on yıl önce alkolü bırakmış bir ebeveyniniz olabilir. Süper! İçgüdüsel olarak bir alkoliğin çaresiz çocuğu olarak yaşadıklarınızı bir kenara itip başardıklarına bakmak ve bunları kutlamak isteyebilirsiniz. Ama on yıldır ağzına alkol sürmemiş olması kimin zerre umurunda değil, biliyor musunuz? Onu sabahın beşinde, evin önünde, hâlâ çalışır haldeki arabanın içerisinde uyur halde bulan ve sanki bütün ailenin sorumluluğu çocuk omuzlarına yüklenmiş gibi hisseden on iki yaşındaki siz. *O* çocuğun ilgiye ve şefkate ihtiyacı var.

ÖZET *Tekrarlayan Sınır Kalıpları aktif olduğu zaman, sanki her birimizin içindeki çocuk bu sefer daha iyi sonuçlanması için onu hayal kırıklığına uğratan, acılı veya travmatik bir çocukluk yaşantısını umutsuzca yeniden yaşamaya çalışıyor gibidir. Yeni beceriler veya bilgiler olmadan, daha iyi bir sonuç elde etmek pek olası değildir.*

İçinizde hâlâ sizde güçlü duygular uyandıran bir çocukluk yaşantınız var mı? Güçlü duygular uyandırmasının sebebi kısmen hiç irdelenmemiş olması -ki bu yüzden hâlâ bir şekilde davranışlarınızı etkilemeye devam ediyor. Ne kastettiğimi anladınız mı? Aynı zamanda içerleme duygusu taşıdığınızı da fark edebilirsiniz. Bunun farkına varıp kabul etmek ve serbest bırakmak çok önemlidir. *Sınırların Efendisi* olmanın koşullarından biri *bütün* yaşadıklarımıza sahip çıkmaktır; çünkü hayatınızda ilk defa, sadece *sizi* ilgilendiren bir durum bu.

Déjà Vu, Sil Baştan

Tekrarlayan Sınır Kalıpları kavramının ilham kaynağı Freud'un "olayların önceki haline dönme arzusu" olarak tanımladığı *tekrarlama/yineleme zorlantısı* kuramıdır.* Bu kuram, insanların acı verse de alışık oldukları şeylerin rahatlığını araması fikrine dayanır. Olumlu, tehlikesiz ya da düpedüz yıkıcı olsun, yaşantıları tekrar etmek insanın doğasında vardır.

Ofisime gelen birçok danışanımda işlevsel olmayan sınır kalıplarını yeniden yaratmaya yönelik bilinçdışı bir zorlantı olduğunu tekrar tekrar görmüşümdür. Çocukken sert ve mükemmeliyetçi annesinden korkan bir kadın, kendisini asla memnun edemeyeceği kontrolcü insanlarla ilişki yaşarken

---

* Kristi A. DeName, "*Repetition Compulsion: Why Do We Repeat the Past?*", psychcentral.com/blog (8 Temmuz 2018). Erişim tarihi: Nisan 2020.

bulabilir ya da amcası tarafından tecavüze uğrayan bir kadın, ona saygı duymayan adamlara çekilerek kendisinde gerçekten bir sorun olduğuna dair inancını teyit edebilir. Bir terapist olarak danışanlarımın halihazırda yaşadıkları ve tekrar eden sorunları, dikkat etmemizi gerektiren asıl yaraların yerini tespit etmek için bir harita gibi kullanıyorum ki bu sayede yıkıcı sınır kalıplarından kurtulabilsinler.

Bilinçli zihin açısından bakıldığında, geçmiş yaşantıları yeniden yaratma olgusu mantıksız gelebilir. *Acı veren ama bilindik bir durumun sağladığı rahatlık, nasıl olur da bilinmeyen bir duruma üstün gelebilir ki?* Ama olaya bilinçdışı zihnin bakış açısından bakıldığında, tekrarlama / yineleme zorlantısı gayet mantıklıdır; bu zihnimizin daha iyi bir sonuç elde etmeyi ummasının bir yoludur. Tekrarlayan Sınır Kalıpları aktif olduğu zaman, her birimizin içindeki çocuk onu hayal kırıklığına uğratan, acılı veya travmatik bir çocukluk yaşantısını umutsuzca yeniden yaşamaya çalışıyordur.

Tekrarlama şekli zararlı ve yıkıcı olsa da bu dürtünün içerisinde kendi kendini iyileştiren sevginin tohumu saklıdır.

Hiç kötü bir ilişki içerisindeyken "*Bu sefer farklı olacak*" diye düşündüğünüz oldu mu? Üstelik sizin bu yöndeki arzunuzun dışında, böyle olmasını gerektirecek hiçbir sebep ya da kanıt olmadan. Biz insanlar gayet umut dolu canlılar olabiliyoruz. Ama gerçeği söylemek gerekirse, bodrumunuzda pusuya yatmış toksik maddelerin farkına varmadan, kötü sınır kalıbının çocukluğunuzun neresinde ortaya çıktığını net bir şekilde anlama olasılığınız pek yoktur. Üstelik bu tür bir anlayış olmadan, daha iyi bir sonuç elde etmek için gerekli becerileri geliştirme ihtimaliniz de son derece uzaktır. Neyse ki bir sonraki adımda neyi, neden tekrarlayabileceğinizi tespit edeceğiz.

Açıklık Getirecek Üç Soru

Biraz daha iyi habere hazır mısınız? Geçmişinizin şimdiki durum ve ilişkilere nasıl müdahale ettiğini anlamak aslında nispeten basit bir süreç. Tek yapmamız gereken duygularımızı takip ederek günümüzdeki çatışmalarla eski yaralar arasındaki noktaları birleştirmek. Evet, bugünkü istenmeyen duygularınızın kökeninin kabul edilmemiş ya da işlenmemiş eski duygularınızın olması oldukça muhtemel. Bunun için yapmamız gereken şey biraz sonra açıklayacağım ve konuya açıklık getirecek olan üç basit soruyu sormak.

Örnek vermek için, size yirmi sekiz yaşındaki danışanım Sandy'nin öyküsünü anlatacağım. Bir hukuk bürosunda asistanlık yapan Sandy "tam bir zorba" olarak tanımladığı bir iş arkadaşıyla giderek alevlenen çatışmalar yaşıyordu. Artık çıldırma noktasına gelen Sandy bu duruma haftalardan beri kafa yoruyor ve uykuları kaçıyordu. Bir gün iş arkadaşına patlamaktan ve bunun sonucunda da işini kaybetmekten korkuyordu.

Sandy'nin mesleki geçmişini incelerken bir kalıp ortaya çıkmaya başladı. Son çalıştığı birkaç işyerinde her zaman enerjisini ve duygularını gasp eden bir kadın düşman figürü olduğunu gördük.

Bu deneyimi bir değil, iki değil ama üç kez yaşamış olması önemliydi. Bilinçsiz bir şekilde eski bir dinamiği tekrar tekrar canlandırdığını hissettim. Ona bu tekrarlayan kalıp hakkında ne düşündüğünü sorduğumda, bana cevabı *"Yapma, Terri! Bu tarz şeyler, eminim herkesin başına geliyordur"* oldu.

Aslında, hayır. Gelmiyor.

Ona önce bu kadınlardan herhangi birinin ona birini anımsatıp anımsatmadığını sordum. Dudağını ısırarak *"Bilmiyorum"* dedi. (İlk soru: Bu kişi bana kimi hatırlatıyor?)

Sonra da daha önce ne zaman bu şekilde hissettiğini söyleyip söyleyemeyeceğini sordum. (İkinci soru: Daha önce nerede böyle hissettim?)

Son olarak da bu kadınlarla etkileşim biçiminde ona tanıdık gelen bir şey olup olmadığını sordum. Bu davranış dinamiği ona ne açıdan tanıdık geliyordu? (Üçüncü soru: Bu davranış dinamiği bana ne açıdan tanıdık geliyor?)

Son soru '*evreka*' anı yaşattı.

"Aman Tanrım!" diyerek cevap verdi. *"Hepsi de ablam Liz'e benziyor. Görünüş olarak kastetmiyorum ama her biri kendi rahat-*

sız edici tarzında bana onu hatırlatıyor. İstediğini almak için beni ezen buyurgan bir zorba."

İşte bu! Bu üç soruya verdiği yanıtlar sayesinde, Sandy'nin geçmiş ilişkilerinin izini sürerek şu anda içinde bulunduğu durumun bilinçdışı kökenini bulduk.

Sandy'nin yaşamakta olduğu şey, psikolojide *transferans*, yani *aktarım* olarak açıklanabilir. Aktarımda, bir kişi veya duruma karşı gösterdiğiniz aşırı tepkinin sebebi aslında geçmişteki benzer ama çözümlenmemiş bir yaşantıdan kaynaklanır ve bu tetiklenme ve verilen tepki bilinçdışı düzeyde gerçekleşir. Bu, Sandy'nin halihazırda yaşadığı şeyin hayal ürünü olduğu anlamına gelmiyor. Daha ziyade, (kendi fikrine göre) bu kontrolcü veya kendisinde hak gören kadınlara vermiş olduğu aşırı tepki, ablası ile çocukluğunda yaşamış olduğu, acı veren ve çözüme kavuşturulmamış duygularından kaynaklanıyordu. Bu bir nevi bilinçsizce eski yaşantıları tekrarlama çabası, ama yanlış kişilerle...

Örneğin, bir Broadway yapımcısı seçmelerde şahane performans gösteren bir oyuncuyu sırf ona korkunç eski eşini hatırlattığı için sevmeyip eleyebilir.

Ya da otoriter patronunuz size cezalandırıcı ebeveyninizi hatırlattığı için, onu her gördüğünüzde korkudan sinebilirsiniz. Şu andaki tepkinizi, eski bir yaranın iyileşmemiş acısı ya da çözümlenmemiş duyguları tetikliyordur. Bu tıpkı bilmeden bir zaman makinesine atlayıp duygular geçmişine yolculuk etmeye benziyor. Bu durumun, karar verme, etkili iletişim kurma ve sağlıklı sınırlar belirleyip koruma becerilerinizi nasıl baltalayıp karmaşık hale getireceğini görebiliyor musunuz?

ÖZET *Ancak yaşadıklarınıza ve gerçek duygularınıza sahip çıkarak iyileşebilirsiniz.*

Sandy'nin yaptığı aktarımın kökenini anladığımıza göre, artık seanslarda zamanımızı ve enerjimizi nereye yönlendirmemiz gerektiğini biliyorduk: Çocukken dediğim dedik ablasıyla olan ilişkisinin yol açtığı yaraları işlemeye ve pasif hale getirmeye/söndürmeye. Bu süreç tamamlandığı zaman, Sandy'nin artık işyerinde düşmanı kalmamıştı. Şaka yapmıyorum. Bodrumunda yer alan ve üzerinde *"Asıl düşman Lizzy"* adını verdiğimiz kutuları açtığımız üç seans sonrasında artık işyerindeki Betty'nin nasıl bir zorba olduğundan bahsetmeyi tamamen bırakmıştı. Aslında Betty aynı Betty idi ama Sandy değişmişti. Ablasıyla yaşadığı bastırılmış ve acı veren deneyimleri anlatarak ve sahiplenerek artık Betty'yi ablasının yerine koyup tepki vermesine gerek kalmamıştı. Bu basit süreç sizde de gayet etkili bir şekilde işe yarayabilir.

Mevcut sorunlarla geçmişteki çözümlenmemiş çatışma veya yaraların arasındaki noktaları birleştirmek, daha büyük bir farkındalıkla kararlar almanıza ve seçimler yapmanıza yardım edebilir. Her şey duygularınızı takip etmekle alakalı. Halen yaşamakta olduğunuz ve tekrarlayan bir çatışmanın size hissettirdiği şey, büyük olasılıkla çocukken yaşamış olduğunuz acı bir deneyimde hissettiklerinizin bir yansımasıdır. Aktarım yaparken kendinizi eski ama güçlü/sönmemiş tepkilerin sancısını çekerken bulursunuz. Amaç bunun farkına yeterince varmak ve içinizde boş bir alan yaratmaktır; bu sayede içgüdüsel tepkiler vermek yerine, şimdi ve şu anda farkında olarak yanıt verip sınırlarla ilgili olarak bilinçli kararlar alabilirsiniz.

ŞİMDİ SIRA SİZDE:
Üç Soru Yöntemini Nasıl Kullanacaksınız?

Üç soru yöntemi, geçmişin bugünü olumsuz yönde etkileyip etkilemediğini hızlıca ortaya çıkarmak için kullanılan, denenmiş ve etkililiği kanıtlanmış bir yöntem olup son derece basittir. Hemen şimdi deneyin ki ileride ihtiyacınız olduğunda hemen uygulayabilesiniz. Aklınıza tekrarlandığını düşündüğünüz ya da size tanıdık gelen bir çatışmayı getirin ve kendinize şu soruları sorun:

1. Bu kişi ya da durum bana kimi hatırlatıyor?
2. Daha önce nerede böyle hissettim?
3. Bu davranışsal veya durumsal dinamik bana ne açıdan tanıdık geliyor?

Bu üç soruyu sorduktan sonra aktarımın daha derinine inmek için kendinize şu soruyu sorabilirsiniz: Çatışma yaşarken, kendimi reddedilmiş hissederken veya bir ilişkide sorun yaşarken ben (sembolik olarak) kim oluyorum, onlar kim oluyor?

Örneğin, on yaşındaki halinize döndüğünüzü hissedebilirsiniz; patronunuz da cezalandırıcı ebeveyninizi temsil ediyor olabilir. Bu soruya vereceğiniz yanıt, farkında olmadan taşıdığınız (ve tekrarladığınız) geçmiş yaralara dair farkındalığınızı daha da artırarak iyileşme fırsatınızı çoğaltabilir.

Görmek, İyileşmektir

Kazandığı yeni farkındalık sayesinde, Ashley yetişkin hayatında ilk defa fazla mesai yapmayı bıraktı. (Dediğine göre, haftada beş değil de sadece üç defa on iki saatlik vardiyalarda çalışmak ona bir "tatil" gibi gelmiş.) Geçmişin tetiklediği davranış kalıplarını nasıl etkisiz hale getireceğini öğrenerek, sınırlayıcı inançlarından yavaş yavaş kurtuldu.

Bu süreç kendisine gerçek anlamda nasıl iyi bakacağı konusunu bilinçli bir şekilde ele almasına ve özdeğerini artırmasına da olanak sağladı. Günde beş saatten fazla uyumaya, yoga yapmaya, daha iyi beslenmeye ve kendisini duygusal anlamda boşaltıp rahatlattığını söylediği seramik kursuna zevkle gitmeye başladı.

Sınırlayıcı inançlarını inceleyip sorgulamak ve sonunda reddetmek, Ashley'nin imajını da derinden değiştirdi ve kendisini özbakımına özen göstermeye değer biri gibi deneyimlemeye başladı. Aynı zamanda ilaç kullanmadan menopoz belirtilerini de kontrol altına aldık. Haftalık seanslarımızın yanı sıra Ashley her gün meditasyon yapmaya ve mevcut sorunları kontrol altına alındıktan çok sonra da haftada bir enerji koçuna gitmeye başladı. Ashley için gereken şeyin önlem ve bakım olduğu ortaya çıktı. Muhtemelen sizin için de aynı şey geçerli.

Aradan uzun yıllar geçmesine rağmen, Ashley'nin ilk seramik dersinde benim için yaptığı (ve su tutmayan) yamuk vazoyu hâlâ saklarım. Bu vazo bana sadece bilinçdışı inançların derinine dalmanın getirdiği hakiki dönüşümü hatırlatmakla kalmıyor; aynı zamanda acılardan kurtulmanın ve sürdürülebilir değişimin mümkün olduğu gerçeğinin de somut bir kanıtı.

ÖZET *Bodrumunuzu (bilinçdışı zihninizi) bozuk verilerden ve sınırlayıcı inançlardan temizlediğinizde, olumlu ve üretken düşünce ve davranışların tohumlarını ekmek için daha çok yeriniz olur.*

Zamanla elinizdeki seçenekler sizin için çok daha net bir hale gelecek. Çocukken bir seçeneğiniz yoktu ama çok şükür, artık o günler *geride* kaldı. *Yaşasın!*

Farkındalığı artmış bir yetişkin olarak ne düşündüğünüz, nasıl hissettiğiniz, doğrularınızın ne olduğuna ve ne olabileceğine dair seçenekleriniz var. Bu, bütün hayatınız boyunca sahip olduğunuz en özgürleştirici ve insanın aklını başından alan farkındalıklardan biri olabilir. Bodrumunuzu temizlediğinizde olumlu ve üretken düşünce ve davranışların tohumlarını ekmek için daha çok yeriniz olacak.

Sonra bir bakmışsınız ki yeni normalinizi bilinçli bir şekilde siz tasarlamışsınız. Artık o koruyucu eldivenleri çıkarıp kendi kendinize ufak bir dans partisi verebilirsiniz. (Müzik gelsin ve konfetiler serpilsin!)

Şimdi bir saniye durup bu ilk beş bölümde ne kadar ilerleme kaydettiğinize bir bakın ve kendinizi tebrik edin! Sağlıklı sınırlar, eş bağımlılık, etkili ve etkisiz iletişim, miras aldığınız sınır kalıpları, sınırlayıcı inançlar *ve* bunlardan nasıl kurtulacağınız hakkında epey bir bilgi edindiniz. Az bir şey *değil* bu. Farkındalığınız arttı ve bu çok büyük bir başarı. Bundan sonra *Sınırların Efendisi* yolculuğunuzun odak noktası, gerçek bir değişim sağlamak ve eşi benzeri olmayan harika hayatınızın kontrolünü daha fazla elinize almak için bu yüksek farkındalığınızdan nasıl yararlanabileceğiniz olacak.

SINIRLARIN EFENDİSİ İŞ BAŞINDA

1. Farkına Varın. Bir etkileşim esnasında veya hemen akabinde kendinizi ne zaman fazla incinmiş, kızgın, korkmuş ya da canı sıkkın hissettiğinize dikkat edin. Bu anları, olası aktarım tepkilerini ortaya çıkarmak için kendinize üç soruyu sorabileceğiniz fırsatlar olarak değerlendirin.

2. Derine İnin: İçerleme Envanteri. İçerlediğiniz durumları ortaya çıkarıp kabullenmek iyileşme sürecinin değerli bir parçasıdır. Kitabın sonundaki "Derine İnin" bölümüne giderek içerlemelerinizden kurtulmak için basit ama etkili olan bir alıştırmayı yapın.

KISIM 2

Yeni Normali Yaratmak

BÖLÜM 6

ÜÇLÜ YANIT YÖNTEMİ

Farkına Var-Bırak-Yanıt Ver

"*Artık daha fazla katlanamıyorum!"* diye bağırdı Magdalena, cuma günkü seansına gelir gelmez kendini koltuğa atarak. Otuzlu yaşlarında, işinde son derece becerikli bir mali danışmandı kendisi. İşi konusunda nadiren canı sıkılırdı. Bu yüzden de hissettiği öfkenin meslek hayatıyla ilgili olmadığına dair bir his vardı içimde. Magdalena etine dolgun bir kadın olup sık sık bununla ilgili sokaktaki adamlardan yorumlar duyar ve bakışlarına maruz kalırdı ki terapi seanslarımızda bu sıkça konuştuğumuz bir konuydu.

"Ne oldu?" diye sordum ona.

Magdalena iç çekerek bana sokakta yürürken bir şantiyenin önünden geçtiğini ve o esnada alışık olduğu ıslık ve laf atmalara maruz kaldığını anlattı. *"Ooooo, yavrum! Salla bakalım o kalçaları."*

"Terri" dedi, başını sallayarak ve gayet gergin bir şekilde. *"Benim hiçbir şeyi salladığım falan yoktu. Bir randevuma geciktiğim için acele acele yürüyordum o kadar. Neden ben de normal bir insan gibi bu tarz dikkat çekmeden işime gücüme gidemiyorum?"*

"Bu sefer ne oldu da sana farklı geldi? Neden 'artık daha fazla katlanamıyorum' dedin?" diye sordum.

"Bilmiyorum. İçimde bir şey koptu sadece" diye yanıt verdi.

Magdalena daha sonra bana bu istenmeyen ilgi yüzünden randevu yerine sadece dört blok kalmış olmasına rağmen en yakın giyim mağazasına girip dizlerine kadar gelen bir "büyükanne" kazağı aldığını söyledi.

Bu ani alışveriş vücut hatlarını daha az belirgin hale getirmiş olsa da randevusuna gecikmesine de sebep olmuş.

Bu tarz şeyler Magdalena'ya sürekli olurdu. Şahsen ben onu çok güzel buluyordum ama Magdalena farklı düşünüyordu ki önemli olan da buydu. Çocukken her zaman zayıf olan bir ablası varmış ve kuzeninin artık ona küçük gelen otuz dört beden kıyafetleri postayla evlerine geldiğinde, Magdalena kırk dört beden haliyle hep sırıtan taraf olurmuş. Ailesinden hiç kimse ona bedeni hakkında kendisini kötü hissettirmeye çalışmamış olsa da annesinin yemek zamanı *"Artık doymadın mı?"* tarzı şeyler söyleyip ne kadar yediğine baktığını fark etmesi zor olmamış. Ortaokuldayken göğüsleri erken geliştiği için akranları tarafından dalga geçilmiş. Bu da bir ömür boyu sürecek saklanma isteği uyandırmış onda.

Magdalena ofisime geldiğinde "çok iri" olduğuna dair kesin bir inancı vardı. Olumsuz beden imgesinin düşük özdeğer duygusuna neden olduğu açıkça görülüyordu. Bunun sonucunda, sokakta sık sık karşılaştığı bu istenmeyen durumlar onda cidden bir sorun olduğuna dair inancını pekiştirmişti. Her yeni *"N'aber, seksi şey!"* lafını duyduğunda utancı daha da artıyordu. Bir şantiyeden daha başı öne eğik, göğsünde keskin bir ağrı hissiyle koşar adım uzaklaştıktan sonra bile kendisini berbat hissetmeye devam ediyordu.

Sokakta erkeklerin ona laf atmasından hoşlanmadığı için onu suçlamadım doğrusu. Ama böyle anlara daha farklı yaklaşmayı tercih edebileceğinin ve daha da önemlisi, kendi değeri ve öz imgesi hakkında daha olumlu ve onaylayıcı şeyler düşünebileceğinin farkına varmasını ümit ediyordum.

"Daha iyi bir yolu olmalı!" diye bağırdı.

Magdalena gibi sinir bozucu durumlar karşısında artık taşma noktasına gelen herkes için gerçekten de daha iyi bir yol var. Bu başkalarının sözlerini ya da davranışlarını kontrol edebileceğimiz anlamına gelmiyor. Bunu genelde yapamayız.

Ama farklı yanıt vermeyi ve diğer insanların yargılarını içselleştirmemeyi kesinlikle öğrenebiliriz. *Farkına Var-Bırak-Yanıt Ver* geçmiş yaşantılara dayanarak veya normal ve sağlıklı olmayan bir şekilde tepki verdiğimizin *farkına varmayı* öğrenmek için kullanılan üç parçalı bir strateji olup aynı zamanda olabilecek herhangi bir aktarımı ve fiziksel belirtileri serbest *bırakmaya* ve olmasını istediğimiz şeye dayanarak farkındalıkla *yanıt vermeye* de yardımcı olur. Bu üçlü strateji, yeni davranış normları oluşturmamızı sağlar.

Bu yöntemin nasıl işe yaradığını ayrıntılı bir şekilde görmeden önce, gelin yeni davranış normları oluşturmaya nörolojik olarak nasıl programlandığımıza (evet, bu doğru!) ve aynı zamanda sınır davranışlarımızla ilgili önemli bilgiler elde etmek üzere bedenimizin bilgeliğinden nasıl faydalanabileceğimize de bir bakalım. Bedenin bilgeliği, tekrarlayan bir sınır kalıbının ortasında olup olmadığınızı ya da bu kalıbı tekrarlamak üzere olup olmadığınızı fark etmenin ayrılmaz bir parçasıdır.

Yaşlı Beyninize Yeni Numaralar Öğretebilirsiniz

Uzun zamandır süregelen davranış kalıplarını değiştirmek epey ürkütücü gelebilir. Önceki bölümlerin amacı alışılagelmiş davranışlarınızı yönlendiren bilinçdışı faktörlerin farkına varmanıza yardımcı olmaktı; ama farkındalık tek başına yeterli olmaz. Davranışlarınızı bir kereliğine değiştirmek de yetmez. *Sürekli olarak* değiştirmeniz gerekir. Bu davranış kalıplarının çoğu çok uzun zamandır var olduğu için değiştirmesi biraz vakit alacaktır. Ama istediğinizi elde etmek bütün bu çabaya değer.

Sürekli olarak daha sağlıklı seçimler yapmak adına çaba göstermenin iyi bir sebebi var. Nörobilim bunun nedenini açıklamaya yardımcı oluyor.

1960'lı yılların sonuna kadar beyin uzmanları beynin tam gelişimini çocukluk çağında tamamladığına, beynin yaşlanana kadar sabit kaldığına ve sonrasında da bilişsel işlevlerde kaçınılmaz bir bozulma başladığına inanıyordu. Günümüzün bilimine göre durum böyle değil. Elli yıl önce beyin üzerinde çalışan bilim insanları oyunu tümden değiştiren bir gerçeği ortaya çıkardı: beynin değişip uyum sağlayabileceği gerçeğini. Yaşlı bir beyne yeni numaralar *öğretebilirsiniz.* Aslında beyinde yer alan ve yaklaşık yüz trilyon kadar olduğu tahmin edilen sinir bağlantıları yaşadığımız şeyler sayesinde her gün biçimlenip potansiyel olarak değişime uğruyor.* Buna da nöroplastisite adı veriliyor.

Bizi üzgün, kederli, sinirli ve umutsuz hissettiren alışkanlıklarımızı ve alışkın olduğumuz kalıpları sürdürdüğümüz zaman tek yaptığımız şey eski saçmalıklarımıza saplanıp kalmak oluyor. Ama böyle olması gerekmiyor. Uyumlu ve istikrarlı çaba göstererek, daha esnek ve yaratıcı hale gelmek için sürekli değişmekte olan beynimizi kullanmayı seçebilir ve bu sayede sağlık ve mutluluğumuzu katlanarak artırabiliriz.

Fark Yaratan Adımlar Atmak/Fark Yaratmak İçin Harekete Geçmek

Magdalena'nın değişmesi gerekiyordu. Artık dünya üzerinde varoluşsal anlamda bu kadar ufak bir yer kaplamasına, küçük oynamasına ve kendinden nefret etmesine katlanamıyordu. Sizin de kendinizi buna benzer zor bir durumda bulabileceğinizi tahmin ediyorum.

Beyninizin değişme ve uyum sağlama gücünden faydalanmak için, öncelikle değişmeyi *istemeniz,* sonra da bu isteğinizi yeni davranışlarla desteklemeye istekli olmanız gerekir.

Meditasyon

Yirmili yaşlarımdayken terapistim nörolojik ve terapötik faydalarından bahsettiği bir uygulama olan meditasyon yapmayı öğrenmemi önerdi. Her zaman kestirme bir yol arayışında

* Melinda T. Owens ve Kimberly D. Tanner, *"Teaching as Brain Changing: Exploring Connections between Neuroscience and Innovative Teaching,"* CBE Life Sciences Education (Yaz 2017), lifescied.org. Erişim tarihi: 14 Mart 2020.

olan ben, meditasyonu yapılacaklar listesinden çabucak çıkarabilmek için hemen bir yoğunlaştırılmış hafta sonu kursu buldum. Ama bunun kestirme bir yolu olmadığı hakkında en ufak bir fikrim yoktu. Düzenli olarak her gün meditasyon yapma alışkanlığı kazanmam uzun zaman aldı.

Düzenli olarak hareketsiz ve sessiz bir halde oturmanın yanıt verme süremi yaklaşık üç saniye kadar uzattığını fark ettiğimde kritik noktayı geçip ilerleme kaydetmeye başladım. Bu süre az gibi gelebilir ama o kısacık zaman, bana tepki vermek yerine yanıt vermek için gerek duyduğum içsel alanı sağladı. Bu da daha az sıkıntı ve daha fazla mutluluk demekti. Meditasyonun faydalarını ilk elden görür görmez bu uygulamanın gücüne inanmaya başladım ve sertifikalı bir eğitmen oldum. İnsanın hayatını dönüştüren bu uygulamayı mümkün olduğunca kolay erişilebilir hale getirmek için danışanlarıma rehberli meditasyonlar oluşturmaya koyuldum. (Siz de ilerleyen bölümlerde yer alan basit meditasyonla başlayabilirsiniz.)

Meditasyon halindeyken bize faydası olmayan/bizim için uygun olmayan şeylerin daha fazla farkında olmaya açık hale geliriz *ve* zihnimizde daha çok boş alan yaratırız. Farkındalık yavaşlamamızı, olan biteni fark etmemizi, eski, tepkisel davranışlarımızı terk etmemizi ve bunun yerine daha maksatlı bir şekilde yanıt vermemizi sağlar.

Bedenin Bilgeliğinden Yararlanmak

Meditasyon aynı zamanda sadece düşüncelerinizden ibaret olmadığınızı ve tek değerli bilgi kaynağının beyniniz olmadığını fark etmenizi sağlayarak beden farkındalığınızın artmasına da yardımcı olabilir. Aslında bedeninizin ışıl ışıl parlayan bilgeliği *her zaman* elinizin altında olup rahat olmadığınız veya farklı bir taktik denemeniz gerektiği zaman bunun farkına varmanıza yardımcı olabilir. Bana güvenin. Bedeninizin duyumlarına dikkat ederseniz ne yapmanız gerektiği konusunda değerli bilgiler elde edeceksiniz.

Bedenin bilgeliğinden bir kere yararlanmaya başladınız mı, işlevsel olmayan sınır kalıplarından sağlıklı sınır kalıplarına geçmenizi sağlayan gizli silahınız haline gelebilir. Bunun da sebebi aklınızın bir şeyi farklı yapmanızın gerektiğini *bilirken* bu yeni davranıştan *kaçınmanızın* tamamen mümkün olmasıdır. Midenizde hissettiğiniz yumrulara kulak vermeyi öğrenin. Göğsünüzdeki sıkışmaya. Boğazınızdaki ağrıya. Başınızın zonklamasına. Bu bedensel duyumlar size yardım etmeye çalışıyor ve yeni bir yönü işaret ediyor. Bunlar bedeninizin en şifalandırıcı ve güçlendirici yola götüren pusula olduğunun kanıtı.

Bu konuyla ilgili size gerçek bir öykü anlatacağım. Yüksek işlevli bir eş bağımlı ve bir empat olan arkadaşım Jean eve her zaman bitmiş bir halde gelirdi. Nerede olursa olsun, odadaki en ilgiye muhtaç kimse her zaman gelip onu buluyor gibiydi. Kaba davranmak istemediğinden Jean bu kişiler içlerini boşaltırken, midesi düğüm düğüm bir halde onları dinliyor, karşı taraf zihninden geçen ne varsa hepsini olduğu gibi boşaltır boşaltmaz da iznini istiyordu. Bazen bunun bir saat sürdüğü olurdu; şaka yapmıyorum. Hiçbir sınır koymadığı için, çok fazla şeye tahammül gösteriyordu ve akabinde de saatlerce hatta günlerce kendini kötü hissediyordu.

ŞİMDİ SIRA SİZDE:
Farkındalık İçin Zil Sesi + Nefes Alma

Birçoğumuz vücudumuzun bize gönderdiği sinyalleri çok uzun zamandır göz ardı ediyoruz. Bedeninizin bilgeliğiyle bağlantıya geçmek demek, içinde bulunduğunuz anda nasıl hissettiğinizin farkında olmak ve dinlemeye niyet etmek demektir.

Aşağıda günde birkaç kez yapabileceğiniz basit bir farkındalık alıştırması bulacaksınız. İnanılmaz etkili bir yöntemdir.

1. Cep telefonunuzun alarmını üç dört saatte bir çalacak şekilde ayarlayın. (Bir zil sesi iyidir, gürültülü bir şey seçmeyin.) Alarmı duyduğunuz zaman, otuz ila altmış saniye kadar durmaya niyet edin.

2. Bu süreyi vücudunuzu dinleyip nasıl hissettiğinizi kontrol etmek için kullanın. Gözlerinizi kapatıp derin bir nefes alın ve başınızdan ayak parmaklarınıza kadar bedeninizi hızlıca tarayın. Gergin veya ağrıyan bir yer bulursanız durup uzun, yavaş ve derin bir nefes alın. Bu esnada hissettiğiniz duyuma dikkat edin. Sonra doğrudan bu sorunlu noktaya doğru nefes alın ve nefes verirken istenmeyen duygunun vücudunuzu terk ettiğini hayal edin.

3. Daha sonra, gözleriniz kapalı bir halde, bedeninize ne istediğini sorun ve durup cevabını dinleyin.

Bedeninizin size vereceği bilgileri ne kadar çok dinler ve sahiplenirseniz, sezgileriniz de o kadar çok devreye girecektir. Aynı zamanda hem iç hem dış sınırlarınızı etkili bir biçimde belirleme konusunda da giderek daha yetenekli hale geleceksiniz.

Zeki bir arkadaşı Jean'e basit bir bilişsel-davranışsal numara öğretti. Jean bir dahaki sefere kendini bitkin düşüren bu tarz bir durum içerisinde bulduğu zaman, her iki elini birden, arkadaşının tavsiye ettiği üzere, midesinin üzerine yerleştirdi. Kendisine ateş hattında durduğunu, orada kalmayı seçtiğini ama seçenekleri olduğunu hatırlattı. Sonra da inanılmaz derecede tuhaf gelse de bu sefer farklı bir şey yaptı ve karşısındaki kişiye *"Affedersiniz. Gitmem lazım"* deyiverdi. Jean bu yeni davranışın ne denli işe yaradığından o kadar etkilenmişti ki ellerini midesinin üzerine götürme hareketini düzenli olarak yapmaya başladı. Sadece birkaç hafta içerisinde, kendisini şaşılacak derecede daha iyi hissetti: Daha hafif, daha özgür ve kendisine daha fazla odaklanabilir halde. Yıllar sonra bedeninin bilgeliğine kulak verip dinlemek artık onda bir alışkanlık haline gelmişti.

Bedeninizi ne kadar çok dinlerseniz sizin için nelerin uygun olmadığını / yolunda gitmeyen şeylerin neler olduğunu o kadar net görürsünüz. Çoğu zaman güçlü duygular uyandıran durumların içerisindeyken gerçekte ne hissettiğimizi ya da düşündüğümüzü tespit ve ifade etmek zordur. Kaç defa geriye dönüp geçmişte yaşanan bir duruma bakıp da *uyarı işaretlerini görmem gerekirdi* diye düşündünüz? Büyük olasılıkla bedeniniz dikkatinizi çekmeye çalışmıştır ama sizin dikkatiniz bedeninizde değil, dışarıdaydı.

Israrcı bedensel duyumların daha derin bir mesaj gönderdiğine dair sayısız öykü dinledim.

Bir danışanım birlikte yaşadığı erkek arkadaşının onu aldattığından şüpheleniyordu. Akabinde cinsel hayatlarını ciddi anlamda sekteye uğratan gizemli bir vajinal enfeksiyona yakalandı. (Cinsel yolla bulaşan hastalıkları önleyen meleklere teşekkürler!) Doktorlar tam bir tanı koyamasa da danışanımı antibiyotiğe başlattılar ama hiçbir şey işe yaramadı. Hatta erkek arkadaşı *"Sanırım bana alerjin var"* diyerek dalga geçti. Danışanım bu lafa gülse de içinden *"Aman Tanrım. Belki de haklıdır"* diye düşündü. Bedeniyle daha yakın ve sevgi dolu bir ilişki kurmaya başladı ve bu durum duyduğu şüpheler hakkında meraklanmasını sağladı. Bunun neticesinde de erkek arkadaşına daha doğrudan sorular sormaya başladı ve sonunda *gerçek* ortaya çıktı. Erkek arkadaşı, bir süreden beri ortak bir arkadaşlarıyla yattığını itiraf etti. Danışanım erkek arkadaşından ayrılıp evden taşınmasından bir hafta sonra bütün belirtileri geçmişti. Teşekkürler, bilge beden! (Ve güle güle, kötü sevgili!)

ŞİMDİ SIRA SİZDE:
Farkına Varmayı Öğrenin

Kendinizi tanıyabilmeniz için, hangi etkileşimlerin sizde stres yanıtına neden olduğunun farkına varmanız gerekir. Neyin neden olduğunu anlamaya başlamak için o anda kendinize sormanız gereken birkaç soru var:

- Ne hissediyorum?
- Bu duyguyu vücudumun neresinde hissediyorum?
- Bu duyguyu bir etkileşim veya düşünce mi tetikledi?
- Tekrarlayan bir sınır kalıbının ortasında mıyım?
- Örneğin, şuna benzer cevaplar verebilirsiniz:
- Kendimi kıstırılmış hissediyorum. Korku hissediyorum. Rahatsız hissediyorum.
- Göğsümde, midemde/karnımda, başımda.
- Bob, onun nöbetini devralmamı istediği zaman kendimi kıstırılmış hissetmeye başladım.
- Betty ile olan etkileşimim hakkında düşündükten sonra kaygılanmaya başladım.

Açıklık Getirecek Üç Soru şu anda tekrarlanmakta olan sınır kalıbım hakkında bana ne söylüyor? Bu etkileşim bana ne açıdan tanıdık?

Biriyle etkileşim halindeyken veya sonrasında bir şeylerin ters gittiğini hissettiğinizin *farkına varmayı* öğrenmek, bu bölümün ilerleyen kısmında kullanmayı öğreneceğiniz üçlü yanıt yönteminin (Farkına Var-Bırak-Yanıt Ver) ilk adımıdır. Kendinizi anlamayı gerçekten istediğinizde, içinizde değişim için gerekli alanı yaratıyorsunuz ve dönüşüm penceresi genişlemeye başlıyor.

ÖZET *Bedeninizin bilgeliği rehberiniz olduğunda, nelerin sizin için uygun olup olmadığını/yolunda gidip gitmediğini daha kolay anlayabileceksiniz.*

Bedeninizin bilgeliğine güvenmediğiniz takdirde, düşünce yapınızı önemli ölçüde değiştirme fırsatını kaçırmış olursunuz. Bedeninizin verdiği işaretlere dikkat etmek yerine, uykuya dalmak için uyku ilacı almayı, akşamları "rahatlamak" için bir-iki kokteyl içmeyi deneyebilir; veyahut da bir dizi başka yoldan kaçmayı, kendinizi uyuşturmayı ya da dikkatinizi dağıtmayı seçebilirsiniz. Bununla birlikte, bedeninizin verdiği mesajları göz ardı etmek büyümenizi engeller. Uyarılara dikkat edebilmek için yeterince yavaşlamanız gerekir.

Yargılamak yerine merak etmeyi seçtiğinizde kendinizi daha iyi tanımış olacak; yargılamadan gözlemlemeye başlayacaksınız. Eğer bir kısır döngünün içine hapsolduysanız, sizde en fazla kaygı ve mutsuzluk yaratan şeyler gelişigüzel değildir. Bu sebeple, uyanık olup görünenin altında neler olabileceğinin farkına varmak kesinlikle doğru hareket olacaktır.

Bedeninizin bilgeliği rehberiniz olduğunda, nelerin sizin için uygun olup olmadığını/yolunda gidip gitmediğini daha kolay anlayabileceksiniz. Bu, sınır belirlemek için *esastır*. İçsel tepkileriniz ve yanıtlarınız hakkında elinizde daha somut bilgiler oldukça (örneğin hangi etkileşimlerin stres yarattığı gibi) hangi dış sınırların en uygun olacağını ya da belirli bir durumda ne yapmanız gerektiğini belirleme konusunda daha iyi donanıma sahip olacaksınız.

Tercihler, İstekler ve Kabul Edilemez Durumlar

Sınırlarınızı belirlemeye başladığınız zaman, tercihleriniz, istekleriniz ve sizin için kabul edilemez olan durumlar arasındaki farkı anlamanız gerekecektir. Bu ayrımın farkında olduğunuz zaman sizin için nelerin ne dereceye kadar olduğunu, nelerin ne dereceye kadar olmadığını daha iyi netleştirebilirsiniz. Bu aynı zamanda kendi doğrularınıza göre karar almaya başlamanızı da sağlayacaktır.

Tercihler. Tercihlerinizin olması demek bir seçeneği diğerine göre daha çok beğenmeniz demektir. Kahve mi seversiniz, çay mı? Zumba mı, kapalı alanda bisiklet mi?

Erken kalkmak mı geç yatmak mı? Bunlar içsel ve kişisel tercihlere birer örnek. Hiç kimsenin küvette yıkanmayı mı yoksa duş almayı mı sevdiğiniz konusunda araya girip lafa karışması gerekmez mesela. Yoğun hayat koşulları içerisinde çoğumuz durup da tercihlerimiz hakkında düşünmüyoruz bile. İşte bu yüzden ikinci bölümdeki "Olur/Olmaz" listenizi oluşturmanız kendinizi daha yakından tanımanız açısından önemli bir alıştırma. Henüz bu listeyi hazırlamadıysanız hemen şimdi gidip yazmanın tam sırası.

Bununla birlikte, başkalarını ilgilendiren tercihler söz konusu olduğunda, iletişim kurmanız şarttır. Diyelim, siz erken yatmayı seviyorsunuz ama eşiniz gece kuşu. Bu durumda ona *"Akşam dokuz olduğunda benimle yatmanı tercih ederim"* diyebilirsiniz. Tercihleriniz önemlidir ve konuşulmaya değer. Tercihlerinizi rahatça, nazik bir şekilde, erkenden ve sık sık nasıl ifade edeceğinizi öğrenmek hayatınızda daha fazla uyum ve tatminin temelini oluşturur. Siz ya da eşiniz bir orta yol önerebilirsiniz örneğin. Haftada iki gece birlikte erken yatmak gibi.

Bazıları belirtmiş olduğunuz tercih karşısında durumu açıklığa kavuşturduğunuz için size minnet duyabilir ve örneğin *"Teşekkürler. Mesaj yerine telefonla aranmayı tercih etmeni bildiğime sevindim"* diyebilir. Öte yandan, bazıları da kelimelerinizi ne kadar dikkatle seçerseniz seçin her ricayı bir talep gibi algılayacaktır. Sorun değil. Önemli olan kendiniz için bir adım atmış olmanız.

Bu arada talep konusunda şunu belirteyim. Taleplerin genelde sağlıklı ve karşılıklı ilişkilerde yeri yoktur. Bir talepte bulunurken bir an için kendinizi iyi hissediyor olabilseniz de ("Benimle anneme geleceksin, o kadar!"), talepler nihayetinde kendinize bir şeyi hak gördüğünüz anlamına gelir ve insanları soğutur. Sizin seçenekleriniz olduğu kadar hayatınızdaki insanların da seçenekleri var. Başkalarından bir şeyler talep etmek, ihtiyaçlarınızı sağlıklı bir şekilde karşılayabilmeniz için gerekli olan işbirliğini öldürür.

Tercihinizi belirtmek ihtiyaçlarınız için müzakere etmeyi öğrenmenin bir parçasıdır. Bu sayede bir diyalog başlatmış oluyorsunuz ve diyalog çift yönlü bir yoldur. Bu da diğerlerinin her zaman aynı fikirde olmayabileceği anlamına gelir. Bu yüzden (nihayet) tercihlerini ifade etmeye başlayan kadınlar, dirençle karşılaştıklarında kendilerini genellikle üzgün hisseder. Bu olduğu zaman, bunu değeriniz veya ilişki durumunuz hakkında olumsuz yönde yapılmış ve değişmez bir oylama gibi algılamayın. Bunu ne kadar vurgulasam azdır.

İlişkiler karşılıklı alıp vermeyi gerektirir. Bu nedenle de kendiniz için neyin sadece bir tercih olduğunun, neyin müzakere etmeye değer olduğunun ve neyin müzakereye kapalı ve kabul edilemez bir durum olduğunun ayrımını yapmanız çok önemlidir.

İhtiyaçlarınızın karşılanması için, ne istediğinizi açık ve net bir şekilde belirtmek konusunda istekli olmalı; sonrasında da açık yürekli ve açık fikirli bir halde uzlaşmaya, konuşmaya, müzakereye, evet veya hayır cevabına hazır olmalısınız. Uzlaşırken basireti elden bırakmamak önemlidir; özellikle de her zaman razı olan taraf siz olduysanız. Sadece huzuru bozmamak adına razı olmakla size sağlıklı ve adil gelen bir şekilde taviz vermek arasındaki farkı bilin. Eğer uzlaşma esnasında kısa çöpü seçen hep siz oluyorsanız, bu ne sağlıklı ne de adildir.

Sınırların Efendisi için, başkasının *hayır* cevabını kabullenip saygı duyabilmek kendi *hayırına* sahip çıkmak kadar önemlidir. Eğer hayır cevabını duyduktan sonra bir daha hiçbir şey istememeye karar verecek kadar hassas biriyseniz, o zaman ilişkide diğer kişiye aslında hiçbir fırsat tanımıyorsunuz demektir. Öyle değil mi? Diğer kişinin sadece tek bir şekilde yanıt vermesi diye bir şey olamaz. *Evet,* sizinle aynı fikirde olsalar harika olur ama bunun böyle olmadığı birçok durumla karşılaşacaksınız. Böyle durumlarda *"Tamam, anladım. O zaman ne yapmayı istersin?"* ya da *"İkimizin de ihtiyaçlarının karşılanması için ne yapabiliriz?"* gibi bir şey söylemeniz gerekebilir.

ÖZET *İhtiyaçlarınızın karşılanması için, ne istediğinizi açık ve net bir şekilde belirtmek konusunda istekli olmalı; sonrasında da açık yürekli ve açık fikirli bir halde uzlaşmaya, konuşmaya, müzakereye, evet veya hayır cevabına hazır olmalısınız.*

İstekler. İstekler tercihlerin bir tık üstünde olup en güçlü dileklerimizi belli eder. Örneğin, eşinizin veya en iyi arkadaşınızın sizi duygusal açıdan anlamasını ya da en azından deneyecek kadar umursamasını istiyor olabilirsiniz. "Çok hassas" olduğunuzu duymak; görülmek, tanınmak ve duyulmak yönündeki isteğinizin tam zıddıdır. Eğer anlaşılma arzunuz yerine getirilmemeye devam ederse, bu durum ileride büyük olasılıkla kabul edilemez bir duruma terfi edecektir.

Aynı tercihleriniz ve sizin için kabul edilemez durumlarda olduğu üzere, isteklerinizi de başka kimse değil, siz belirlersiniz. Bazen toplum veya aile baskısı isteklerimizi bulandırabilir. Örneğin, bir arkadaşım en küçük kızının evlenmek üzere olduğunu ama kızın büyük ve gösterişli bir düğün istemediğini söylemişti. Bunun üzerine kızına "sadece küçük bir tören" yapılması konusunda baskı yapmış. Buna ek olarak da en büyük kızını *Gelinlik Operasyonuna* katılmaya ve müstakbel geline *"Bizce doğru olan bu sözü ailenin ve arkadaşlarının önünde vermen"* demeye ikna etmiş. Neyse ki, gelin bunların hiçbirini yapmak istemediği konusunda son derece netti. Kendi kararlarını kendileri veren iki aşığın Las Vegas'ta bir Elvis Presley taklitçisi tarafından evlendirilirken çekilen ve gülen yüzlerinin üzerinde *"Keşke burada olsaydın"* yazılı kartı aldığımda gizlice havalara uçmuştum.

Son derece hassas veya yüksek işlevli bir eş bağımlıysanız bazen isteğinizin peşinde koşmanın (veya sadece ifade etmenin) insanların duygularını inciteceğini veya sevdiğiniz bir kimsenin sizi yargılamasına veya size hiddetlenmesine sebep olacağını sezdiğinizde isteklerinizi bastırabilirsiniz. Bu özellikle empatlar için iki kat geçerli. Belki de çocukluğunuzda ebeveyninizden birinin sözsüz onay vermediği durumları sezmeye alıştınız.

Geçmişte veya şimdi ne yaşamış olursanız olun, *artık* istekleriniz konusunda net olmanız kendinize duyduğunuz saygı gereği yapmanız gereken bir şeydir.

Kabul Edilemez Durumlar. Kabul edilemez durumlar, üzerinde pazarlık edilemez/tartışmaya kapalı sınırlardır. Oluşturulan dış sınırları kişinin kendi tercihleri belirlediği için, kabul edilemez durumlar da kişiden kişiye değişiklik gösterir. Sizin için neyin 'kabul edilemez' olduğunu bilen tek kişi siz olduğunuz için sevdiklerinizin anlayamamayabileceği durumlar konusunda rahat olmanız gerekir. Örneğin, tek büyük bir şey dışında birçok açıdan uyumlu olduğum bir adamla uzun süreden beri devam eden bir ilişkim vardı. O hareket etmeyi sevmeyen biriydi. Bense daha aktif biriyle olmak istiyordum. Onun evde oturma halleri, spor aşkımı sevgilimle paylaşma isteğimle örtüşmüyordu. Arkadaşlarımla yürüyüşlere çıkabilir veya tek başıma spor salonuna gidebilirdim elbette ama konu bu değildi. Bir arkadaşıma bu durumdan bahsettiğimi ve onun da *"Ama* *ikiniz çok mutlu görünüyorsunuz. Bu tek şeyi göz ardı etsen ne olur?"* dediğini hatırlıyorum. İşin doğrusu şuydu ki bu *onun* üstünde durmayabileceği tarzda bir durumdu ama ben bunu yapamayacağımı biliyordum. Ve bu kabul edilemez durum sonunda ayrılmamıza neden oldu. Bir başkasının kabul edilemez durumu siyasi görüşler ya da evlenip çocuk sahibi olup olmamak gibi hayatla ilgili beklentileri vs. olabilir.

Elbette kabul edilemez durumlar içerisinde sadakatsizlik, ihanet, bağımlılık veya istismar gibi daha dramatik durumlar da var. Özellikle bu gibi büyük risk içeren durumlarda, başkalarından bağımsız olarak sizin için neyin *kabul edilemez* olduğunu bilmeniz çok önemlidir. Bir alkolikle veya aldatan birisiyle birlikte olmayı asla düşünmeyeceğini söylediği halde kendilerini bu gibi insanlarla ilişki yaşarken bulan danışanlarım oldu. Bu gibi durumlarda, davranışımız için bir bahane üretmek veya mantıklı bir gerekçe ileri sürmek cazip gelebilir. Ama gerçekte sizin için kabul edilemez durumlar sadece sizinle sizin aranızdadır. Bu konuda kimsenin onayına ihtiyacınız yok. Bu sizin seçiminiz ve daha da önemlisi *sizin* hayatınız.

Bu nedenle sizin için kesinlikle *olmaz* olan şeyleri açıklığa kavuşturun ki neyi tutup neyi tutmayacağınızı daha kolay bir şekilde bilesiniz. Tercihlerinizi, isteklerinizi ve sizin için kabul edilemez durumları tanımlamanıza yardımcı olmak için, kitaptaki alıştırmayı yapın.

Doğruyu konuşmadığımız zaman, kendi aklımızın içindeki boşlukta yaşar; diğer kişinin kafasından geçenler hakkında veya bizim ne düşündüğümüze dair bilmesi gerekenler hakkında varsayımlarda bulunuruz. Kendinizi emin bir şekilde ifade etmek için, gelin üçlü yanıt yöntemine dalalım: Farkına Var-Bırak-Yanıt Ver.

Üçlü Yanıt Yönteminin Kullanılması

Farkına Var-Bırak-Yanıt Ver stratejisini nasıl kullanacağınızı öğrenmek size çatışmalarda yol gösterecek, kendinizi emin bir şekilde ifade etmenize ve yeni sinir yolları oluşturmanıza yardımcı olacaktır. Bu, isteklerinizle örtüşen bir hayatın temellerini atan *Sınırların Efendisi* stratejilerinden biridir.

1. Farkına Var. Size uymayan ne? Vücudunuzda ne hissediyorsunuz? Eskiden olmuş ve şu andaki vücut duyumlarınıza neden olan bir olayı mı hatırladınız? Diğer kişiyi haksız veya kötü olarak yargılamak yerine kendinize ve kendi duygularınıza odaklanın. Bu alıştırma kendinizi daha iyi tanımanızı ve size iyi gelen ve gelmeyen şeyleri daha iyi anlamanızı sağlamakla ilgilidir. Vücudunuza kulak vermek yaşadığınız deneyimle ilgili meraklanmanızı sağlamanın yanı sıra normal işleyiş biçiminizi kesintiye uğratarak daha iyi bir şeyin yolunu açabilir.

2. Bırak. Cesur olun ve konfor alanından dışarı çıkmaya istekli olun. Size rahatsızlık veren fiziksel belirtinin yerini tespit edip o belirti ve his ortadan kalkana kadar o noktaya odaklanarak derin nefes alıp verin. Sınırlayıcı bir inanç veya eski bir davranış kalıbı olsun, tanıdık ne varsa bırakın gitsin.

Herhangi bir aktarım veya *Tekrarlayan Sınır Kalıbı* olup olmadığını tespit edin. Geçmişin bugün olmadığını hatırlayın. Kendinize *"Bunlar eskiden olmuş şeyler"* deyip bırakın ki daha stratejik bir şekilde düşünebilin.

3. Yanıt Ver. Daha farkında ve bilinçli bir halde konuşup davranmayı seçin. Basit bir ricada bulunun. Tercihinizi, isteğinizi veya sizin için kabul edilemez olan durumu belirtin ve yeni bir şey yapın.

Artık yeni davranış kalıpları oluşturmanın önemini ve bunu nasıl yapacağınızı anladığınıza göre gelin bu üçlü yöntemin

Magdalena için nasıl işe yaradığına ve maruz kaldığı istenmeyen ilgiden doğan utancı nasıl ortadan kaldırdığına bakalım.

Bilinçdışı zihninin derinliklerinde Magdalena özü itibariyle değersiz olduğuna inanıyordu. Aynı onun gibi sizin de derine yerleşmiş bir inancınız varsa şunu bilin ki bilinçdışınız bu inancınızı desteklemek için etrafı tarayarak kanıt arayacaktır. Bilinçdışı zihnin şu ana kadar sahip olduğunuz en iyi kişisel asistan olduğunu söylemeyi severim. *("Gördün mü patron, haklısın. Seninle alay ediyorlar!")* Kendisini güçsüz kılan bu mesajı susturmak için, Magdalena ilk önce bedeninin bilgeliği sayesinde bir sorun olduğunun farkına vardı. Bu, istenmeyen kalıbı durdurma yolunda ilk adımdı.

Aldığı ilk ipucu sokakta yürürken göğsünde hissettiği sıkışmaydı. Düzenli meditasyon sayesinde içinde bulunulan ana dair daha çok farkındalık kazanarak içgüdülerine dikkat etmeye başladı. Bunun sonucunda da daha sokaktaki adamlar bir şey *demeden* bile kendisini kaygılı hissettiğini keşfetti. Laf atma sonrası duyduğu kaygı bundan bir milyon kez fazla olsa da nahoş bir durum yaşanmadan önce bu duygunun orada olduğunun farkına varmak çok şey anlatıyordu. Kendisini enerji anlamında istenmeyen ilgiye hazırlıyordu ve bu beklenti de yaşadığı rahatsızlıkta önemli bir rol oynuyordu.

Magdalena, vücudunu neden sevmediğini ve bedeninden duyduğu utanca eşlik eden bütün duygu ve düşünceleri araştırmaya başladı. Ona ıslık çalıp laf atan yabancıların hiçbiriyle bir ilişkisi olmadığı halde yaşadığı şey bir sınır meselesiydi.

Dış dünyada kendisini çekingen hissediyordu ki bu ne *Sınırların Efendisine* ne de onun dönüşebileceğini bildiğim haline yakışan bir tavırdı. Çoğu insan sınırların istenmeyen davranışları dışarıda tutmakla ilgili olduğu zannına göre hareket eder. Bu bir dereceye kadar doğru olsa da daha da önemli olanı sınırların içinizdeki özel ve mahrem alanı korumasıdır.

Magdalena kendisine ıslık çalıp laf atanları kontrol edemese de kendi iç diyaloğunu ve dolayısıyla yaşadığı deneyimi değiştirerek kendisini koruyabilirdi. 5. Bölümde öğrendiğimiz üzere, kendi hikayemizi yazmada (bilinçli veya bilinçsiz) her zaman bir rolümüz vardır. Üstelik iç gerçekliğimiz, "öz" kavramımız ve "öz" kimliğimizin hepsi bu hikâyeyle şekillenir. Magdalena'nın değersiz olduğu yönündeki hikayesi değiştirebileceği bir şeydi.

Terapi sürecinde Magdalena bedenini gerçek anlamda kabullenip sevmeye başladı. Vücudunun hayattan zevk almasını sağladığı yolların hepsine tek tek baktı. Salsa dansı yapabiliyor, en sevdiği yemek olan fırında patates gratenli ve biberiyeli tavuğun tadına varabiliyor ve doğanın güzelliğini hayranlıkla seyredebiliyordu. Bedeni olmasa bunların hiçbiri mümkün olamazdı. Magdalena kendisini daha çok sevmeye başladıkça, olumsuz düşüncelerini bırakıp hayatı daha olumlu ve güçlü bir şekilde deneyimlemeye hazır hale gelebildi. Mutluluğunun başkalarının ne yapıp yapmadığından daha çok kendisinin ne düşündüğüne bağlı olduğunu anlamaya başlamıştı.

Magdalena farklı bir *yanıt* vererek yeni bir hikâye anlatmayı seçti. Bir dahaki sefere bir adamdan *"Vay vay vay. Çok seksisin!"* tarzı bir laf duyduğunda gülümsedi ve aynı olumlamayı kendi kendisine de yaptı: *Doğru. Fit, dolgun ve güzel bir vücudum var.* Vücut aynı vücut, atılan laflar aynı laflar ama yaşanan deneyim tamamen farklı.

Değişen tek şey olaylara bakış şekliydi ve bu sayede yaşananlara daha özgür ve geniş bir açıdan bakabildi. Yaşadığı bu ilk deneyim son derece etkili olmuştu. Vücuduyla ilgili yeni ve olumlu hikayesi onda genel bir coşku hissi yarattı ve zaman içerisinde sokakta yürürken özgüveni dışarı taşmaya başladı.

> **ÖZET** *Üçlü stratejiyi kullanarak (Farkına Var-Bırak-Yanıt Ver) eski tepkilerinizin farkına varın, fiziksel belirtilerden ve aktarımlardan kurtulun ve istediğiniz sonuçla uyumlu bir farkındalıkla yanıt verin.*

Algıdaki bu değişiklik Magdalena'nın hayatının diğer alanlarında da derin bir domino etkisi yarattı. İşyerinde daha

fazla ini
verdi. O
lerindek
özgüver
öteden b
tün bun
için ger
Mag
rini ya
mız ve
için de
planlar
rarlana

1.
va
te

2. *Geçmiş bir olay veya sınırlayıcı bir hikayenin yarattığı etkiden ve güçlü duygulardan kurtulmak.* (*Kendimi aynı babamla/kardeşimle/koçumlayken olduğu gibi görünmez hissediyorum, ama geçmişimin bugünümü etkilemesine izin vermek zorunda değilim.*)

3. *On beşinci evlilik yıldönümlerini kutlamak için "hediye" olarak "Aşırı Lüks Super Bowl Tatil Paketi" satın almadan önce eşinin kendisine danışması gibi basit bir ricada bulunarak yanıt vermek.* (*Yıldönümümüzü kutlamak için birlikte özel bir şey yapma fikrini çok sevdim. Senden ricam bunun ne olacağına birlikte karar vermemiz.*)

Çoğumuz her gün karşılaştığımız ve yaşadığımız durumlara olumsuz anlamlar yüklemeye meyilliyiz. Bu yorumlar/anlamlandırmalar da duygusal yanıtlarımızı ve bunların bizi nasıl etkileyeceğini belirliyor. Unutmayın, "doğru/gerçek" özneldir. *Önemli* olan bakış açısıdır.

...endirme)

...giden yolda kritik bir döne-
...unmasız hatta çıplak dahi his-
...*n silahlarımı aldı ki?" gibi bir soru*
...*aylı, kaçıngan veya başka bir etkisiz ile-*
...*olduğunuz bir yöntem olabilir, ama gelin*
...*dan bakalım*. Kullandığınız eski yöntemler
...yollarına iyice yerleşmiş olsa da bunlar *as-*
...ize yaramıyor. Artık eskiden başvurduğunuz
...ekanizmalarınıza ve düpedüz işlevsiz stratejilere
...emeyecek kadar çok şey bildiğiniz; ama, yeni elde et-
...z becerilerde de henüz tam olarak ustalaşmadığınız bir
...ktadasınız. Ben kişisel dönüşümün bu aşamasına *Arada Bir*
Yerde adını veriyorum.

Mecazi bodrumunuzun ta derinliklerine indiniz ve projektörleri yaktınız. Açığa çıkardığınız şeyleri görmezden gelemezsiniz. Bu aynı zamanda eski halinize de dönemeyeceğiniz anlamına geliyor. İsteseniz bile... Ve güvenin bana, istemezsiniz.

Arada Bir Yerde genellikle dirençle karşılaşabileceğiniz bir aşamadır. Evet, bu yeni davranışlar daha bütünleşmiş bir hale gelinceye kadar, direnç arada bir kafasını çıkartabilir ve sizin de kafasını ezmeniz gerekebilir. Bu da normal bir durumdur. Zira, yeni olan şeyler aynı zamanda son derece rahatsız verici de olabilir. Direnç de bundan kaynaklanır. İşte bu, *Sınırların Efendisi* kaslarınızı çalıştırmanız için mükemmel bir zamandır. Unutmayın, sandığınızdan daha güçlüsünüz.

> **ÖZET** *Kendinizi özgüvenli bir şekilde ifade etmek adına küçük ama istikrarlı adımlar atmak, "Arada Bir Yerde" kalma sürenizi hızlandıracaktır. Bu sayede işlevsel olmayan davranışların ötesine daha çabuk geçebileceksiniz.*

Arada Bir Yerde kaldığınız zaman, yeni sınır becerilerinizi önem bakımından sizin için daha alt sıralarda yer alan kişiler üzerinde deneyebilirsiniz. Senede sadece bir iki kez gördüğünüz bir tanıdıkla veya postacınızla olan ilişkileriniz doğal olarak derin değildir. Sizden önceki kiracının postasını minnacık posta kutunuza sıkıştırılmış halde her buluşunuzda sinir olup da postacınızın anlaması umuduyla onu kutuda bırakıp durmak yerine, doğrudan bir ricada bulunabilirsiniz. *"Dikkatinizi çekmek istediğim bir konu var. /Basit bir ricam olacak. /Dikkat etmenizi istediğim bir husus var."* gibi. (Bu sayede *"Sandra Giancarlo buradan taşınalı beş yıl oldu! Bunu nasıl bilmezsiniz?"* diye bağırma ihtimaliniz epey bir azalır.) Hayatınızda önceliği düşük olan insanlarla aranızdaki daha az riskli ve daha az önemli ilişkilerden başlayın.

Kendinizi özgüvenli bir şekilde ifade etmek için fırsat kollamak *Arada Bir Yerde* geçireceğiniz süreyi kısaltmanın etkili bir yoludur. Sizin için daha önemli olan ilişkilerde küçük adımlar atın. Tavuk kanadı yiyeceğiniz zaman her zaman eşinizin tercihi olan az baharatlı sosu istemek yerine, kendisine aslında acılı olanı sevdiğinizi söyleyin. (Hayatınızdaki insanların temel tercihleri hakkında onların sizinkiler hakkında bildiğinden ne kadar fazlasını bildiğinizi bir düşünün.) Bu dünyada daha fazla yer kaplamaya başlamanız için sınırsız fırsatlar olup bunu her yapışınızda son derece önemli olan bir doğruyu pekiştireceksiniz: *Siz önemlisiniz.*

İçinden geçtiğiniz süreci adım adım kabul etmek, psikolojik anlamda dayanıklı olmanıza yardımcı olacak bir umut kaynağı yaratır ki psikolojik dayanıklılık çok gerekli olan bir sebat ve adanmışlık rezervidir. Zor anlar *olacak.* Vazgeçmek *isteyeceksiniz.* Ama lütfen şunu bilin ki, yeni normalinizin bu kadar fazla enerji ve önceden düşünme gerektirmeden gün yüzüne çıkacağı zamanlar da *gelecek.*

Doğruyu söylemek gerekirse, konfor alanınız aslında bir hapishane. Şu an, bu alanın dışına çıkma anı çünkü asıl istediğiniz her şey o alanın dışında. Halihazırda algınızı genişletiyoruz, ardından da yeni davranışlar geliştiriyoruz; ta ki bu yeni hal yeni bir sinir yolu ve sizin yeni normaliniz oluncaya kadar. Sizin adınıza öyle heyecanlıyım ki!

SINIRLARIN EFENDİSİ İŞ BAŞINDA

1. Farkına Varın. Bedeninizin verdiği ipuçlarına dikkat edin. Gün boyunca kendinize *"Şu anda neye ihtiyacım var? Aç mıyım, susuz muyum, yorgun muyum? Gerinmem veya hareket etmem gerekiyor mu?"* diye sorun. Sonra kendinize ihtiyacınız olan şeyi vermek için zaman ayırın.

2. Derine İnin: Tercihlerinizi, İsteklerinizi, Sizin İçin Kabul Edilemez Olan Durumları Bilin. İnsanın kendini tanıması *Sınırların Efendisi* olmak için gereken becerileri üzerine inşa ettiği temellerden biridir. Kendinizi daha yakından tanımak için, kitabın sonundaki "Derine İnin" bölümüne giderek tercihleriniz, istekleriniz ve sizin için kabul edilemez durumlar hakkında detaya inin.

3. Kendinizden İlham Alın: Annenizin Olumlamalarından Değil. Sizin için anlam ifade eden, size özel olumlamalar oluşturmak dönüşüme ilham vermenin etkili (ve eğlenceli!) bir yoludur. Kitabın sonundaki "Derine İnin" bölümünde, bununla ilgili adım adım bir rehber bulacaksınız.

BÖLÜM 7

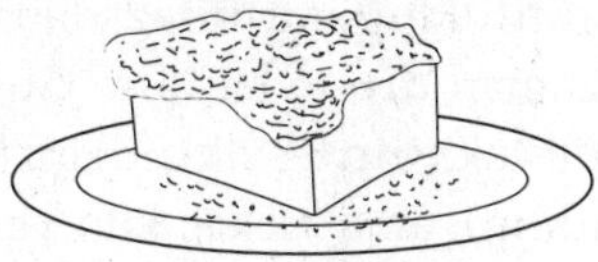

TEPKİSELLİKTEN PROAKTİF SINIRLARA

Danışanlarımdan Maria'nın terapiye başlama sebebi bütün yetişkin hayatı boyunca yirmi beş-otuz beş kilo kadar fazlalığı olması ve bunun sağlığını olumsuz anlamda etkilemeye başlamasıydı. Her şeyi denemesine rağmen bir türlü kilo vermeyi, verse de geri almamayı başaramamıştı. Bütün çabalarının boşa gittiğini söyledi bana.

"Vücudum ağrıyor. Yorgunum. Kocamı çok sevsem de galiba benim olduğum gibi kalmamı istiyor" dedi, başını utanç içinde yere eğerek.

Cesaretine hayran kalmıştım. Ayrıca birlikte çalışmaya nereden başlayacağımızı da görmüştüm.

Kocası Gus ile yirmi yıldır evli olan Maria iki çocukları Cleo ve Dimitrous'a bakmak için evde kalmayı tercih etmiş, girişimci bir anneydi. Vegan cilt bakımı ve beslenme ürünleri satışı üzerine evden yürüttüğü başarılı bir işi vardı. Eşiyle birbirlerini destekledikleri, mutlu bir ilişkisi olduğunu söyledi bana. Maria ve Gus iyi birer ebeveyndi ve her ikisi de çocuklarına ve aile hayatlarına öncelik veriyordu. Birlikte canlı müzik çalan yerlere gitmeyi, aile ve arkadaşlarıyla kaliteli vakit geçirmeyi seviyorlardı: Yazın mangal partileri, kitap kulüpleri ve eğlenceli ve hareketli akşam yemekleri gibi. Aktif bir aile ve sosyal hayatları olmasının yanı sıra, Maria'nın dediğine göre, Gus aynı zamanda sabırlı ve dikkatli bir dinleyiciydi. Aralarında iyi giden bir ilişki var gibi görünüyordu.

Ondan ne sorun olduğunu biraz daha açmasını istediğimde, bana ne zaman diyete başlasa, Gus'ın onu üç ya da dört hafta kadar destekleyip teşvik ettiğini (ki *bunu fark etmesi güzel* diye düşündüm); ama birkaç kilo verir vermez, eşinin tavır ve davranışlarında bir değişiklik hissettiğini anlattı. Örneğin, Gus Maria'nın en sevdiği kırıntı keki yapıp kendisini "ödüllendirmesinin" onu öldürmeyeceğini söylüyor ya da en sevdikleri İtalyan lokantasında ailece "özel bir kutlama" yemeği yemek için yer ayırtıyormuş.

Konuyu biraz daha deştiğimizde, Maria eşinin her gün yirmi dakika yürüyüş yapma girişimini desteklemek yerine Netflix'te bir şey seyretmeyi önerdiklerini ya da ona ertesi gün yürüyüşte eşlik etmeyi teklif ettiğini ama bu sözünü yerine getirmediğini anlattı.

Gus normalde eşini destekleyen bir koca olduğu için, bu sabote edici davranışların Maria'nın kilo vermesini bilinçaltında bir şekilde tehdit olarak görüyor olabileceği sonucuna vardım.

Görevimiz mevcut duruma sebep olan gizli psikolojik nedenler dahil olmak üzere Maria ve Gus arasındaki dinamiği daha iyi anlamak ve Maria'nın sağlıklı sınırlar belirleyebilmesi ve isteklerini iletebilmesini sağlamaktı. Bu şekilde, kilo verme hedefine ulaşabilir, Gus ile bu konuda bilinçli bir şekilde iletişime geçebilir ve sınır danslarını başarılı bir şekilde değiştirebilirdi.

Dillendirilmemiş Sınır Anlaşmaları

Maria'nın anlattıklarına bakıldığında, Gus ile aralarında çatışmadan kaçınma, kişiliklerinin ilişkiyi tehdit edebilecek yanlarını bastırma ve birbirlerinin rahatını kaçırmama üzerine sessiz bir anlaşma yapılmış gibiydi. Kulağa tanıdık geliyor mu?

Belki sizin de duygusal anlamda zorlayıcı konular hakkında doğrudan iletişim kurmaktan nefret eden bir eşiniz veya sevdiğiniz başka biri vardır. Sorunlarla doğrudan yüzleşmek yerine etrafından dolanıyorsunuzdur.

Dillendirilmeyen sınır anlaşmalarının başka bir türüne ailelerde sık rastlanır. Sizi para ile veya sorulmadığı halde verdiği tavsiyelerle üstü kapalı bir biçimde kontrol etmeye çalışan, hükmedici bir ebeveyniniz veya kardeşiniz olabilir. Kontrol edilmeye çalışılmanın sizde yarattığı hissi *sevmeseniz* de bunu dile getirmek yerine sadece kafanızı sallayıp gülümsüyor olabilirsiniz: İçten içe duruma son derece içerliyor olsanız bile.

ŞİMDİ SIRA SİZDE:
Yeni Anlaşmalar Yapın

Sessiz anlaşmalar ilişkilere dair dillendirilmemiş angajman kurallarıdır ve temelinde başkaları hakkında yapılan varsayımlar yatar. Doğruları söylemekten kaçınmak yerine nerelerde varsayımda bulunduğunuzu görmek için, aşağıdaki sorular üzerinde biraz düşünün:

- Birinin sizin için gerçekten bir şey yapmasını istediğinizde, istediğiniz şeyin size göre apaçık ortada olmasından dolayı hiç bunu sezmeleri, anlamaları ya da *düpedüz bilmeleri* gerektiğini düşündüğünüz oluyor mu?
- Biri sizi rahatsız eden bir yorumda bulunduğunda hiç tepki vermeyip kendi kendinize bununla bir şey kastetmediğini söylediğiniz oluyor mu?
- Bir arkadaşınızın doğum gününde üzerlerine çok titrerseniz aynı şeyi sizin doğum gününüz geldiğinde onların da yapacağını varsayıyor musunuz?
- Hiç *"Ona bunu söylememe gerek olmamalı"* veya *"Şimdiye kadar bunu bilmeliydi"* diye düşündüğünüz oluyor mu?

Varsayımlarınızın açık iletişim kurmanızı nerede etkilediğini tespit etmek *Sınırların Efendisine* yaraşır tarzda yeni ve şeffaf anlaşmalar yapmanın ilk adımıdır.

Aynı sınır kalıplarımız gibi, bu sessiz anlaşmalar da çoğu zaman incelenmeden kabul edilir. Gölgede kalan bu anlaşmalar son derece yıkıcı olabilir. Dillendirilmemiş sınır anlaşmaları aktif olduğu zaman, fikrinizi dürüstçe söylemek bir seçenek gibi gelmeyebilir. Ama artık farkına vardığınız üzere *her zaman* seçeneğiniz vardır.

Maria'nın, sorunun evliliğine dair söze dökülmemiş sınır anlaşması olduğuna dair hiçbir fikri yoktu. Açıkça gördüğüm üzere her ikisi de yerleşik sınır dansını değiştirmekten korkuyordu; özellikle de ilişkileri genel olarak iyi olduğu için. Değişme korkusu *Proaktif Sınır Planları* oluşturmak için harekete geçmenin önünde duran ilk engel olup bu korku herkes için geçerlidir.

Bununla birlikte, güvenebileceğimiz yegane şey değişimdir. Meditasyon ve farkındalık uzmanı arkadaşım Davidji değişimi nefese benzetir. Sürecin bir parçası değil; ta kendisidir.* Hayatın bize getirdiği değişikliklerin gelgitlerine teslim olmak insanı derinden özgürleştirebilir. Bilinçli olarak bilinmeyene yakınlaşmayı seçmek ise oyunu *tümden* değiştiren şeydir. Bilinmeyeni kucaklamayı öğrenebilirsiniz zira bilinmeyen, hayatın sonsuz olasılıklarının yattığı yerdir.

Çoğumuz için bu kavramı teorik olarak anlamak başka şey, değişimin ortasında huzuru bulmak ise bambaşka bir şeydir. Özellikle de konu kişisel sınırların belirlenmesi olduğunda.

İnsanlar, üçüncü bölümde gördüğümüz üzere değişimden korkmaya programlanmıştır. Artık kendimizi ilk insanlar gibi hayati tehlike arz eden durumlar içerisinde bulmasak bile, korku gene de ortaya çıkar ve bu insanın kemiklerine işlemiş, ilkel korku bizi kıstırdığı zaman, bundan kurtulması zordur. Neyse ki artık *Sınırların Efendisi* olarak elinizde, korku halinde otomatikman ortaya çıkan fizyolojik tepkileri durdurmanıza yardımcı olacak bir araç var: *Farkına Var-Bırak-Yanıt Ver.* Bu üçlü yöntem sayesinde kaygı ve endişe yaratan birçok durum karşısında daha fazla düşünerek ve daha fazla dikkat ederek yanıt verebilirsiniz.

---

* Davidji, *"Change Is Breath Meditation Metta Moment,"* davidji.com (5 Kasım 2019). Erişim tarihi: Nisan 2020.

Bu yöntemi kesinlikle cepte tutmanız gerekecek. Kişisel sınırlar belirleme konusunda becerileriniz ve bilginiz arttıkça, gene bazı engellerle karşılaşabilirsiniz.

Belki de başarıdan korkuyorsunuzdur: Daha sağlıklı olmak, sağlıksız olmayan alışkanlıklarınızın yarattığı bazı konforları kaybetmenize neden olacak. Ya da tam tersi, başarısızlıktan korkuyor olabilirsiniz: Daha sağlıklı olmak, eskiye nazaran daha fazla reddedilme, rahatsızlık ve mükemmel olmama riski anlamına gelebilir.

ÖZET *Değişimden korktuğumuz zaman, eski, bildik davranışlarımıza sıkı sıkıya tutunma eğiliminde olduğumuzun farkın varın. Üstelik bu davranışlar istediğimiz sonuca ulaşmamızı engellese bile…*

Başarı ve başarısızlık korkusu madeni paranın iki yüzü gibidir ve söz konusu madeni para da değişim korkusudur. Endişenizi bir soğan kabuğu gibi soymaya başladığınızda değişim korkusunun aslında kaybetme korkusu olduğunu fark edeceksiniz. Zira bilinmeyene ulaşmak için bilinenden vazgeçmemiz gerekir. Ama düşünce şeklimizi değiştirerek, değişimi korkulacak bir şey gibi görmek yerine heyecan verici bir şey olarak deneyimleyebiliriz.

Oturmuş ilişkilerde, her iki taraf da değişimin zorunlu olduğunu içten içe bilse bile, değişimi başlatmak son derece tehditkar gelebilir.

Yerleşmiş sınır danslarını değiştirme karşısında duyabileceğiniz korkunun üstesinden gelmenize yardımcı olmak için, tepkiselden proaktif sınır stratejisine geçerken atılması gereken adımları tek tek göstereceğim. Bunu *nasıl* yapacağınızı anladığınız zaman, hâlâ korksanız bile bu korku öne geçip kendi doğrunuzu söylemenizi engellemeyecek.

Bu adım adım süreç sizi sınır çatışmalarını erkenden fark etmek, dolaylı iletişim alışkanlıklarını değiştirmek ve kendi fikirlerinizi özgüvenli bir şekilde ifade edebilmek için hazır hale getirecek. Başarılı olmak için bir önceki bölümde yaptığımız üzere; tercihlerinizi, isteklerinizi ve sizin için kabul edilemez olan durumları tanımlamalı ve kiminle uğraştığınızı bilmeli veya tahmin etmelisiniz. Aynı zamanda hayatınızın her alanında ne tür ilişkiler yaşamak istediğiniz konusunu da düşünmeniz gerekecek.

Diyelim ofisten bir arkadaşınız sizi evdeyken sürekli görüntülü olarak arıyor ve siz de bundan hoşlanmıyorsunuz. Eğer sınır davranışınız tepkiselse, hoşlanmadığınızı belirtmek için onunla konuşurken kısa ve ters cümleler kurabilir veya gözlerinizi devirebilirsiniz. Açık bir şekilde rahatsız olduğunuzu görmesini ve durmasını ümit edersiniz. Ama durmaz ve bu dans da çabucak eskir.

Arkadaşınızın durumu kendiliğinden anlamasını beklemek yerine onu sizin idare etmeniz gerekir ve proaktif bir plan hazırlamanın bu anlamda faydası olacaktır. Yeni davranışlar ve tepkiler genelde dirençle karşılandığı için, arkadaşınızın sizi "sadece işle ilgili konular" için arayabileceğine dair belirlediğiniz kuralı sevmeyeceğine bahse girebilirsiniz ki bu da anlaşılır bir şey. Fakat daha da önemlisi, herhangi bir değişiklik yaptığınız zaman rahatsızlık yaşayacağınıza dair beklentinizin sizinle arkadaşınız arasında dillendirilmemiş bir sınır anlaşması olduğuna işaret etmesidir. Doğrudan *"Artık sadede gel"* demeyerek aslında sınırı ihlal eden davranışına boyun eğmeyi kabul ediyorsunuz.

Proaktif Sınır Planları ve şeffaf anlaşmalar iş arkadaşları, iş ortakları ve girişimcilerle müşterileri arasındakiler dahil olmak üzere her ilişkide çok önemlidir. Bu plan ve anlaşmalar beklentileri ortaya koyar, ileride çatışma yaşanmasını önlemeye yardımcı olur ve sağlıklı ve verimli ilişkilere sahip olma şansını artırır. Bu, arkadaşlıklardan aile bağlarına ve komşulara kadar hemen herkesle olan ilişkiler için geçerlidir. Proaktif sınırlar, sizi başarıya hazırlar.

Buradaki gizli sorun şu ki, şu anda hangi ilişkide sorun yaşıyor olursanız olun, söze dökülmemiş herhangi bir anlaşmada değişiklik yapma konusundaki korkularınızla yüzleşme sorumluluğu size aittir. *Proaktif Sınır Planınızı* oluşturmaktan siz sorumlusunuz. Bunun için de öncelikle, doğrudan kendi kendinizle olan ilişkinizin sağlık durumunu yansıtan *içsel sınırlarınızı* kontrol etmeniz gerekir.

İçsel Sınırlar

Dışsal sınırlarınız başkalarıyla nasıl etkileşime girip girmeyeceğinizi belirlerken *içsel sınırlar* kendinizle olan ilişkinizi belirler.

Maria eşi Gus ile olan *Proaktif Sınır Planını* oluşturmadan önce, içsel sınırlarını ve kendi içinde yaşamasına izin verdiği duyguları ve yaşantıları açıklığa kavuşturmamız gerekiyordu. İçsel sınırlarının daha sağlıklı olabileceğini sezdim. Aksi takdirde, eşinin kek teklifini gayet rahat bir şekilde geri çevirip *"Ben almayayım hayatım, teşekkürler"* diyebilirdi.

Güçlü içsel sınırlara sahip olmak kişinin kendisini tanımasını ve kendisine verdiği sözleri tutma gücü gerektirir. (Olur / Olmaz alıştırması bu yüzden erkenden ikinci bölümde verildi, o zaman atladıysanız hemen şimdi geri dönüp yapın.) Örneğin, her hafta yogaya gitmek gibi yeni bir sağlıklı alışkanlık edineceğinizi söyledikten birkaç hafta sonra sosyal medya, arkadaşlar veya koltuğun rahatlığı yüzünden dersleri aksatabilirsiniz.

> **ÖZET** *İçsel sınırlar kişinin kendisini gerçek anlamda tanımasına dayanır. İçinizde hangi yaşantı ve duygulara izin verdiğinize dair sınırlar belirler ve doğrudan kendinizle olan ilişkinizin sağlık durumunu yansıtır.*

Tamam, nihayetinde bir insansınız ve mükemmel olmanız gerekmiyor. Ama şunu anlamalısınız ki, kendi kendinize bir söz verip tutmadığınızda (veya kendi iyiliğiniz için anlık zevkleri erteleyemediğinizde) kendinizden vazgeçiyorsunuz.

Kendinden vazgeçme zarar görmüş içsel sınırların belli başlı belirtilerindendir. Sağlıklı seçimler yapma beceriniz zayıflamıştır. Eğer kendinizden sürekli olarak vazgeçerseniz, hedeflerinize giden yolun bitiş çizgisinin hep üç adım gerisinde kalacaksınız.

Sağlıklı içsel sınırlar inanılmaz derecede değerlidir. İçsel sınırlarınız sağlıklı olduğu zaman, yapacağınızı söylediğiniz şeyi yapma konusunda kendinize her zaman güvenebilirsiniz. Kendinize iyi bakacağınıza güvendiğiniz için de huzurlu hissedersiniz. Örneğin, yoga dersinizi kaçırmamak için annenizden gelmek istediği saatten bir saat sonra gelmesini isteyebilirsiniz.

Burada iki tür sınır iş başında: Dersinize gitmemezlik etmeyerek kendi kendinize verdiğiniz sözü tuttuğunuz içsel sınırınızla annenizden bir saat sonra gelmesini istediğiniz dışsal sınırınız. Ya da daha anlamlı bir ilişki istediğiniz için eski erkek arkadaşınızla *sadece cinselliğe dayalı* bir ilişkiye hayır demeniz. İçsel sınırlarınız sağlıklı olduğu zaman, istediğiniz sonuçların aksi yönde olduğu için size *uymayan* şeylere *"Bana uymaz"* diyebilecek kadar kafanız nettir. Belirlediğiniz sınırlara başkalarının vereceği tepkiden endişelenmek yerine kendi duygularınıza daha çok değer verirsiniz. Sağlıklı içsel sınırlar size hem kendiniz için hem de ilişkilerinizde kendi doğrularınızla uyumlu hareket etmek ve bu yönde kararlar almak için gereken gücü verir. Bu kavram, kulağa basit gibi gelse de çoğumuz için inanılmaz zordur.

Neden diye sorabilirsiniz.

Geldiğimiz şu noktada sınır sağlığı standartlarını ailenizin belirlediğini öğrenmek sizi artık şaşırtmayacaktır. Bunun anlamı, çocukken güveniniz kırıldıysa veya sınırlarınız ihlal edildiyse, bugünkü içsel sınırlarınızın sağlam olmayabileceğidir. Bir veya iki ebeveynin size verdiği sözleri tutmaması, sizi ihmal etmesi, size kötü davranması veya istismar etmesi düzensiz içsel sınırlara neden olabilir ve bu durum yetişkinliğe kadar uzayabilir.

İçsel sınırlarınız sağlıksız olduğu zaman, başkalarının istek ve beklentilerinden çok kolay etkilenebilirsiniz. Örneğin, kendi kendinize içmeme sözü vermenize rağmen içkiye düşkün arkadaşlarınızla sürekli olarak içkili partilere katılabilir; bir kursa, eğitime veya projeye başlayıp sonrasında bir bahaneyle tamamlamadan bırakabilir; eşinize/kardeşinize/arkadaşınıza istenmeyen bir davranışınıza son vereceğinize ya da hedefleriniz doğrultusunda adım atmaya başlayacağınıza dair sözler verip hiçbir zaman tutmayabilir ya da birisi uygunsuz biçimde davrandığı veya son derece kişisel bir sınırı geçtiği zaman doğrudan iletişim kurmayabilirsiniz.

ÖZET *Kendinden vazgeçme zarar görmüş içsel sınırların belli başlı belirtilerindendir.*

ŞİMDİ SIRA SİZDE:
Kendinize Verdiğiniz Sözleri Tutmak

Hemen şimdi kendinize verdiğiniz sözleri nerelerde tutmadığınızın bir listesini çıkarın. Bu değerlendirmenin kazandıracağı farkındalık, kendinizin yanında daha istikrarlı bir şekilde durmanıza yardımcı olacaktır.

- Kendiniz için bahane üretir misiniz?
- Doğru olmayan bir dil kullanır mısınız? On dakika deyip aslında bir saati kasteder misiniz?
- Yapabileceğinizden fazlasını vadeder misiniz?
- Sağlıklı olmayan alışkanlıklarınızı değiştireceğinizi ilan edip devamını getirmediğiniz olur mu?
- Başkalarının fikir, düşünce, yargı veya eleştirilerinden kolayca etkilenir misiniz?
- Kararsız mısınız?
- Kendinize hedefler koyup bunlardan genelde birkaç hafta içinde vazgeçer misiniz?
- Başkalarının onaylamayacağını ya da sizinle aynı fikirde olmayacağını bildiğiniz zaman kendi doğrularınızı söylemek sizin için zor mu?

Eğer yukarıdaki soruların en az yarısına evet cevabı verdiyseniz, içsel sınırlarınızın güçlendirilmesi gerekiyor demektir. Bu yüzden yola devam edin! Kendi yanınızda durmanız önemlidir; çünkü *siz* önemlisiniz.

Bu kalıpları değiştirmek zaman alır ama başarınızın en önemli unsuru kendinizden vazgeçmeye bir *son vermeye* niyet etmenizdir. Altıncı bölümde anlatıldığı üzere yavaşlayın ve farkındalık ve meditasyon sayesinde içinizde daha fazla alan yaratın ki böylece eski davranışlarınıza dönmek üzere olduğunuz zaman farkına varabilin.

Bu an sizin karar anınız, eski alışkanlıklarınıza devam edebileceğiniz veya farklı bir yol seçebileceğiniz yol ayrımıdır. İçsel sınırlarınızı güçlendirirken bu seçim anları *büyük öneme sahiptir*. İstediğiniz sonuçlara götürmeyeceğini bildiğiniz halde aynı şeyi yapmaya devam mı edeceksiniz? Yoksa kendi değerinizi daha fazla onaylayan yeni davranışları mı seçeceksiniz? Büyük resmi aklınızda tutun, küçük adımlara odaklanın ve yeni davranışı her seçtiğinizde kutlama yapın. *Kendinizden vazgeçmemeyi* (ya da ilişkilerinize zarar vermemeyi) seçmek sadece içsel sınırlarınızı güçlendirmekle kalmaz; aynı zamanda özsaygınızı da artırır.

Çoğumuz gibi, Maria'nın da hasarlı içsel sınırları kendi kendisiyle yaşadığı çatışmaya yansıyordu. Niye bu kadar arada kaldığını anlayabiliyordum. Alışkın olduğu sınır dansına devam etmek konforlu olmakla kalmayıp aynı zamanda Gus'ın ona kırıntı kek yedirmesinin ve İtalyan lokantasına götürmesinin ona her zamanki sevgisini gösterme yolu olduğunu da biliyordu. Ama kırıntı kek ve *dört peynirli* makarna yemek (hangi yemekte *dört* çeşit peynire gerek olur ki?) kendisini iyi hissettirecek olan nihai kilo verme hedefine hizmet etmiyordu. O zaman bu jestler gerçekten sevgiden mi geliyordu? Pek sayılmaz. Ve onun görevi bunu eşine söylemekti.

Atmamız gereken bir sonraki adım Maria'yı sağlıklı olma yönündeki isteğini pekiştirmek ve Gus dolaptan unu her çıkarışında kendisinden vazgeçmeyi bırakması için hazırlamaktı. Maria eşinin hayatının diğer alanlarında olduğu gibi, sağlık konusunda da destekçisi olmasını gerçekten çok istiyordu.

Büyük resme odaklanmak Maria'nın her teslim oluşunda kendi kendisini paylamayı bırakmasını kolaylaştırdı. (Buradan içimizdeki zalim kıza selam olsun.) Kendisine küçük adımların eşiyle ettikleri sınır dansını gerçek anlamda değiştirmenin tek yolu olduğunu hatırlatmaya başladı. Aslında hayır demek istediği halde her evet dediğinde, bunu vücudunda neler olup bittiğine bakmak için bir fırsat olarak gördü. Kendisinden vazgeçmesi ona kendisini nasıl *hissettiriyordu*?

Hissettiği bedensel duyumları ve duyguları birer işaret olarak alıp sebebini merak ediyor muydu? Durup daha sağlıklı olan seçeneği seçmek için kendisine yeterli zamanı veriyor muydu? Maria içsel sınırlarının takviye edilebileceğini anlar anlamaz, Gus ile yaşadığı durumu değiştirme konusunda daha da umutlandı.

> **ÖZET** *İçsel sınırlarınız sağlıklı olduğu zaman, yapacağınızı söylediğiniz şeyi yapma konusunda kendinize her zaman güvenebilir; kendinize iyi bakacağınızı bildiğiniz için huzurlu hissedersiniz.*

Geri Adım Manevrası

Gus'in başta eşini desteklemeyi onaylayıp sonrasında çabalarını sabote etmesi klasik bir *geri adım manevrası*dır.* Tepkisel olarak ve hemen her zaman bilinçdışı yapılan bu manevra, değişime direnme ve eski durumu geri getirme girişimidir. Maria'nın daha sağlıklı olma yönünde attığı adım, aralarındaki yerleşik dinamiği altüst ediyor, Gus'ın davranışı da net bir mesaj veriyordu: *Bu sağlıklı olma isteğini sevmedim, Maria.*

Farklı durumlarda, bu geri adım manevrası şu tarz ifadelerle de kendisini gösterebilir: *"Bu vejetaryenlik işini çok ileriye götürdün. Hasta olacaksın diye endişeleniyorum"* veya *"Terapi seni değiştirdi. Artık aşık olduğum o mutlu/seksi/iyi kadın değilsin"* gibi.

Geri adım ister sözle ister davranışla ifade edilsin, niyet aynıdır: Bir sınır koyan veya değişiklik isteğini açıkça belli eden her kimse onu sabote etmek. Karşınızdaki kişi geri adım atarsa, bunun illa kötü niyetle yapılmış olmayabileceğini bilin. Geri adım manevrası sinir bozucu olabilir ama hangi dirençle karşılaşırsanız karşılaşın, bunun altında yatan asıl sebebi anlamak için rahatsızlığınızı aşıp ilerlemeye değer. Sakin bir şekilde sebat etmek size büyük güç ve daha derin bir yakınlık kazandıracaktır.

---

* Harriet Lerner, *"Coping With Countermoves,"* psychologytoday.com (20 Aralık 2010). Erişim tarihi: Nisan 2020.

Maria Gus'ın iyi bir adam olduğunu biliyordu. Kasıtlı olarak kendisini sabote edecek biri değildi. Bu yüzden de lafa *"Bu da neyin nesi şimdi? Kırıntı kek yapmanın asıl amacını biliyorum!"* diye başlamayacaktı. Bunun yerine Gus'ın bilinçsizce neden eşinin aynı kalmasını istediğini anlamak istiyordu.

Büyük ihtimalle Gus eşini kaybetmekten korkuyordu. Ya zayıflayınca değişir ve Gus'a olan ilgisini kaybederse? Tanıdığı kadının ilişkilerinin en başından bu yana hep yirmi beş-otuz beş kilo fazlası vardı. Yenilenen ve daha sağlıklı bir Maria yeni birisiyle olmak isterse ne olacaktı?

Yepyeni Bir Dans Yaratmak İçin Derine İnmek

Gus'un (bilinçli olmasa da) ciddi anlamda geri adım manevralarına başvurduğunu anlamak başlamak için iyi bir yerdi. Davranışının kötü niyetten ziyade korku olduğunu bilmek Maria'nın *Proaktif Sınır Planına* yön verdi. Ama gene de Maria'nın geçmişine biraz daha inmemiz gerekiyordu. Kendisini *nasıl* olup da bu sağlıksız dinamiğin içinde bulmuştu? Ne de olsa, Gus'ın bilinçdışı korkusunun *kendi* iyiliğini olumsuz yönde etkilemesine izin veren kendisiydi. Birçok kötü sınır dansı gibi, bu çift adımlı dans da kimseye hizmet etmiyordu.

Maria insanların eleştiriye karşı aşırı hassas olduğu ve sorunları açıkça tartışma becerisine sahip olmadığı, savunmacı bir aile düzeninde büyümüştü. Aile üyeleri konuşmak yerine kin tutuyor veya hoşnutsuzluklarını alaycılıkla veya sataşarak pasif-agresif bir biçimde ifade ediyordu. Bu da Maria'nın yetişkin hayatında çatışmadan kaçınmak için aşırı uyumlu birine dönüşmesine neden olmuş ve bu da -sürpriz bir şekilde- Gus'a gerçekten ne hissettiğini ya da düşündüğünü söylemesini engellemişti.

Çocukken size nasıl davranıldığı ve tanık olduğunuz davranış modeli, yetişkin hayatınızda eleştiri olarak algıladığınız yorumlara nasıl yanıt vereceğinizi belirleyen başlıca faktördür. Ebeveyniniz hata yaptığınızda sizi sertçe cezalandırdıysa veya düzenli olarak utanmanıza neden olduysa, olumsuz geribildirim karşısında yön değiştirme veya inkar şeklinde bir korunma mekanizması geliştirmiş olabilirsiniz. Kendini koruma içgüdüsü biri size karşı öfkesini veya hayal kırıklığını ifade ettiğinde savunmaya geçmenize neden olabilir. Çocukluktaki adaptif davranışlar (örneğin, dengesiz bir ebeveynin gereksinimlerini sizinkilerden önce tutmak) yetişkin hayatınızda yakınlık kurabilmenizin önünde *büyük* bir engeldir.

Bu tür davranışlar hakiki ve karşılıklı paylaşıma giden yolu kapatarak işbirliğine değil, anlamsız çatışmalara zemin hazırlar. Tam bir kaybet-kaybet durumu.

Büyürken Maria'nın ailesi birbirlerine çok yakındı ve kişisel mahremiyete çok az izin verilirdi. Zor konulardan kaçınmaya dair dillendirilmemiş ve eş bağımlı kural, hepsini bir sürü dışa vurulmamış duyguyla baş başa bırakır; sonra da bu duyguları uyuşturmak için yemeğe başvururlardı. Örneğin, Maria annesine kızdığı zaman, meseleyi konuşup çözmek yerine, annesi ona en sevdiği kırıntı keki yapardı. (Evet, Gus kayınvalidesinden bu kekin tarifini almıştı.) Maria annesinin başında durup ona *"Ye hadi. Kendini daha iyi hissedeceksin"* dediğini hatırlıyor.

Maria duygularını ve sınırlarını tanımlamayı ve bunları etkili bir şekilde karşı tarafa iletmeyi öğrenmek yerine duygularını tatlı yiyerek veya başka tür iyi hissettiren yiyeceklerle bastırmayı öğrenmişti. Morali bozuk olduğunda kendini iyi hissetmek için tatlı yemeyi de annesinden görerek benimsemişti. Şimdiki zaman ile geçmiş zaman arasındaki, yani duygularını sahiplenmemek ve yiyerek bastırmak arasındaki bağlantıyı görmek Maria'nın eşiyle ettiği sınır dansını değiştirmesi açısından *çok önemliydi.*

Olayın düşünülmesi gereken bir de kültürel boyutu vardı. Hem Maria hem de Gus yemek ikramının sevgi ve şefkati temsil ettiği Yunan kökenli geniş ailelerden geliyordu. Bu yüzden Maria Gus'ın ona teklif ettiği yiyeceği geri çevirirse onu üzmekten korkuyordu ve eşine acı verme düşüncesi onun için katlanılamaz bir durumdu. Her ne kadar Maria dışarıdan pozitif, iyimser ve gamsız biri gibi görünse de aslında son derece kendine güvensiz ve başkalarından onay bekleyen davranışlar göstermeye meyilli bir kadındı. Bu durum,

Gus ve diğerleriyle arasına etkili sınırlar çizmesini daha da engelliyordu. İhtiyaçlarını ifade ettiği zaman hem Gus hem de başkalarının buna nasıl tepki vereceğinden kendisinin sorumlu *olmadığını* anlaması gerekiyordu. Bu onların sorunuydu. Maria'nın sorumluluğu ihtiyaçlarını bilmek, ifade etmek ve bunları müzakere etmekti.

Elimize geçirdiğimiz gerçek verilerle Maria'nın *Proaktif Sınır Planını* hazırlamaya başladık. Kendi iyilik ve mutluluğuna sahip çıkmasını ve basit bir ricayı kısa ve öz bir biçimde ifade etmesini istiyorduk: Gus'ın hem sözleriyle hem de davranışlarıyla Maria'nın sağlıklı yaşam tarzını desteklemesini. (Kes şu kırıntı kek saçmalığını be aptal aşık!) Maria aynı zamanda ne kiloda olursa olsun, evliliğine duyduğu bağlılığa dair eşini temin edecekti.

Sınırı İlk Kez İhlal Edenlerle Sürekli İhlal Edenler

Sınırlarla ilgili teorik olarak öğrendiklerimizi hayatınıza uygulamadan önce, birçoğumuzun baş etmek zorunda kaldığı iki tip insanı tanımamız gerek: Gus gibi sınırı *ilk kez ihlal edenler*le *sürekli olarak ihlal edenleri*.

İlk kez ihlal edenler, sınır talebinizi hiçbir zaman sözlü olarak iletmediğiniz kimselerdir. Bu ne bir danışman ne de yakın arkadaşı olduğunuz halde, evlilik sorunları hakkında çekinmeden sizden fikir isteyen bir iş arkadaşı veya izin istemeden sürekli en sevdiğiniz gece kıyafetinizi ödünç alan bir kardeş ya da abla olabilir. İçten içe bu insanların sizi kullanan, benmerkezci zorbalar olduğunu düşünebilirsiniz. Ama bunun bambaşka nedenleri olabilir. Belki de durumdan tamamen bihaberler veya duyarsız oldukları için sizin üstü kapalı imalarınızı anlamayabilirler. Veyahut da hoşlarına gitmeyen bir gerçeği inkar edebilirler. Belki de onlara hiçbir şey söylememenizi rızanız olduğuna yoruyorlardır. Ne tür bir sınır etkileşimi olursa olsun, henüz onlara davranışlarını değiştirme şansı vermemişsinizdir. Bunu yapabilmek için, sınır talebinizi açıkça ve sakin bir şekilde belirtmeniz gerekir. Talebinize verecekleri tepki gerçekte ne düşündükleri ve hissettikleri hakkında değerli bilgiler verecektir.

Sürekli olarak aynı kabahati işleyenlerin durumu ise farklıdır. Bu kişiler, onlara sınırlarınızı belirtmiş olmanıza rağmen, açık bir şekilde çizmiş olduğunuz sınırı aşmaya devam eden kişilerdir. Bilmediklerini veya seçici bir belleğe sahip olduklarını iddia ederler ya da sizi geri adım atmaya ikna etme girişiminde dahi bulunabilirler. Örnek olarak, eski sevgililerinden kurmuş olduğu haremden hoşlanmamanızı önemsemeyip sorunun güvensizliğiniz olduğunu söyleyen bir eş veya sevgili ya da randevunuz olduğu zaman sizi her zamanki gibi on beş dakika bekleten ve sonra da *"Yol üstündeki bir mağazaya çabucak uğrayıp bir şey iade etmem gerekiyordu. Beklediğin için teşekkürler"* diyen düşüncesiz bir iş arkadaşı düşünün. Üstelik de herhangi bir gecikme veya değişiklik durumunda önceden haber vermesini özellikle istemiş olmanıza rağmen. Sürekli olarak kabahat işleyenlerle konuşurken sınırlarla ilgili isteklerinize eklemeniz gereken belirli sonuçlar vardır. Bunlara aşağıdaki Sonuçların Gücü kısmında değineceğiz.

Bu tip kişiler canınızı son derece sıkabilir, özellikle de bodrumunuzda çocukken görülmemeye veya duyulmamaya dair henüz çözümlenmemiş meseleler varsa. Birkaç defa derin nefes alın. Bu kimseler gerçek duygularınızla hiç ilgilenmeyen ya da bunları dikkate alabilecek becerisi olmayan *Sınır Muhripleri* olabilir ki bu konuya da dokuzuncu bölümde değineceğiz. Sınır talebinizi iletirken talebinizin yerine getirilmemesi halinde bunun neden olacağı sonuçları söyleyip sonra da bu dediklerinizi yapıncaya kadar bunu bilemezsiniz.

> **ÖZET** *Oturmuş bir ilişkideki sınır dansını değiştirdiğiniz zaman, karşı taraf geri adım atabilir. Bilinçdışı yapılan bu manevra, değişime direnme ve durumu eski haline geri getirme girişimidir.*

Karşınızdaki kişinin ister ilk kabahati olsun isterse bunu sürekli yapsın, sizin işiniz kendi duygularınıza ve hedeflerinize odaklanmaya devam etmektir. Unutmayın, bir sınır dansına yeni figürler eklediğiniz zaman dans partneriniz bunu fark edecektir. Bazıları bu yeni talimatlara minnettar olurken bazıları olmayabilir. Aldığınız kararları başkalarının vereceği tepkiden duyduğunuz korkunun raydan çıkarmasına izin vermeyin. Bu nokta, başarınız için son derece önemlidir.

Çoğumuz, özellikle de *Yüksek İşlevli Eş Bağımlılar* ve empatlar, sürekli olarak başkalarını umursamayı alışkanlık haline getirmiştir. En büyük sınır engellerinden biri reddedilmeye karşı gösterilen aşırı hassasiyettir. Tercihlerinizi, isteklerinizi ve sizin için kabul edilemez durumları ifade ederken, diğer insanın direncinin ya da tepkisinin tamamen onların meselesi olduğunu anlamanız çok önemlidir. Yani bu *onların* sorumluluğudur. Siz *kendinize* odaklanın. Diğer insanın ne yaşayacağına dair derin bir analiz yapmak cezbedici olsa da bu tür bir davranış kendinizi güçlendirmenize dair uzun vadeli hedefinize destek olmaz. (Diğer kişilerin akıl ve ruh sağlığının *onların* meselesi olmasından bahsetmiyorum bile.)

Bir tür dirence karşı hazırlıklı olmak ihtiyatlı bir davranıştır. Bununla başa çıkabilirsiniz. Sözlü veya değil, verdikleri yanıtı vazgeçmek için bir işaret olarak algılamayın. Yolunuza devam edin ve inancınızı koruyun. Değişimin adım adım olacağını unutmayın. Bir ayağınızı diğerinin önüne koyarak ilerlemeye devam edin. Her defasında bir ufak değişiklik. *Sınırların Efendisi* eğitiminiz gelecekteki mutluluğunuza değecektir.

Proaktif Sınır Planınızı Oluşturmak

Proaktif Sınır Planınızı geçmişiniz, yaşam deneyimleriniz ve doğal sınır tarzınız belirler. Her bir ilişki için ve karşınızdaki kişinin ilk kabahati olup olmamasına göre farklı planlar hazırlarsınız. Aynı zamanda konuşmak için en iyi zamanı da dikkate almak isteyebilirsiniz. Örneğin, yöneticinizin öğle yemeği yemediği zaman sinirli olduğunu biliyorsanız, izin talebinizi iletmek için yemek sonrasını bekleyin.

Şimdi gelin, *Proaktif Sınır Planınızın* hazırlık aşamalarına bakalım.

Birinci Adım: Sınırınızı İyice Belirleyin. İstediğiniz sınır konusunda net olun. Bir şeylerin farklı olmasını istemek yetmez. Kendinizi sevdiğiniz birinin daha "hassas" olmasını dilerken bulursanız, daha spesifik olmak için kendinizi zorlayın. Belki de asıl istediğiniz şey belirli bir konuda onayını almaktır.

Örneğin, eşinize her ikinizin de *"para idaresiyle ilgili daha iyi olmanız gerektiği"* konusunda şikayet etmek yerine, her ikinizin de birbirinize sormadan belirli bir tutarın üzerinde alışveriş yapmayacağına dair anlaşmak üzere belirli bir öneride bulunun.

Spesifik olmak anlaşılma olasılığınızı ve ihtiyaçlarınızın karşılanması ihtimalini çok daha artıracağı için istediğiniz şeyi önce içinizde tam olarak netleştirmeniz şarttır.

İkinci Adım: Kendinizi Genel Olarak Değerlendirin. Bilinçdışınızda duran ve hâlâ güçlü etkiler yaratıp kötü sınır davranışlarına neden olabilen yaşantılar olup olmadığına bakın ve kendinize beşinci bölümde öğrendiğiniz üç soruyu sorun: Bu kişi bana kimi hatırlatıyor? Daha önce nerede böyle hissettim? Aramızdaki bu dinamik bana neden veya ne açıdan tanıdık geliyor?

Bu üç soruya vereceğiniz yanıt, durumu açık bir şekilde görmenizi engelliyor olabilecek aktarım bağlantılı davranışlara dair size hızlıca ipucu verecektir. Bilinçdışında olan şeyleri bilinç düzeyine taşıyıp farkına varmak, çözümlenmemiş eski yaralar tarafından bulandırılmadan, mevcut durumun gerçeklerine dayanarak sınır talebinde bulunabilmeniz için sizi özgür kılar.

Üçüncü Adım: İstediğiniz Sonucu Hayal Edin. Sınır konuşmanızın nasıl gitmesini istediğinizi kafanızda canlandırın. Korkudan uzaklaşmanız çok önemlidir. İyi olana odaklanın. Başkaları tarafından görülüp işitilmek *müthiş* bir duygudur. Gerçekten bilinip tanınmak için adım atmaya cesaretinizin olması da aynı şekilde *harikadır*.

Bir şeyi zihninizde canlandırma üst düzey atletler tarafından performanslarını artırmak için kullanılan, denenmiş ve etkisi kanıtlanmış bir tekniktir. Bu psikolojik hazırlık çalışması, sınır talebinizi başarılı bir şekilde iletebilmeniz için hem içinizde hem de dışınızda en uygun koşulları yaratır. Sadece kendi kendimizi kontrol edebileceğimiz için, hedefimiz ne düşündüğümüzü ve nasıl bir sınır istediğimizi açık bir şekilde ifade etmektir. Karşıdakinin buna vereceği yanıt ne yapabileceklerini ya da ne yapmaya istekli olduklarını ortaya çıkaracaktır. Örneğin, biri uzlaşmaya yanaşmazsa, duygularınızı umursamazsa veya kendinizi ifade etme cüretini gösterdiğiniz için gücenirse kendisine uygun bir şekilde yanıt verme fırsatınız olacak ve belki de aranızdaki ilişkiyi yeniden düşüneceksiniz.

Duygularınız ve beklentileriniz istediğiniz sonuçlar üzerinde güçlü etki yaratır. İstediğiniz şeyi elde etmenin sırrı, ister sınırla ilgili bir talebinizin yerine getirilmesi veya başka bir şey olsun, sonuç daha ortaya çıkmadan onu zihninizde canlandırmak ve sonuca ulaştığınızda hissedeceğiniz duygunun içerisine girip onu şimdiden *hissetmektir*. Hayal ederken beş duyunuzun tamamını da işin içine katın: Görme, koku, tat, dokunma ve işitme.

Dördüncü Adım: Doğrudan Bir Dil Kullanın. Az ve öz, doğrudan ve uygun bir dil kullanın. Hedefiniz duruma göre karşınızdaki kişiye tercihinizi, isteğinizi, talebinizi, sınırınızı veya bazı durumlarda nelerin sizin için kabul edilemez olduğunu bildirmektir.

Örneğin, şöyle şeyler söyleyebilirsiniz: "*Senden bir ricam olacak. Arabamı ödünç aldığın zaman benzin deposu boş bir halde değil de dolu halde getirmeni istiyorum*" veya "*Bugünkü aile toplantımız boyunca telefonundan mesaj göndermenin dikkatimi dağıttığını bilmeni isterim. Senden ricam önümüzdeki haftaki toplantıda önceden kararlaştırdığımız kurallara uyup telefonunu odanda bırakman."*

ÖZET *Sadece kendi kendimizi kontrol edebileceğimiz için, hedefimiz ne düşündüğümüzü ve nasıl bir sınır istediğimizi açık bir şekilde ifade etmektir. Karşıdakinin buna vereceği yanıt ne yapabileceklerini ya da ne yapmaya istekli olduklarını ortaya çıkaracaktır.*

Bir ricada bulunurken veya bir sınır belirlerken durumu açıklayıcı bilgiler vermek zorunda değilsiniz. (Dikkatin başka yerdeydi, bu benim de *dikkatimi dağıttı* gibi.) Bununla beraber, bazı durumlarda, vereceğiniz ekstra bilgi diğer kişinin sizi daha iyi anlamasına yardımcı olabilir. (Yapılan anlaşmalara uyulmasını ve herkesin dikkatini toplantıya vermesini istemeniz gibi.)

Ama burada dikkat etmeniz gereken bir nokta var. Fazladan bilgi verirken sadece gerekçelerinizi sunduğunuzdan ve onları sınır çizme hakkınızın olduğuna ikna etmeye çalışmadığınızdan emin olun. Hiç kimseyi buna ikna etmeniz gerekmez. (Kendiniz dışındaki size dostça bir hatırlatma yapayım: *Doğruyu söylemek hakkınızdır.*)

Gerekçe bildirmek sadece diğer kişinin sizi ve sınır talebinizi daha iyi anlamasına yardımcı olacak ek bilgiler vermekten ibarettir.

Beşinci Adım: Minnettarlığınızı İfade Edin. Takdir ve minnettarlık *Proaktif Sınır Planınızın* başarılı olması için esastır. Olumlu pekiştirme yeni davranışların devam ettirilmesi olasılığını artırır. Basit bir cümle aranızdaki iyi niyeti pekiştirebilir: *"Betty ile plan yapmadan önce bana danışmanı takdir ediyorum. Bu düşünceli davranışın bana gerçekten görüldüğümü ve sevildiğimi hissettiriyor. Teşekkür ederim"* gibi. İyi niyet ne kadar fazla olursa her iki taraf da kendisini daha çok takdir edilmiş hisseder ve ilişki de daha esnek ve sağlam hale gelir.

Aşk ve Sınırlar

Maria'nın durumunda, her ne kadar Gus'ın müdahalesine içerliyor ve bunun işlevsel olmadığını biliyor olsa da eşinin ona olan sevgisini kırıntı pasta ve makarnayla gösterme şeklini "reddettiği" için kendisini hâlâ suçlu hissediyordu.

Bu suçluluk duygusu onu Gus'ın en az sağlıklı yanıyla işbirliği yapmaya itmişti. Eğer bu sağlıksız dinamiğin içinden kendisini çekip çıkarabilirse, aynı zamanda *eşinin* onu daha sağlıklı olma çabasından vazgeçmeye teşvik etmesini de durdurabilirdi. Bu olumlu bakış açısı Maria'yı heyecanlandırdı ve ikisi için de muhtemel bir kazan-kazan durumu görmeye başladı.

Sınır talebini basit bir şekilde ifade etmek, Gus bu talebe direnç göstersin ya da göstermesin, aralarındaki ilişkinin en yüksek potansiyeline ulaşabilmesi için yardımcı olmasını sağlayacaktı. Maria'nın artan sınır zekâsı kaçınılmaz bir şekilde evliliğine de yansıyacak ve belki de eşiyle daha üst ve daha sahici bir seviyede etkileşim kurup aralarındaki yakınlığı daha da derinleştirme fırsatı yaratacaktı. Birlikte yaptığımız onca çalışmanın ardından geriye kalan tek bir soru vardı: Gus değişimi hoşgörüyle karşılayıp yeni bir sınır dansı öğrenecek kadar esnek miydi?

Biz kadınlara genelde söyleyecek iyi bir şeyimiz yoksa, hiçbir şey söylemememiz öğretilir. Bunun verdiği açık ve üstü kapalı mesaj şudur: *Şikayet etme ve uyumlu ol! (Bugünkü toplantıda benim fikrimi göz göre göre kendine mal ettiğin için şikayet etmeyeyim yani öyle mi Bob? Gerçekten mi?)* Bize öğretilen bu şeyin bize nasıl zarar verdiğini açıkça görebilsek de bazen yön değiştirip aklımızdan geçenleri açıkça söylemekte zorlanabiliyoruz.

Gerçekten düşündüğünüzde, insan olarak en temel ihtiyaçlarımızdan birisi anlaşılmaktır. Bir ilişkide ya da genel olarak hayatta yanlış anlaşıldığını ve tanınmadığını hissetmek insanı derin bir melankoliye sürükleyebilir. Yalnızlık hissi depresyona hatta intiharı düşünmeye kadar götürebilir. Yalnızlığın en acı veren hali ilişkilerde yanlış anlaşıldığınız ya da daha da kötüsü, duygularınızın önemsenmediği zaman ortaya çıkabiliyor. İşte size aklınızdan geçenleri açıkça söylemeniz için iyi bir sebep daha.

> **ÖZET** *Proaktif Sınır Planları mevcut ilişkilerde ortaya çıkabilecek durumları önceden tahmin etmeniz ve sınırlarınızı ilk defa ihlal edenlerle sürekli olarak ihlal edenlerle ettiğiniz sınır danslarınızı değiştirebilmeniz için gerekli araçları size sunar.*

Sınır dilini akıcı bir şekilde konuşabilecek hale gelmek, bütün ilişkilerinizi daha derin ve daha tatmin edici hale getirecek olan *köprüdür.* Kendinize ait sınır konuşmalarınızı önceden hazırlamak ve bunları muhatabıyla konuşmadan önce (aynada kendi kendinize veya bir arkadaşınıza) yüksek sesle söylemek/tekrarlamak işin zorluğunu biraz olsun hafifletebilir. Ne kadar çok yaparsanız bu iş sizin için o kadar kolay ve doğal hale gelecektir. Haydi başlıyoruz!

Doğru Sözcükleri Bulmak

Proaktif Sınır Planları oluştururken danışanlarımın en zorlandığı adım bazen doğru sözcükleri seçmek oluyor. Onuncu bölümde gerçek hayatta karşılaşabileceğimiz çeşitli senaryolarla örnek cümleleri ele alacağız ama bu konuda düşünmeye hemen şimdi başlayabilirsiniz. Neden bekleyesiniz ki?

Önemli olan bir gerçek var ki o da mükemmel sözcükleri bulmanızın ya da konuşmanızı mükemmel bir biçimde yapmanızın gerekmemesi. Elinize yüzünüze bulaştırabilir, gerçekten kötü bir konuşma yapabilir veya aşırı terleyebilirsiniz. İlk defa yapacağınız zaman, önemli olan sadece yapmanızdır. Mükemmeliyetçiliğin canı cehenneme...

Sınır konuşmanızın amacı açık ve uygun bir dille birine bir durumu haber vermek veya isteğinizi belirtmektir. Aşağıdaki adımlar Dr. Marshall B. Rosenberg'in geliştirdiği ve dört bölümden oluşan *Şiddetsiz İletişim* sürecine dayanmaktadır. *

Sorunu Dile Getirin. Eğer durum henüz yeni cereyan ettiyse, konuya dikkatlerini çekmek için şöyle bir şey diyebilirsiniz: *"Yedek anahtarımı alıp bana sormadan eşyalarımı ödünç alman hakkında seninle konuşmak istiyorum."*

Duygularınızı İfade Edin. Sonra da duygularınızı dile getirin: *"En sevdiğim şalı iki haftadır arıyorum ve sen daha bana yeni, üstelik de sormadan, seyahate giderken alıp götürdüğünü söylüyorsun. Bundan hiç hoşlanmadım."*

Basit Bir Ricada Bulunun. Ardından neye ihtiyacınız olduğunu rahatça ve agresif olmayan bir biçimde söyleyin. Çatışma çözümünde çığır açan *Şiddetsiz İletişim* kitabının yazarı Rosenberg'e göre, bütün ricalar basit bir şekilde dile getirilebilir. Ayrıca, ricada bulunurken her iki tarafın da bundan nasıl yararlanacağını ekleyebilirsiniz. Örneğin: *"Senden ricam ileride bana ait bir şeyi ödünç almak istediğinde önce bana sorman. Böylece kıyafetlerimizi paylaşmaya devam edebilir [yarar] ve tartışarak aramızdaki kardeş ilişkisine zarar vermemiş oluruz [yarar]."*

Bir Anlaşma Teklif Edin. Son olarak da anlaşmayı önerin. *"Bana ait bir şeyi ödünç almak istediğin zaman önce bana soracağın konusunda anlaşabilir miyiz?"* Ortak bir anlaşma, yeni sınır dansının başarılı olması için diğer kişiyi de işin içine dahil edip eşit sorumluluk almasını sağlamanın bir yoludur.

Büyük olasılıkla sınır tercihinizi ya da limitinizi birçok kez yinelemek zorunda kalacaksınız; hatta ricanızı kabul etmeye is-

* Marshall B. Rosenberg ve Arun Gandhi, *Nonviolent Communication: A Language of Life: Create Your Life, Your Relationships, and Your World in Harmony with Your Values* (Encinitas, CA: PuddleDancer Press, 2003).

tekli olanlara bile. Yerleşmiş davranış kalıplarını değiştirmek zaman ve tekrar ister zira bilinçli bir şekilde yeni davranışı seçebilmemiz için *her defasında* olayın farkında olmamız gerekir ki bu çoğumuz için yapması zor bir şeydir.

Harvard Üniversitesi'nde görevli psikologlar Daniel Gilbert ve Mathew Killingsworth tarafından yapılan bir araştırmaya göre insanlar neredeyse yüzde 50'lik bir oranda dış dünyaya ya da halen meşgul oldukları işe odaklanmış durumda olmuyorlar. Bu duruma "zihin/dikkat dağınıklığı" deniyor. Harvard Tıp Fakültesi tarafından yayımlanan makaleye göre, zihin/dikkat dağınıklığı kaygıyı azaltmak gibi önemli bir amaca hizmet ediyor. Zihnin daldan dala atlamasından sorumlu olan beyin devreleri aynı zamanda benlik algımızı korumamıza ve başkalarının ne düşündüğünü daha doğru bir şekilde anlamamıza da yardımcı oluyor.*

Sınır başarısı adına bundan çıkarılacak ders, kendisiyle yeni bir sınır dansı oluşturmaya çalıştığınız kişinin neredeyse zamanının *yarısında* yeni bir davranışı seçmeye yetecek bilince sahip olmadığını anlamanız gerektiğidir. Yani sabır göstermeniz şart.

Sonuçların Gücü

Sınırları sürekli ihlal edenler için, yinelenen talepleri göz ardı etmeleri halinde katlanacakları sonuçları ayrıca anlatmak gerekecektir. İhlalin ne gibi sonuçları olacağını belirlemek ve bunları açıkça belirtmek söz konusu kişiyi sınırlarınıza saygı göstermesi için motive edebilir ve bu sayede de sizi korumuş olur. Şöyle bir şey diyebilirsiniz: *"Bana ait olan bir şeyi ödünç almak istediğin zaman önce bana sormanı rica etmiştim. Sen de bir ay önce bana sormadan buharlı pişiricimi ödünç aldığın zaman bunu kabul etmiştin. Sözünü tutarsan gerçekten sevinirim. Böyle bir şey tekrar olursa, dairemin anahtarını senden geri almak zorunda kalacağım."*

Sınırlarınızı ilk kez ihlal edenlere, sınır ihlalinin getireceği sonuçları anlatmanız gerekmez. Bunun yerine, sınırlarınızı

---

* David Rock, *"New Study Shows Humans Are on Autopilot Nearly Half the Time,"* psychologytoday.com (14 Kasım 2010). Erişim tarihi: Mart 2020.

ve tercihlerinizi şeffaf bir şekilde dile getirin, yeter. Bu konuşmanın yaratacağı etki sizi olumlu anlamda şaşırtabilir.

Maria birlikte daha sağlıklı olmanın getireceği karşılıklı faydayı belirtmenin Gus'ı karbonhidrat saçmalığını kesmeye motive etmemesi durumunda katlanacağı sonucu dile getirebilir mesela: *"Bana kilo verme hedefime ters düşen yiyecekler ikram etmeye devam edersen, kendi yemeğimi seninkinden ayrı hazırlayacağım."* Bu bazılarına ikna edici gelmeyebilir ama Maria ve Gus'ın aile düzeninde, yemek sevgiyle eşanlamlı olduğu için kendisini bu şekilde ayırmasının anlamı büyük olacaktır.

Belirteceğiniz sonuçlar yapılan sınır ihlaliyle ve sizde yarattığı acı veya rahatsızlığın seviyesi ile orantılı olmalıdır. Sürekli olarak cüzdanınızdan para çalan birinin katlanacağı sonuç (cezaevi), sizinle randevularına sürekli olarak yirmi dakika geciken birininkiyle aynı olmamalıdır (onlarla bir daha plan yapmamak). Ne için tartışacağımızı akıllıca seçmeli ve uzlaşmanın esnek, sağlıklı ve sağlam bir ilişkinin temel bir parçası olduğunu kabul etmeliyiz.

ÖZET *Davranışlarınızda tutarlı olmanız şarttır. Tutarsız sınır yönetimi işe yaramaz.*

İnsanların davranışlarını değiştirmesinin arkasında yatan sebep genellikle yaşadıkları acı veya rahatsızlıktır. Sonuçlar da bu yüzden işe yarayabilir. Bu özellikle çocukların davranışlarında belirgindir. Bir çocuğa sobanın sıcak olduğunu bin defa söyleseniz de gene de bunu kendisi keşfetmek isteyecek kadar meraklı olabilir. Eğer bir kere eli yanarsa, sıcak bir sobaya bir daha dokunma olasılığı son derece düşük olacaktır.

Aynı çocuk yetiştirmede olduğu üzere, sınır ihlalinin getireceği sonuçları belirtmenin başarılı olup olmayacağı da büyük ölçüde sizin sözünüzü tutup tutmamanıza bağlıdır. İlişkilerinizde sağlıklı sınırlar belirleme ve bunları uygulama konusunda ciddiyseniz, yapacağınızı söylediğiniz şeyi yapmak *zorundasınız*. Tutarlılık *esastır*. Sadece bazı zamanlar uygulanan sınırlar sonunda başarısız olur.

Söylediğiniz Şeyi Yapmak

Maria ile proaktif sınır belirleme hazırlığımızı tamamladığımızda, kendini gerçekleştirdiği bazı seçme durumları Gus ile paylaşmaya çoktan başlamıştı ve Gus da bunlara samimi bir ilgiyle yanıt veriyor ve destekliyordu. Maria daha önce eşinden kırıntı kek yapmamasını ya da sevdikleri İtalyan lokantasında yer ayırtmamasını doğrudan rica etmediği için bu Gus'ın ilk sınır ihlaliydi. Maria bu istenmeyen jestlerin kendisini nasıl hissettirdiğini bile ifade etmemişti. İşlevsel olmayan sınır danslarının farkına yeni varmış ve bu sorunu ve kendi rolünü sahiplenen Maria artık bu duruma daha az içerliyor ve anlaşılmak için daha fazla istek duyuyordu.

Eşiyle yapacağı konuşma öncesindeki haftalarda, Gus eşinin enerjisindeki değişikliği fark etmeye başlamış gibiydi. Ne kek ne de makarnadan tek bir laf dahi edilmedi. Konuşma zamanı geldiğinde, Maria gergin ama aynı zamanda da umutluydu.

Ricası uzun ama şifalandırıcı bir konuşmaya dönüştü. Maria eşinin attığı geri adımlardan, ama onun kendisini kasıtlı olarak sabote etmediğini bildiğinden bahsetti. Bu tarz bir konuşmayı başlatabilmesi bile *çok büyük* bir başarıydı. Maria eşine ailesiyle ilgili öğrendiklerini ve yiyeceği sevgiyle eşdeğer tutma eğilimini anlattı. Gus ise nihayet dile getirilmemiş sınır anlaşmaları hakkında açıkça konuşma fırsatı bulduğu için rahatlamıştı; Maria'ya eğer vücudu "çok fazla şekle girerse" onu kaybedeceği ihtimalinden korktuğunu söyledi ve eşinin sağlıklı olma hedeflerini onun istediği şekilde destekleme sözü verdi.

Yeni bir sınır dansı yaratmak çok da kolay ve sorunsuz olmasa da Maria Gus'ın bu yeni dansı yapabilecek kadar esnek olduğunu ve ikisi için ayrı yemekler hazırlamasına gerek olmadığını öğrendi. Maria'nın kaydettiği ilerlemeden ilham alan Gus, eşinin *Sınırların Efendisi* olmak için yola çıktığı tarihten yaklaşık bir yıl kadar sonra terapiye gitmeye başladı. Maria'nın samimi cesareti ve çabaları eşine ilham kaynağı olmuştu.

Proaktif Sınır Planlarının her ilişki için özel olarak hazırlanması şarttır. Etkili sınır stratejileri söz konusu olduğunda "herkese uyan" tek bir çözüm yoktur.

Tıpkı Maria ve Gus'ın aralarındaki ilişkiyi, isteklerini ve geçmişlerini göz önüne alarak yeni bir sınır dansı oluşturmaları gibi, siz de *Sınırların Efendisi* olma yolunda edindiğiniz becerilere eklediğiniz yeni araç ve stratejileri kullanarak aynısını adım adım yapacaksınız. Artık iş ciddileşiyor. Yaşasın!

SINIRLARIN EFENDİSİ **İŞ BAŞINDA**

1. Farkına Varın. Birisi sınırı aştığında nasıl tepki verdiğinize dikkat edin. Göz ardı mı ediyorsunuz, sorunun üzerine mi eğiliyorsunuz, öfke patlaması mı yaşıyorsunuz veya başka bir şey mi yapıyorsunuz? Yargılamadan, sadece bir merak duygusuyla kendinizi gözlemleyin.

2. Derine İnin: İletişimde Dürüstlük. Doğru sözlü olmak *Sınırların Efendisi* olmanın daimi ve önemli bir parçası olup, aynı zamanda ilişkilerde de oyunu değiştirici etkiye sahiptir. Kitabın sonundaki "Derine İnin" bölümüne giderek, doğruyu söyleme becerinizi nerede sabote ettiğinizi açıklığa kavuşturun.

BÖLÜM 8

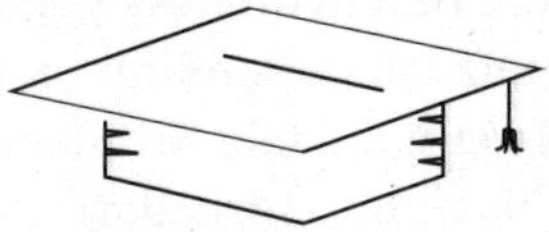

İşler Ciddileşiyor

Şunu bir hayal edin. Yıl 1997 ve New York Üniversitesi'nin Sosyal Hizmetler Yüksekokulu'ndan mezun olmak üzereyim. Sınır becerilerim üzerinde azim ve özenle çalışmış biri olarak *Sınırların Efendisi* olmaya çok yaklaşmışım. Aslına bakarsanız *olduğumu* düşünüyorum.

Tercih ve isteklerimi arkadaş çevremdeki herkese bildirmiş; içmediğim zaman barda gelen hesaba ortak olmayı bırakmış; en iyi arkadaşlarımdan birinin bana otomatikman tavsiye ardına tavsiye vermesine ustalıkla son vermişim: *"Seni seviyorum Jenny ama şu an gerçekten tek ihtiyacım olan beni birinin anlayışla dinlemesi. Lütfen."* Bütün bunlar arkadaşlıklarımın daha derin ve tatmin edici bir hale dönüşmesini ve kendime olan saygımın çok daha artmasını sağladı.

Yeni mezun bir terapist olarak ödeme ve iptal politikaları dahil olmak üzere çalışma kurallarımı açık bir şekilde belirten proaktif bir danışan anlaşması hazırladım. Danışanlarıma herhangi bir seansı iptal edecekleri zaman bana yirmi dört saat öncesinden haber vermeleri gerektiğini, aksi takdirde seansın bedelini ödemeleri gerekeceğini önceden ve sakin bir şekilde söyledim. Sınırlarım konusunda proaktif davranmak bana ne kendimin ne de danışanlarımın ve sevdiklerimin çıkarına olmayan durumları önceden tahmin ederek önleme gücü verdi.

Genel olarak bakıldığında, hatalarımdan ders alıyorum; hayatı kendi kurallarıma göre yaşama konusunda kendime güveniyorum ve umutluyum. Özünde kendi kendini yöneten, bağımsız bir Koç burcuyum. Bu yüzden, eğer astroloji hakkında biraz bilginiz varsa, kendimi nasıl inanılmaz derecede özgürleşmiş hissettiğimi tahmin edebilirsiniz.

Ta ki bu şekilde hissetmeyene kadar...

Terapistimin verdiği tek bir ödev sonrası, hissettiğim güç duygusu buhar olup uçuverdi ve düzensiz sınırlarımın sıfır noktasıyla yüz yüze geldim. Ödev ne miydi? Babamla dürüstçe konuşmak.

İşte zurnanın zırt dediği yer.

İki Adım İleri, Bir Adım Geri

Sınırların Efendisi olma sürecinde *işlerin ciddileştiği* bir aşamaya gelinmesi çok yaygın bir durumdur. Bunu hem danışanlarımda hem de öğrencilerimde tekrar tekrar görüyorum. Yavaş yavaş daha iyi sınırlar çiziyorlar; müşterilerine, arkadaşlarına ve sevgililerine basit ricalarda bulunmaya başlıyorlar ve bir kere yol almaya başladılar mı, artık hiçbir tercih veya istek ifade edilemeyecek kadar küçük ve önemsiz olmuyor. Hamburger yerine lazanya. *Zor Ölüm 3 yerine Karlar Ülkesi 2*. Grubun geri kalanı gitmeye hazır oluncaya kadar saniyeleri saymak yerine bir sosyal etkinlikten erken ayrılmak ve benzeri. Yavaşça ama emin bir şekilde dünyaları *Sınırların Efendisi* olmanın getirdiği olasılıklarla parlamaya başlıyor. Evet! *Sınırların Efendisi* olmak gerçekten *harika* bir süreçtir.

Ama gelgelelim bir gün aşılamayacakmış gibi gelen bir engelle karşılaşıyorlar. Tabiri caizse, bir duvara tosluyorlar.

Bu normal bir durum. Altıncı bölümde öğrendiğiniz *Arada Bir Yerde* olma haline ek olarak, sınır becerilerinin her yeni seviyesi de kendi içinde ufak *Arada Bir Yerde*leri barındırıyor. İki adım ileri, bir adım geri atıyoruz. Bu her ilerleme kaydettiğinizde olmuyor ama olduğu zaman -ki önceden uyarayım, olacağına dair bahse girebilirsiniz- kendinizi sönük hissedebilirsiniz.

ÖZET *Arada Bir Yerde, Sınırların Efendisi yolculuğunda yeni sınır davranışlarınıza karşı aniden dirençle karşılaşabileceğiniz bir aşamadır: Her ne kadar o ana dek üstünüze düşeni yapmış olsanız da. Bu ilerlemenizin önünde duran bir engel gibi gelebilir, ama yenilgi anlamına gelmez. Pes etmeyin.*

Lütfen bu eskiye dönüşleri başarısızlık gibi görmeye direnin. Bodrumunuzu temizlerken eski halinize dönemeyecek kadar çok zaman harcadınız.

"Nüks, iyileşme sürecinin parçasıdır" lafı bağımlılık tedavisinde sıkça kullanılan bir cümle olup bu kavram aynı zamanda *Sınırların Efendisi* yolculuğunuz için de geçerlidir. Bu sebeple, daha yeni yeni gelişmekte olan sınır becerileriniz yolda bir hız tümseğine rastlarsa vazgeçmeyin.

İşin doğrusu şu ki, sizin için çok da önemli olmayan insanların karşısında *Sınırların Efendisi* olmak daha kolaydır. Kendinize güveniniz arttıkça, örneğin yoga öğretmeninizin ya da yoldan geçen bir yabancının söylediği bir şeyin sizi tetiklemesi olasılığı çok daha az olacaktır. Bununla birlikte, büyüyen sınır kaslarınızı en uzun süredir birlikte dans ettiğiniz trup olan ailenize göstermeye başladığınız zaman eski davranış kalıplarının ortaya çıkmasını bekleyebilirsiniz. Büyük bir sınavla karşılaştığınız zaman da her şey *kişisel* gelecektir.

Sürecin bu parçasını size anlatmanın bence en iyi yolu, size kendi deneyimlerimden örnek vermek.

New York Üniversitesi Silver Sosyal Hizmetler Yüksekokulu'ndan mezun olmak üzere olduğum sırada *Sınırların Efendisi* olma sürecim sona ermiş gibi hissediyordum. Ta ki terapistime babamı mezuniyet törenine davet etmeyeceğimi laf arasında söyleyinceye dek.

"Gerek görmüyorum" dedim, kendime güvenerek.

"Terri, neden gerek görmüyorsun?" diye sordu terapistim.

Artık iyice bellediğimiz üzere, eski alışkanlıkları bırakması zor olabiliyor. Bana bu doğrudan soruyu sorar sormaz, gözümü bile kırpmadan konuşmaya başladım.

"Güven bana, gelmez" dedim empatik bir tavırla. *"Manhattan'dan nefret ediyor."*

İşin aslı sorduğu soru beni ya da daha doğrusu, açıkça görüldüğü üzere hâlâ babasının onu reddetme riskinden korkan içimdeki küçük çocuğu endişelendirmişti.

> **ÖZET** *İçimizdeki çocuk hâlâ geçmişe saplanıp kalmış ve çocukken yaşadığı tepkilerin aynısını görmeyi bekleyen yanımızdır.*

"Tamam" dedi terapistim ve sonra bir an düşünüp ekledi: *"Ama o ne düşünürse düşünsün, sen onu davet etmek istiyor musun?"*

Gene hiç düşünmeden yanıt verdim.

"Evet, elbette. O benim babam."

İçimde bir yerlerde babamın bu önemli başarımı benimle paylaşmasını gerçekten istiyordum. Hayatım için attığım bu büyük adım uğruna yaptığım fedakârlıkları ve üstesinden geldiğim korkuları düşündüğümde, kendimle inanılmaz gurur duyuyordum. Mezuniyet yaklaştıkça onun da benimle gurur duymasını istiyordum.

Şimdi bütün bunların ışığında, havada asılı duran bir milyonluk soru şuydu: *Onu neden bu denli önemli bir olayda hazır bulunması için davet etmiyordum?*

Terapistim doğrudan gözlerimin içine baktı ve şöyle dedi: *"Terri, iyileşmen ancak diğer kişi ne yaparsa yapsın sen gerçekten istediğin şeyi isteme cesaretini gösterdiğin zaman olacak. Babanı davet etmen kendine karşı dürüst olmanla/kendi gerçeğine sahip çıkmanla alakalı bir durum, kabul edip etmemesiyle değil."*

Geriye dönüp baktığımda bunun benim için belirleyici bir an olduğunu görebiliyorum. Terapistimin bana verdiği yanıt sınırlarla ilgili anlayışımı tamamen değiştirmişti. Babamı davet etmenin hem kendime hem de kendi gerçeğime saygı duymanın başka bir yolu olduğunu gördüm. Bunun babamın vereceği yanıtı kontrol etmekle ilgisi yoktu. Mesele, babamın karşısında nihayet bir yetişkin gibi kendimi ifade edebilme cesaretine sahip olmaktı.

Siz de sınırlar konusunda en zorlandığınız durumlarla mücadele etmeye devam ederken düşünce şeklinizde bir değişiklik olmasını bekleyebilirsiniz. Genellikle sessiz kalmanın artık bir seçenek olmadığı zamanı bileceksiniz. Söylemek ya da yapmak üzere olduğunuz şeyin tamamen *sizinle* ilgili olduğunu fark ettiğiniz anda başarı şansınız tavan yapacak.

Yüksek işlevli eş bağımlılığın ve düzensiz sınırların zincirlerini kırmak yiğitlik ister. Kendi cesaret kuyunuzun derinlerine dalmanızın gerekeceği nokta işte burası. Zira karşınıza bazı güçlü *Sınır Bombaları* çıkabilir.

Sınır Bombaları

Sınırların Efendisi becerilerinizi geliştirirken Sınır Bombalarına karşı tetikte olun. Bunlar sağlıklı sınırlar belirleme, koruma ve uygulama çabalarınızın başarıya ulaşmasını engelleyen, kendi kendini sabote etme şekilleri olup, belli başlıları Suçlama-Utanç-Suçluluk Üçlüsü, Sınırsızlık Mahmurluğu, Sınırdan Çark Etme ve Kurban / Mağdur Sendromudur.

Sınır Bombaları, Sınırların Efendisi yolculuğunuzun herhangi bir noktasında ortaya çıkabilmekle birlikte, işler giderek daha fazla ciddileştikçe bu bombalar da o derece yoğun olabilir. Bu bombaların neler olduğunu öğrenmek bunlara karşı dikkatli ve hazırlıklı olmanıza yardım edebilir.

Sınır Bombası 1: Suçlama-Utanç-Suçluluk Üçlüsü

Suçlama, utanç ve suçluluk. Bu üç kelimeyi sadece duymak bile tüylerinizi diken diken etti mi? Bu duygu hallerinin hiçbiri hoş değildir. Bununla beraber, konu *Sınırların Efendisi* olma yolundaki öğrenme eğriniz olduğunda, bu üç duygu aynı zamanda amaca zarar verip olayları karmaşık hale getirir ve sağlıklı sınırlar çizebilmenizi engeller.

Suçlama, utanç ve suçluluk korkudan kaynaklanan duygular olup kişiyi savunmaya geçirir ve kendisine duyduğu saygıyı yıpratır. Çok yaygın hissedilen bu duygular aynı zamanda üstesinden gelinmesi ustalık ve dikkat isteyen duygulardır. Başımızın derde girmesini ya da cezalandırılmak istemediğimiz için yapıcı bir şekilde konuşmak yerine yön değiştirip tartışmaya başlarız. Ama tartışmak bizim karşıdakini anlama niyetiyle dinlememize müsaade etmez. Sağlam savınızla başka birinin bakış açısını çökertmeye çalışırken nasıl dinleyebilirsiniz ki?

Haklı olduğunuz konusunda ısrar etmek sizi suçlama, utanç ve suçluluktan koruyor gibi görünebilse de aslında tek yaptığı verimli bir konuşma yapma şansınızı kesip atmaktır. Ve bu arada kısa bir not. O nahoş duyguları bastırmanız ileride bir ara elinizde bir kova dolusu yüzey temizleyici ile bodrumunuza geri dönmek zorunda kalacağınız anlamına gelir, söyleyeyim.

> **ÖZET** *İşler ciddileşip sınır danslarınızı değiştirmeye başladığınız zaman, büyük olasılıkla beklenti korkusuyla karşı karşıya kalacaksınız. Gene de doğruyu söylemeyi seçebileceğinizi unutmamanız önemlidir.*

Suçlama genellikle yargılanma korkusuna karşı özel bir hassasiyeti gösterir. Başkalarını suçladığınız zaman, *ihale onlara kalır, en azından zihninizde.*

Alışkanlık gereği kendinizi suçladığınızda ise, birinin sizi suçlamasından önce davranmış olursunuz ki bu da bir tür kontrol yanılsaması yaratır.

Yargılanmaya karşı duyulan korku, derine yerleşmiş utanç hissine işaret edebilir. Siz de tabiatınız gereği bir sorun olduğuna dair çekirdek bir inanç olan utanç duygusu (tıpkı haset gibi) o kadar nahoş bir duygudur ki bodrumunuzda bir kutuda durduğunu fark etmeyebilirsiniz bile. İrdelenmeyip iyileştirilmeyen utanç duygusu özsaygınıza ve özdeğerinize zarar vermeye devam edecektir.

Çoğu insan utanç ve suçluluk arasındaki farkı tam olarak bilmiyor. O yüzden açıklık getireyim. Suçluluk yanlış bir şey *yap*tığınızı düşündüğünüzde duyduğunuz his iken, utanç, bir insan olarak, *kendinizin* hatalı olduğunu hissetmenizdir.

Utancın kökeni genellikle çocukluk yaşantılarıdır. Çoğumuz çocukken yaşadığımız bazı şeylerden ötürü geçici olarak utanç hissetmiş olsak da kalıcı utanç duygusu genelde kronik istismar veya uzun zaman önce meydana gelen ihmalden kaynaklanır. Utanç hissi kişiye kendisini umutsuz hissettirir; sanki sizde düzeltilemeyecek kadar hatalı bir yan varmış gibi.

Öte yandan, sağlıklı bir suçluluk hissi ise kişiyi olumlu davranışlarda bulunmaya ve hatasını düzeltmeye motive edebilir. Utançta olmayan bir manen arınabilir olma boyutu vardır. Eğer kendinizi suçlu hissederseniz, özür dileyebilir, hatanızı telafi edebilir veya yaptıklarınızın sorumluluğunu üstlenebilirsiniz. Bu esnada da özdeğerinizi artırırsınız. Hepimiz hata yaparız ve temizlenmesi/çekidüzen verilmesi/düzeltilmesi gereken her ne varsa onu üstlenmenin kişiyi özgürleştirici bir yanı vardır.

Sağlıksız veya toksik suçluluk duygusu ise bambaşka bir durum olup kişinin düzensiz içsel sınırlarıyla bağlantılıdır. Örneğin, üzerinde gerçekte hiçbir kontrolünüz olmadığı halde, başkalarının duyguları veya içinde bulundukları durumlar için suçu üzerinize almak gibi. Bu, çocukların kendilerini her şeyden sorumlu hissettikleri kaotik veya işlevsiz ailelerde yetişen kimselerde yaygın görülen bir durumdur. Böyle ailelerde yetişen çocuklar "*Babam kızgınsa, bu benim suçum olmalı. Demek ki ben kötüyüm,*" diye düşünebilir. Tahmin edebileceğiniz üzere, bu acı veren çocukluk yaşantıları içimize iyice işleyerek bizi sürekli olarak hayatta kalma modunda tutar ki* bu da insanı son derece yorgun düşüren bir durumdur.

* Susan Peabody, "*Toxic Guilt,*" thefix.com (27 Nisan 2018). Erişim tarihi: Nisan 2020.

ŞİMDİ SIRA SİZDE:
Suçlama/Utanç/Suçluluk Üçlüsünün Farkına Varın

Suçlama, utanç veya kronik suçluluk duygusu belirdiği zaman, bu aslında eski yaralarınızı iyileştirmeniz için bir fırsattır. Enerji tıbbı uzmanı (ve en iyi arkadaşım) Lara Riggio'nun söylediği üzere *"Üzüntü bir kapıdır."**

Bu fırsattan sonuna kadar yararlanmanın anahtarı öncelikle suçlama/utanç/suçluluk bataklığının ortasında olduğunuz zaman bunu fark etmektir. Aşağıdaki soruları bir düşünün:

- Tamamen sizin kontrolünüz dışında olan şeyler için strese girdiğiniz oluyor mu? (Üstelik her ne oluyorsa bunu düzeltmek hiçbir şekilde sizin sorumluluğunuz olmasa bile)
- Kendi kendiniz hakkında yaptığınız *"Ben kötü biriyim, bir sahtekârım, bencilim, sevilmeye layık değilim"* gibi olumsuz yorumlar düzenli olarak zihninizden geçiyor mu?
- İstenmeyen utanç, suçlama veya suçluluk duygularından geçici de olsa kurtulmak ve bu duyguları hissetmemek için yemek, içki, uyuşturucu, seks vb. yöntemlere başvuruyor musunuz?

Dikkat etmeniz gereken bu davranışların tümü sizde güçlü duygular uyandırmaya devam eden ve ilgilenmenizi gerektiren birtakım durumların farkına varmanız için birer fırsattır. Ne olduğunu merak edin ve sizi asıl üzen şeyin ne olabileceğini ortaya çıkarmak için üçlü yanıt ve üçlü soru yöntemlerinden yararlanın.

* Lara Riggio, *"How to Tap Out Negative Thoughts, and Focus Your Energy on What You Want Instead,"* larariggio.com. Erişim tarihi: Nisan 2020.

Utanç bizi başkalarından soyutlar ve ayırır. Utanç ve kırılganlık konularında uzman olan toplumbilimci Brené Brown'a göre, utancı hayatınızın sürücü koltuğunda tutan üç şey var: Gizlilik, sessizlik ve yargılama.* İlacı ise bağlantı/yakınlık kurmaya, cesaret ve şefkat göstermeye yardımcı olan anlayış ve empati. Bu yüzden, utanç veya toksik suçluluk hissinin devrede olduğunu fark eder etmez, hemen bunu kâğıda dökün veya anlayışlı bir arkadaşınızla konuşun ve kendi kendinizle empati kurma alıştırması yapın.

Sınır Bombası 2: Sınırsızlık Mahmurluğu

Çoğu danışanımda aslında istemedikleri şeyleri yapmak zorundalarmış gibi altta yatan bir inanç var. Örneğin, daha ilk randevuda kendisiyle ilgili çok özel bilgileri paylaşmak veya yatmak gibi. Sırf biri size akşam yemeği ısmarladı (ve belki de karşılığında sizden cinsellik talep etme hakkı gördü) diye henüz yeni tanıştığınız birisiyle beraber olmak veya daha ilk buluşmada kendiniz hakkında çok özel bilgiler vermek "*keşke yapmasaydım*" hissi uyandırabilir. Bu tarz bir kırılganlık düzensiz sınırların bir yansımasıdır.

Biriyle beraber olmak için ne zaman "çok erken" olur? Bu sorunun cevabı tamamen kişiye özel olup ne istediğinize göre değişebilir. Bununla birlikte, kadın danışanlarımın çoğunun terapiye gelme nedeni nasıl cinsellik yaşayabileceklerini öğrenmek değil, sürdürülebilir bir duygusal bağ kurma arayışı. Konu cinsellik olduğu zaman bazı kadınlar birkaç ay beklemeyi tercih ederken bazıları karşıdakinin ne istediğine o kadar odaklanmış durumda oluyor ki kendi tercihini dahi bilmiyor. Reddedilmekten kaçınmayı istemeleri hariç.

Kişisel bilgileri paylaşmaya gelince bu da gene kişinin takdirine kalmış bir şey. Örneğin, düzenlediğim çevrimiçi kurslardan birine katılan bir kadın bana hoşlandığı adama alkolik babasının tacizine uğradığını ne zaman anlatması gerektiğini

---

* Brené Brown'ın ted.com adresinde yer alan, "*Listening to Shame*" başlıklı, Mart 2012'de çekilmiş bir TED konuşmasından. Erişim tarihi: Nisan 2020.

sormuştu. Bu soru gayet makul olmakla birlikte, mesajında sezdiğim kaygı, bana sadece bunu paylaşmak için uygun zamanın ne olacağını sormadığını hissettirdi. Daha çok, kendisinin yaralı olduğunu ve söz konusu kişinin de bunu bilmeye hakkı olduğunu düşünüyordu. Ona bunun doğru olmadığını söyledim ve hiç şüphesiz kendi bodrumu bir yığın çöple dolu olan bir yabancıya neden çocukken başından geçenleri itiraf etme zorunluluğunu hissettiğini bulmasını önerdim.

Daha çok utanç duygusu hissedenler içinse, samimi bir itiraf kendi "sorunlarını" ortaya dökerek ilişkinin sonunu hızlandırmak için üstü kapalı bir manevradır ki zaten bilinçdışında bu ilişkinin bitmesini bekliyorlardır. Eğer işler kötü sonlanacaksa, beklemek yerine erkenden bitirmek daha iyi değil mi? Üstelik ileride yaşayacağınız reddedilmeden kendinizi korumak kontrol yanılsamanıza da hizmet ediyor. Daha önce yaşadığınız dramatik veya travmatik bir olayda kendinizi güçsüz hissetmiş olabilirsiniz ama artık frene siz basabilir, böylece sizi çok korkutan kırılgan/savunmasız bir duruma düşme riskini almamış olursunuz. Merhaba, ikincil kazanç!

> **ÖZET** *İkincil kazanç, işlevsel olmayan bir durumda kalmanın veya böyle bir durum yaratmanın sağladığı gizli faydadır.*

Sınırsızlık Mahmurluğunun panzehiri *gönüllü kırılganlık*tır; yani vücudunuzu, duygularınızı, geçmişinizi ve kendinizi başkalarıyla nasıl paylaşacağınız konusunda doğru karar vermek ve iyi düşünmek. Bazıları için içkiden uzak durmak ya da az içmek bu anlamda kendilerine yardımcı olabilir. Ne de olsa kadehleri ardı ardına devirirken başınızdaki stresli bir dava veya aile sorunlarınız hakkında çenenizi kapalı tutmak daha zordur.

Fiziksel yakınlığa gelince, açıkça onay vererek (veya *hayır* diyerek) gönüllü olarak kırılgan bir duruma düşmeniz özellikle önemlidir: Hele ki başkalarını memnun etmeye çalışmak gibi bir sorununuz varsa ya da istek veya ihtiyaçlarınızı hayatınızdaki yetişkinlerin istek ve ihtiyaçlarından geri planda tutmanız gerektiği yönünde yetiştirildiyseniz. Bu tekrarlayan kalıp acı verebilir. Bu yüzden de işler ciddileşmeye başladığı zaman ortaya çıkması şaşırtıcı değildir.

Geçmişinizi değiştiremeseniz de yapabileceğiniz bir şey var. O da çocukluk yaralarınızın sizin suçunuz olmadığını kabul etmek. Başınıza gelen kötü şeylerin hiçbirini *hak etmediniz*. Bu bildik kalıpların ortaya çıkma şekilleri konusunda uyanık olun ki hem şimdi hem de ileride bunlara dur diyebilesiniz.

Doğru ve yerinde kararlar alma yeteneğinizi *Proaktif Sınır Planı* geliştirerek destekleyebilir ve böylece beklentileri yönetip istekleri sizinkilerle uyuşmayan sevgili adaylarını ve diğer herkesi eleyebilirsiniz. (Bkz. yedinci bölüm) Size rahatsızlık verebilse de yapacağınız kısa bir konuşma haftalar, aylar veya bir ömür boyu sürebilecek saçma bir durumdan sizi koruyabilir. Gönüllü kırılganlık konusunda ne kadar çok alıştırma yaparsanız, elinizdeki seçenekler hakkında o kadar net olursunuz.

Sınır Bombası 3: Sınırdan Çark Etme

Belirlediğiniz sınırlara sadık kalmak, henüz alışma evresindeyken zor olabilir. Diyelim ne olursa olsun başkasının yapmadığı ya da tamamlamadığı her işi üstlenmek yerine fazla mesai için para almanız gerektiği konusunu yöneticinize açık bir şekilde belirttiniz. Kanunlar ve şirketin İK departmanı sizden yana. En önemlisi de zamanınızı, enerjinizi ve kendinize olan saygınızı korumak adına somut adımlar *atabileceğiniz* konusunda kendinizden eminsiniz.

Ama konuşmayı yapar yapmaz anında caymak istediniz. Kulağa tanıdık geliyor mu? Bu tavır, sınırdan çark etmeye bir örnektir. Evet, alışkın olmadığınız bir şeyse hakkınızı savunmak korkutucudur. Bu anlaşılır bir durum. Fakat; yetişkin halinizin korkmadığını bilin. Yetişkin haliniz sırf huzuru kaçırmamak adına hayatını kendi kontrol edip güçlü bir şekilde yaşama çabalarını mahvetme gereği duymaz. *"Sorun değil. Onu kastetmedim. Ücret almadan fazla mesai yapmaya devam ede-*

bilirim!" diyen içinizdeki çocuk. *Her zaman* olan bir şeydir bu.

Daha önce işlediğimiz üzere, beş yaşındaki haliniz borusunu öttürmeye başladığı zaman, sınır belirleme becerileriniz sekteye uğrar. Dürüst olma korkusu içinizdeki çocuk için mutlak bir ölüm-kalım meselesi gibi gelebilir. Ama beşinci bölümde anlatıldığı gibi, *bugün o gün değil*. Bir derece rahatsızlık duymanın normal bir durum olduğunu bilmeniz *Sınırdan Çark Etme* anında yaşadığınız duygulara göre hareket etme güdüsüne karşı gelmenize yardım edebilir.

Bir sınır belirledikten sonra kendinizi kaygılı veya rahatsız hissederseniz, kırk sekiz saat kuralını uygulamanızı öneririm. Çizdiğiniz sınırı geri çekmeden ikiönce iki gün bekleyin. Bekleme süresi sona erdiğinde, hâlâ geri adım atmayı isteme olasılığınız sıfıra yakın olacaktır.

Bilinmeyenin yarattığı rahatsızlık hissine dayanabilirseniz -ki bu olaya bakmanın başka bir yoludur, hayatınızdaki insanların aslında sizin zannettiğinizden daha esnek olduğunu, üstelik *sizin de o kadar kırılgan olmadığınızı* keşfedebilirsiniz. Büyük olasılıkla içinizdeki çocuğun mevcut durumla ilgili yazdığı felaket senaryosunun abartılı olduğunu göreceksiniz. Bunu gördüğünüz zaman da ilk hissettiğiniz panik duygusuna daha kolay karşı koyabileceksiniz. (Bir istisna hariç: Korkulan *Sınır Muhripleri* yaşadığınız ikilemi fark edip kesin bir dille demediğiniz 'hayır'ı ortadan kaldırmak için ellerinden geleni yapacaktır. Bu konuya bir sonraki bölümde değineceğiz.)

> **ÖZET** *Sınır çizerken diğer kişinin nasıl yanıt vereceğini belirleyemezsiniz. Gene de ne düşündüğünüzü çekinmeden ve açıkça söyleyin.*

Bakın, başkalarının rahatsız olduğunu, onaylamadıklarını ya da direndiklerini her zaman hissedebilirsiniz; ama gene de olayın tamamen sizi ilgilendiren kısmına odaklanmayı seçebilirsiniz, onlara değil. Tam anlamıyla *Sınırların Efendisi* olduktan sonra bile zor konuşmalar yapmayı sevmeyebilirsiniz ve bu da çok doğal. Zaman içerisinde, tekrar tekrar ve tutarlı bir şekilde yaptıkça, kaygınız azalacak, *Sınırdan Çark Etme* isteğiniz geride kalacak ve sizin için doğru olduğunu bildiğiniz şeyleri yapmak yeni normaliniz olacak. Sınırlarla olan bütün ilişkinizi, yani sizin için olur/olmaz olan şeyleri, yeni bir çerçeveye oturttuğunuzda *Sınırdan Çark Etme* isteğiniz bir zamanlar sahip olduğu gücünü kaybedecek. Tek yapmanız gereken, aynen devam etmek.

Sınır Bombası 4: Kurban-Mağdur Sendromu

Kendimizi kurban gibi hissettiğimizde çaresiz hissederiz. Ne istediğimizin önemi olmadığına ve yapacaklarımızın sonucu değiştiremeyeceğine inanırız.

Mağdur, kurbanın ayrı yumurta ikizidir. Mağduru oynadığımız zaman da kendimizi güçsüz hissetmekle birlikte arada bir fark vardır.

Mağdurken skor tutarız. Aşırı verici davranırız, gerçek fikrimizi söylemeyiz, sonra da sanki birileri bize bir şey borçluymuş gibi gizlice içerleriz.

Kurban-Mağdur Sendromunun kurban kısmı, babamı mezuniyetime davet etmeye hazırlanırken buldu beni. O kadar kararlıydım ki kendimi *kurban* kelimesiyle kesinlikle özdeşleştirmiyordum. Gene de babam tarafından reddedilme hissinin hiç şüphesiz kurban psikolojisine yakın olduğunu fark ettim. Ona sormayı aklımdan geçirmedim bile, zira sormamın gelmesini sağlamayacağından emindim.

> **ÖZET** *Sınır Bombaları sağlıklı sınırlar belirleme, koruma ve uygulama çabalarınızın başarıya ulaşmasını engelleyen, kendi kendini sabote etme şekilleri olup Suçlama-Utanç-Suçluluk Üçlüsü, Sınırsızlık Mahmurluğu, Sınırdan Çark Etme ve Kurban/Mağdur Sendromundan oluşur.*

Terapistim babasının küçük kızı olup sıcak ve rahatlatıcı onay cümleleri duymanın özleminde olduğumu fark etmeme yardımcım oldu. Fakat *"Sen benim gözbebeğimsin"* gibi bir cümle söyleyip ardından da sarılıp öpmek babamın sevgisini gösterme şekli değildi. Terapistim babamın beni kendi tarzında sevme şeklinin bana sevildiğimi *hissedip hissettiremeyeceğini* düşünmemi istedi benden. Bu konuyu düşündüm. Lisans eğitimimin masraflarını o karşılamıştı. Bana ikinci el bir araba da almıştı. Onları her ziyarete gidişimde ziyaret sonrası arabayla uzaklaşırken her zaman *"Kemerini bağla!"* diye arkamdan bağırırdı.

Vay canına. Babalık görevini yerine getirdiği bu davranışları sevgi göstergesi olarak görmenin hiç aklıma gelmediğini fark ettim. Bana göre, bunlar sevgiden ziyade bir zorunlulukmuş gibi geliyordu. Fakat bana olan sevgisini sadece belirli bir şekilde göstermesini istediğim sürece, hayal kırıklığı ve keder için zemin hazırlıyordum o kadar ve bu da beni aslında sevmediğine dair inancımı daha da pekiştiriyordu.

Dikkatimizi birinin bizim için yapmadığı şeylerden uzaklaştırabilirsek, zihnimizi de kendi sınırlayıcı hikayemizin ötesine geçirip açmış oluruz ki bu da daha iyi bir şey olma olasılığını doğurur. İhtiyaçlarınızı, tercihlerinizi, isteklerinizi ve sizin için kabul edilemez durumları belirtmeden size birinin verebileceği her ne varsa onu öylece kabul etmenizi tavsiye etmiyorum elbette.

Söylemek istediğim şey bütün bakış açılarının bizim iyiliğimiz ve hayrımıza hizmet etmediği. Babamla ilgili bakış açımı değiştirmek onu mezuniyete davet etme konusunda duyduğum acizlik ve korku hissinin bir nebze azalmasına yardımcı oldu.

Terapistimle bu konu hakkında daha fazla konuştukça, elimdeki seçenekleri ne denli yanlış anladığımın daha çok farkına vardım. Anlayacağınız, seçeneklerim *vardı.* İlk düşüncem, olabilecek tek kıymetli sonucun babamın mezuniyetime gelmeyi kabul etmesi yönündeydi. Bu olmazsa istediğimi elde edecek güçte değilim demekti.

Terapistim beni yönlendirerek sadece duyulmanın, görülmenin ve bir umut anlaşılmanın aslında ne kadar değerli olduğunu anlamamı sağladı. Baba-kız danslarını unutun. Görünen o ki bunca zaman tek istediğim şey duyulmak, görülmek ve anlaşılmakmış.

Eğer *Kurban-Mağdur Sendromundan* mustaripseniz, eğiliminiz skor tutmak (selam mağdure!) veya acizliğin içine gömülmek olabilir (kurban davranışı). Her ikisi için de çözüm aynıdır: hayatınıza ve seçeneklerinize yeni bir açıdan bakmaya ve kendi adınıza hareket etmeye istekli olmak. Örneğin, babamın sevgisini benim istediğim yollardan göstermemesi beni sevmediği anlamına gelmiyordu.

İlişkilerimize ve hayatlarımıza daha geniş bir açıdan bakmak önümüze bu dünya üzerinde nasıl yaşayabileceğimize dair sonsuz olasılıklar açar. Dürüstlükle, artan bir özsaygıyla ve ihtiyaçlarınızın sorumluğunu üstlenme isteğiyle çaresizlikten çıkıp kendinizi güçlü hissetmeyi başarabilirsiniz.

Doğruyu Söylemek Gerekirse

Bütün potansiyel *Sınır Bombalarına* açıklık getirdikten sonra terapistim bana bir ödev verdi. Babamı görmek için yakın zamanda yapacağım yıllık Florida ziyaretimde onu mezuniyetime davet edecektim. İşin doğrusu, bunu benden istemese muhtemelen başka türlü yapmazdım. Bana bir ödev verilmesi içimdeki başarma arzusunu tetikledi. Başarısızlık diye bir seçenek yoktu.

Terapistimin *"İyileşmek için istemek gerekir"* şeklinde beni temin etmesi buna inanana kadar sürekli tekrarlayıp durduğum bir olumlamaya dönüştü. Sadece kendi sözlerimden ve davranışlarımdan sorumlu olabileceğimi bilmek rahatlatıcıydı. Başka birisininkinden değil.

Hafta sonu ziyaretimde babamla beraber pazara gittik, sahilde yürüdük ve akşam balık yerken sohbet ettik. Mezuniyet sonrası planlarım hakkında soru sorduğunda, isteğimi hemen orada söyleyebilirdim ama yapmadım. İyileşmek için istemek gerektiğine tümüyle inanıyor olsam da hâlâ gergindim. Her türlü hazırlığı da yapsanız, her şey sizin için açık ve net de olsa ve dünyadaki bütün *Proaktif Sınır Planlarına* da sahip olsanız, bu gerilmeyeceğiniz anlamına gelmiyor.

Beni havaalanına götürürken deli gibi terliyordum. Ona sormam gerekiyordu ve bunu da *hemen* yapmalıydım. Yapmazsam kendimi hayal kırıklığına uğratacaktım. Harekete geçmem gerekiyordu.

"Baba, sana bir sorum var" dedim, gergin bir şekilde ona doğru bakarak.

"Evet?" diye sordu, gözlerini yoldan ayırmadan. *"Nedir, Ter?"*

"Eğer gelebilirsen senin için mezuniyet törenine bir davetiye ayırdım."

Bu sözler ağzımdan çıkar çıkmaz kocaman ve derin bir iç çektim.

Bir an sessiz kaldı, sonra süklüm püklüm bir şekilde *"Gerçekten gelemem"* dedi.

Sadece bir hafta sonu için bile olsa, bu onun için çok fazlaydı. Yıllarca New Jersey ile New York arasında gidip gelmek onu çok yormuştu. Karmaşadan, kalabalıktan, tempodan, her şeyden nefret ediyordu.

"Tamam, anlıyorum" dedim.

"İşte şimdi suçlama faslı geliyor" diye yanıt verdi.

O an neden böyle bir yanıt verdiğini analiz edebilirdim. Onu hayatımda bir gün bile suçlu hissettirmemiştim. Daha da önemlisi, onu gerçekten anlıyordum.

Bunun yerine *"Suçlama yok, baba"* dedim. *"Bunun senin için çok fazla olduğunu tamamen kabul ediyorum. Ama hayatımda kimsenin senin yerini alamayacağını bilmeni istiyorum. Sen benim tek babamsın ve aramızdaki bağı korumak benim için önemli."*

"Vay canına..." dedim kendi kendime sözcükler ağzımdan dökülür dökülmez. Zor olan şeyi yapmıştım ve bu zor şey beni daha da dürüst olma konusunda cesaretlendirmişti. Kendimi son derece özgür hissediyordum. Çok fazla konuşmayı sevmeyen babam pek bir şey demedi ama birbirimize sarılıp vedalaşırken, normalden biraz daha uzun sarıldı bana.

Doğruları içimde yıllarca sakladıktan sonra, sonunda anlamıştım. İsteklerim, tercihlerim ya da sınırlarımı dürüstçe ifade etmek sadece başkalarıyla ettiğim sınır dansını değiştirmekle kalmamış, aynı zamanda kendimle olan ilişkimi ve yaşantımı da değiştirmişti. Ve *bu* da hayatımı değiştirmişti.

Hayır Üzerine Birkaç Söz

Daha önce gördüğümüz üzere, başkalarının sınırlarına saygı duymak önemlidir. Lütfen o sınırı neden çizdiklerine dair *"Beni sevmiyor"* gibisinden kocaman bir hikaye yazmaya kalkışmayın. *Sınırların Efendisi* olma sürecinde etkili iletişim kurmayı öğrenirken, boşlukları en derin korkularımızla doldurmak yerine sorularımızın cevabını almak için gerçek sözcükler kullanabiliriz.

Şimdiye kadar aldığım en temiz *"Hayır"* yanıtı, arkadaşım Elizabeth'den geldi. Onu benimle Guatemala'ya tatile gitmeye davet etmiştim. *"Hiç bana göre değil. Guatemala'ya hiç dayanamıyorum. Sıcak havayla aram hiç yok"* diye cevap verdi.

Verdiği dürüstçe yanıt ferahlatıcıydı: Açık, doğrudan ve kendinden emin. Gönderdiği mesajın hiçbir yerinde hayır demesi karşılığında benim duygularım hakkında endişelendiğine dair bir şey sezmedim. Benim duygusal gerçekliğim ve tepkim, onun sorumluluğunda değildi. Bu da bizi önemli bir konuya getiriyor.

Bizim için doğru olan şeyi dosdoğru söylemezsek, genellikle bilinçsiz bir şekilde, iletişim halinde olduğumuz insanlar için iş çıkarıyoruz. Hayır derken son derece abartılı bir şekilde özür dilediğinizde veya çok fazla açıklama yaptığınızda, açık, doğrudan ya da kendinden emin davranmıyorsunuz ve verdiğiniz mesaj da şu oluyor: *"Hayır dediğim için kendimi çok suçlu hissediyorum ve hayır yanıtımın senin duygularını inciteceğine ve aramızdaki ilişkiye zarar vereceğine inanıyorum."* İşin özü, "kibar" olmaya çalışırken aslında diğer kişiyi zora sokabilirsiniz ve kendilerini, *hayır* dediğiniz için sizi rahatlatmak zorundaymış gibi hissedebilirler. Hiç de *Sınırların Efendisine* yakışır bir davranış değil.

Elizabeth'in net cevabı sayesinde ikimiz de saçma sapan bir konuşmayla vakit kaybetmek zorunda kalmamıştık. Ona verdiğim cevap *"Haha, anlaşıldı kanka!"* oldu. Bu kadar.

Net bir şekilde *hayır* deyip size verilen *hayır* cevabını da sorunsuzca kabul edebildiğiniz zaman, gerçekten evet demek istediğiniz şeylere harcayacak fazladan bir ton enerji toplamış oluyorsunuz.

ŞİMDİ SIRA SİZDE:
***Hayır* Cevabını Kabul Edip Saygı Duymak**

Yüksek işlevli eş bağımlılar, sürekli olarak başkalarını memnun etmeye çalışanlar ve aşırı vericiler için, başka birinin verdiği *hayır* cevabı ya da çizdiği sınırlar çok kişisel bir ret gibi gelebilir. Başkalarının verdiği *hayır* cevabını ne derece iyi karşılayıp saygı gösterdiğinizi açığa kavuşturmak için aşağıdaki sorulara yanıt verin:

- Biri bir rica veya teklifinize hayır dediği zaman, kendinizi üzgün, reddedilmiş veya kızgın hisseder misiniz?
- Vermiş olduğunuz tavsiye göz ardı edilirse, canınız sıkılır veya hayal kırıklığına uğrar mısınız?
- Üzüntünüzü veya hayal kırıklığınızı beden dilinizle dolaylı bir şekilde (gözlerinizi kaçırarak, derin derin iç çekerek vs.) ya da *"İyi, güzel. Rahatsız ettiğim için üzgünüm"* gibi ters bir yanıt vererek ifade eder misiniz?

Vereceğiniz yanıtlar dikkatinizi nereye odaklamanız gerektiği konusunda değerli bilgiler verecektir. Unutmayın, gerçek anlamda bir *Sınırların Efendisi*nin yolu daima *ilerleme*den geçer, *mükemmellik*ten değil. Hayır yanıtını nasıl kabul edeceğinizi ve başkalarının sınır ve tercihlerine saygı duymayı öğrenmek, olmak üzere doğduğunuz *Sınırların Efendisi* yolunda atılan bir başka adımdır.

Hayalin Yasını Tutmak

İşlerin ciddileşmesinin son ve belki de en dokunaklı kısmı birçok insan için en zor kısmıdır: Yas tutmanıza izin vermek. Kararlı olmak bazı güçlü duygular ortaya çıkarır. Danışanlarımdan Jordan, yıllarca annesinin istek ve tercihlerine boyun eğdikten sonra nihayet annesine gerçek his ve düşüncelerini anlatmanın kendisini nasıl hissettirdiğini anlattı. Yıllarca annesinin ihtiyaçlarının kendisininkinden önce geldiğini kabul etmişti. Onu görmek için sürekli olarak yaşadığı şehre gitmiş, doğum günlerinde elinden gelenin fazlasını yapmış ve annesinin neye ihtiyacı olduysa neredeyse hepsini karşılamaya hazır olmuştu. Terapi sürecinde yıllarca biriktirdiği içerleme duygusunu etraflıca inceleyip çözüme kavuşturdu ve sonunda kendi sesine kavuştu.

Jordan annesine nihayet daha karşılıklı bir ilişki istediğini söylediğinde, annesi bunu kabul etti ve o andan itibaren ilişkileri daha iyiye gitmeye başladı. Annesi Jordan'ın ona nasıl zaman ayıracağı konusunda varsayımlarda bulunmadan önce bu konuda ne hissettiğini sormaya başladı.

Jordan bana annesiyle bu konuşmayı yaptıktan sonra eve gidip ağladığını ve bunun da kendisini şaşırttığını anlattı. Terapide yaşadığı acıyı deşince, onca yıl boyunca kendisinden vazgeçmiş olmasının yasını tuttuğu ortaya çıktı. Yıllar boyu eğer annesine karşı yeterince özverili olursa kendisini değerli hissedeceğine inanmıştı.

Size yalan söylemeyeceğim. Bu aşamada siz de benzer duygular yaşayabilir ve herkesi memnun etmek için gösterdiğiniz insanüstü çabanın sonucunda olmasını umut ettiğiniz ama gerçekleşmeyen şeyler için kederlenmeye başlayabilirsiniz. Bu, gerçekçi olmanın ve kendinizi tamamen kabul etmenin önemli bir parçasıdır.

Bu yüzden, kendiniz dahil hiç kimsenin duygusal sürecinizin inanılmaz derecede önemli olan bu parçasını sahiplenmemeniz adına "aşırı pozitifliğe" başvurmasına izin vermeyin. Şimdiki bildiklerinizi o zaman bilmiş olmayı dileyerek geçmişteki davranışlarınızla aklı başında bir şekilde hesaplaşma, kendi kaderinizi daha çok sizin belirleyebilmeniz için etkili bir yoldur. Bu birçok şekilde ortaya çıkabilir: Daha erken bitirmeniz veya hiç başlamamış olmanız gereken ilişkiler, daha az tahammül etmeniz gereken saçma sapan davranışlar ya da korkuyla verdiğiniz ve şu anda pişmanlık duyduğunuz bir sürü şeye neden olan tepkiler gibi...

Zaman gerçekten harcayacağımız en değerli şey olup geçmişteki kaçırılmış fırsatlara üzülmek için kendinize izin vermek doğru bir davranıştır. Doğrularınıza ve geçmiş yaşantılarınıza sahip çıkmak kendinizi sevme yolunda radikal bir adım olup, resmi *olarak Sınırların Efendisi* statüsüne sahip olmak için yapılması zorunlu bir alıştırmadır.

Yas tutmanın bir diğer boyutu da dilediğimiz ama aslında yaşayamadığımız türden bir çocukluğun yasını tutmaktır. (Sonlara doğru buna yardımcı olacak etkili bir alıştırma bulacaksınız.) Benim başka türlü bir babam olmasını dilemem gibi siz de anne ya da babanızın ya da her ikisinin birden daha yeterli veya kendini daha geliştirmiş olmasını dileyebilirsiniz. Duygularınıza öncelik vermeniz ve kendinize gerçek anlamda iyi bakmanız bu anlamda düzeltici bir duygusal deneyim olabilir. Bunu kendinize yeniden ebeveynlik yapma fırsatı gibi düşünün ve hak ettiğiniz düzenli ilgiyi ve teşviki kendinize gösterin. Bu sayede aslında sahip olmadığımız iyi, sağlıklı ve yanımızda olan bir ebeveyn oluyoruz.

İçinizden her ne geliyorsa, duygularınızı olduğu gibi *serbest bırakın*. Böylece duygularınız içinizde sıkışıp kalmaz. (Unutmayın, bodrumunuzu daha yeni *temizlediniz*.) Yas tutmak bolca özşefkat, sevgi ve ilgi gerektirir. Şöyle düşünün: En iyi arkadaşınız zor bir dönemden geçiyor olsa, ona bu durumu kabullenmesini ya da duygularının geçerli olmadığını söyler miydiniz? (Umarım söylemezdiniz!) Bahse girerim daha ziyade saplandığı o duygusal çamurun içinden çıkması için yanında olup ona destek olmak isterdiniz.

Özşefkat bu dayanışmanın aynısını kendinize göstermektir.

Center for Mindful Self-Compassion'ın *(Farkındalıklı Özşefkat Merkezi)* kurucu ortaklarından psikolog Kristin Neff'in şu lafını çok severim: *"Yeterince iyi olup olmadığınızı sorgulayan özeleştirinin aksine, özşefkatin sorduğu soru size neyin iyi geldiğidir."** *Sınır Özürlüsü* yıllarınız üzerinde düşünüp bunları saldıkça, vücudunuzu daha çok hareket ettirmek, besleyici yiyecekler yemek, tuz banyosu yapmak ve zihninizin, vücudunuzun ve ruhunuzun iyileşmesine yardımcı olacak başka şeyler yapmak isteyebilirsiniz.

Babamı mezuniyetime çağırmak bende birtakım güçlü duygular uyandırmıştı. Sevgisini gösterme yollarını takdir

---

* Madhuleena Roy Chowdhury, *"Kristin Neff and Her Work on Self-Compassion,"* positivepsychology.com (25 Ekim 2019). Erişim tarihi: Nisan 2020.

etme yönünde aldığım kesin karar onu gerçekte olduğu gibi kabullenmemi sağladı. Duygularımı hissetme konusunda kendime verdiğim izin sayesinde de bir çocuğa ait olan korkumu abarttığımı fark edip babamla, kendimle ve öz değerimle ilgili sınırlayıcı inançlardan kurtulabildim. Bu da bana sadece asıl tercih ve duygularıma sahip çıkarak yanıt verme yolunu açmakla kalmadı; aynı zamanda, babamla aramdaki bağı derinleştirme imkanı da yarattı. (Üçlü Yanıt Yöntemi iş başında: Farkına Var, Bırak, Yanıt Ver)

> **ÖZET** *İyileşmen ancak diğer kişi ne yaparsa yapsın sen gerçekten istediğin şeyi isteme cesaretini gösterdiğin zaman olacak.*

İşler ciddileşmeden önce, kendime aramızdaki ilişkiyi daha iyi yapmanın yollarını hayal etmeme bile izin vermezdim. Okulu bitirip psikoterapistliğe adım atmamın aynı zamanda içsel sınırlar konusunda daha sağlıklı bir sayfa açmamı sağlaması bir şekilde iyi denk gelmişti.

Kendimle ilgili yaptığım çalışmanın dış dünyaya da büyük faydası oldu. Babam hiç beklemeyeceğim şekillerde benimle ilgilenmeye ve destek olmaya; *sırf içinden geldiği için* tatlı kartlar atmaya başladı. Genelde içinde sadece *"Sevgiler, baban"* yazan kartlardı bunlar. İlk kartın geldiği zamanı hatırlıyorum. Bana daha önce sebepsiz yere hiç kart göndermediği için zarfı gördüğümde ilk aklıma gelen şey aylık gelirimin ne kadarını emeklilik hesabıma yatırmam gerektiğiyle ilgili bir makale olabileceğiydi. Aynı zamanda her pazar akşamı telefonda konuşma kararı da aldık. Her ne kadar çoğunlukla ben konuşsam ve o dinlese de bu daha önce hayal edebileceğimin çok daha ötesinde kaliteli bir zamandı.

Bana sevgisini ve ilgisini gösterdiği tuhaf ama tatlı yollar benim için çok değerliydi. İhtiyacım olduğunu düşündüğüm baba-kız ilişkimiz olmasa da bunun yerine sahip olduğum şey *gerçekti* ve çok daha iyiydi. — Hhepsi de yapmam gereken çalışmayı yapma ve süreci devam ettirme konusunda istekli olmam sayesinde oldu.

Her ne kadar bu süreç beni epey bir terletmiş olsa da. Babam altı ay sonra öldüğünde, onu mezuniyetime davet edip benim için ne kadar değerli olduğunu söylediğime bir o kadar çok sevindim. Florida'da geçirdiğimiz zaman birlikte geçirdiğimiz son zamanmış ve buna dair içimde sadece şükran duygusu var, pişmanlık yok.

İşte sizin için de istediğim şey bu: Sürece devam etmeniz, gereken çalışmayı yapmanız ve kendinize mutlak güvenmeniz. Evet, işler ciddileşecek (ve belki de bazı durumlarda *gerçekten* ciddileşecek). Umarım o anların *Sınırların Efendisi* olabilmeniz için nasıl altın bir fırsat olduğunun farkına varırsınız.

Evet, bu epey bir iş.

Ve siz buna gerçekten değersiniz.

SINIRLARIN EFENDİSİ İŞ BAŞINDA

1. Farkına Varın. İçinizdeki çocuğa şefkat gösterme fırsatlarına dikkat edin. Bunun için şu hızlı ama etkili alıştırmayı deneyin. Bir çocukluk resminizi alın ve onu sık sık görebileceğiniz bir yere yerleştirin. Örneğin telefonunuza duvar resmi olarak koyabilirsiniz. Bu fotoğrafa her baktığınızda, o tatlı, küçük halinize ve çocukken yaşadığı her şeye karşı şefkat duymayı deneyin. Yargılarınızdan kurtulun. Kendinize saf sevgi aşılayın. O çocuk *sizsiniz.* Mükemmel biri ve sizin sevginizi ve şefkatinizi hak ediyor.

2. Derine İnin: Hayalin Yasını Tutun. Yaratmak istediğimiz şeylere yer açmak için, uzun zamandır içimizde tuttuğumuz hayal kırıklıklarını kabul edip bırakmalıyız. Önünüze sağlıklı bir yol açmak için, kitabın sonundaki "Derine İnin" bölümüne giderek *Hayalin Yasını Tutun* alıştırmasını yapın.

BÖLÜM 9

SINIR MUHRİPLERİ

Yıllar önce Jasmine ile ilk tanıştığımda, ofisime sakin ve huzurlu bir tavırla süzülerek girmişti. Çok dikkat çekiciydi. Melek gibi bir aurası vardı. Oysaki cehennemin ta dibinde yaşıyormuş da haberim yokmuş.

Neden geldiğini sorduğumda, hemen aile geçmişinden bahsetmeye başladı. Aşırı derecede kendini düşünen iki ebeveyn tarafından yetiştirilmişti: Narsist ve işkolik bir anne ile bütün duygusal sermayesini annesini mutlu etmeye harcamış yaralı bir baba. İkisinin de Jasmine'e ayıracak çok fazla zamanı ya da enerjisi yoktu ve Jasmine daha küçük yaşta işinin ailesinin "mükemmel" imajını korumak ve düzeni bozmamak olduğunu öğrenmişti. Jasmine'in bütün bu bilgiyi rahatça paylaşabilmesinden etkilenmiştim. Yalnızca dobra, samimi ve zeki değildi; aynı zamanda akıl ve ruh sağlığına dair ev ödevini yaptığı da açıkça görülüyordu. Hayatının özetinde eksik olan bir kısım vardı; neden şu anda karşımda oturduğu sorusu... *"Neden yardım istiyorsunuz?"* diye nazikçe sordum.

Yüzü birden bulutlandı ve iç çekerek *"İstismar edildiğim bir ilişkim var"* dedi. *"Erkek arkadaşımla birlikte yaşıyoruz. Her gün bir cehennem."*

Daha sonra üç sene önce spor salonunda tanıştığı ve sonrasında özel antrenörü olan Tom'la ilişkisini anlatmaya başladı. Tom komik, cazibeli ve hepsinden önemlisi çok sevgi dolu biriymiş ve Jasmine'i etkilemek için çok uğraşmış. Jasmine de sonunda onunla çıkmayı kabul etmiş.

Aradan çok geçmeden Tom, Jasmine'e rüyalarının kadını olduğunu söylemeye ve evlilikten bahsetmeye başlamış. Jasmine mutluluktan havalarda uçuyormuş. Arada sırada da olsa aklında *Tom'un gerçek olamayacak kadar iyi olup olmadığına* dair bir şüphe uyansa da.

Bu düşünce onu gerse de gene de bu ilişkiye balıklama atlamış ve üç ay geçmeden birlikte yaşamaya başlamışlar.

Tom, Jasmine'in evine taşınır taşınmaz gösterdiği ilgi azalmaya başlamış ve şüpheli hareketleri de baş göstermiş. Genelde gece geç saatlere kadar oturuyor, Jasmine ne yaptığını görmek için salona girdiğinde bilgisayarının ekranını kapatıyormuş. İçgüdüleri aksini söylese de Jasmine kendi kendisine her şeyin *yolunda* olduğunu söyleyip durmuş.

Daha sonraları Tom, Jasmine'i eleştirmeye başlamış; özellikle de yemek tercihlerini. Aynı zamanda gizlice telefonunu karıştırıyor, arkadaşları hakkında hoş olmayan eleştirilerde bulunuyor ve başkalarıyla vakit geçirdiği zaman kıskanıyormuş. Jasmine, Tom'u mutlu etmek için sevdiği insanlardan uzak durması gerektiğini hissetmiş. Beni görmeye geldiğinde, Tom'un kontrolcü davranışları fiziksel şiddet boyutuna varmıştı. Onunla tartışmaya cüret etmesi halinde, Tom onu ya duvara yapıştırıyor ya da yere atıyormuş. İşin daha da kötüsü, Tom dışarıdan bakıldığında mükemmel bir partner imajı çiziyormuş. Böyle bir durumda, kim Jasmine'e inanırdı ki?

"Eski mutlu günlerimizin geri gelmesini beklemekten bıktım. Asla gelmiyor" dedi bana.

Anlattıklarına göre Tom bir *Sınır Muhribine* benziyordu: Başkalarına saygı duyma becerisi (ya da isteği) olmayan belli tarzda bir kişilikti. Fiziksel şiddete başvurduğunu duyunca Jasmine'in hikayesine verdiğim yanıt açık ve net oldu.

"New York'ta sen bu adamı terk etmeyi düşünürken paranı alacak birçok terapist var. Ben onlardan değilim. Eğer bu istismara dayalı ilişkiden kendini güvenli bir şekilde kurtarmak için sağlam bir plan yapmaya hazırsan, işte o zaman sana destek olabilirim"

dedim. *"Aksi takdirde, seni başka bir terapiste yönlendirmekten memnunluk duyacağım."*

Jasmine başını evet anlamında salladı. *"Artık hazırım."*

Oyun başlamıştı.

Kurallar Geçerli Olmadığı Zaman

Tercih, düşünce ya da duygularınızı sıfır dinleme ve dikkate alma becerisi olan birine rastladınız mı hiç? İşte ben bu gibilere *Sınır Muhripleri* adını veriyorum. Özellikle zor bir kişiliği olan bu insanlar için, sağlıklı sınırlarınız, ne kadar açık ve etkili bir şekilde belirtirseniz belirtin, hiçbir şey ifade etmez.

Sınır Muhripleri için *uzlaşma* kötü/pis bir sözcüktür. Bilinçli ya da bilinçsiz, açık ya da kapalı, başkalarının sınırlarını göz ardı ederler: kısmen kendilerini sınırların (ve bazı durumlarda kanunların) üzerinde gördükleri için. Bu kişiler kendilerinde sizin zamanınızı, ilginizi ve dikkatinizi çalma hakkı görürler ve karşılığını vermekle de ilgilenmezler.

Sınır Muhripleri hayli kavgacı, tepkili ve son derece hassas ve bencil insanlardır. B tipi kişilik kategorisine giriyor *olabilirler* -ki bu sınıfa narsist, antisosyal, histrionik ve sınırda kişilik bozuklukları girmektedir. Ama biz burada, hayatınızdaki *Sınır Muhribini* ya da *kimseyi* teşhis etmeye çalışmıyoruz. (Birinde yukarıda sayılı kişilik bozukluklarından biri olup olmadığını belirlemek için bir uzman tarafından şahsen değerlendirme yapılması gerekir. Bizim burada bulunma amacımız bu değil.) Sizin için önemli olan bu son derece zor kişiliklerin yaygın davranışlarını tespit edip halihazırda onlarla nasıl ilişki kurduğunuzu değerlendirmektir. *Sınır Muhripleri* kendi mevcut durumlarını muhafaza edeceğinizden emin olmak için genelde yıkıcı davranışlara başvurduğundan, bilgi kesinlikle güç demektir. Ve lütfen dikkat: endişelenmeniz gereken en önemli konu güvenliğiniz *olmalıdır*. Bu, özellikle söz konusu kişinin şiddet geçmişi varsa veya sizin iyilik ve sağlığınıza karşı duyarsız bir tavır gösteriyorsa önemlidir. Güvenliğiniz için korkuyorsanız, lütfen profesyonel destek ve tavsiye alın. *Sınır Muhripleri* sizin çıkarlarınızı hiçbir şekilde göz önüne *almayabileceği* için, kendi çıkarlarınızı korumak ve iyiliğiniz adına ekstra tedbirli olmak zorundasınız.

> **ÖZET** *Sınır Muhripleri sık sık sınırlarınızı hiçe sayarlar; zira kendilerinde sizin zamanınızı, ilginizi ve dikkatinizi çalma hakkı görürler. Birinci öncelikleri sizin ihtiyaçlarınız değil, kendi ihtiyaçlarıdır.*

Bir *Sınır Muhribine* karşı sınırlarınızı çizmeye çalışmak sinir bozucu ve kafa karıştırıcı olabilir. Sınırları ilk kez ihlal edenlerle tekrar tekrar ihlal edenlerde etkili olan *Proaktif Sınır Planları, Sınır Muhriplerinde* pek işe yaramaz zira normal angajman kuralları onlar için geçerli değildir. İster aileden biri isterse de iş arkadaşı, sevgili, eski sevgili veya arkadaş olsun, böyle birini ikna etmeye çalışmak insanı delirtebilir.

Peki, neden? Çünkü *Sınır Muhriplerinin* tek ilgilendiği şey kendileri ve kendi gündemleri olup bu aşırı kendiyle ilgili olma hali empati ve şefkati gölgede bırakır. Diğer insanlar sadece onların dünya görüşüne hizmet edebildikleri ölçüde önemlidir. Gerçeklik versiyonları *tek* gerçekliktir.

Aşağıda *Sınır Muhriplerinin* davranışlarına birkaç örnek bulacaksınız:

- Ertesi gün işyerinde önemli bir sunumunuz olduğunda (veya dikkatiniz ne zaman başka bir yerde olsa) aptalca bir şey yüzünden kavga çıkaran, sonrasında da sunumunuz bitene kadar onunla bu konuyu tartışamayacağınızı söylediğinizde size bencil deyip hışımla dışarı çıkan, kendine güvensiz ev arkadaşı
- Sürekli olarak sizinle rekabet eden, başarılarınızı tehdit gibi gören ve elde ettiğiniz başarıları kendisine mal etmeye çalışan, dediğim dedik anne.
- Numarasını başka bir kadına verdiğini gördüğünüz halde partide uygunsuz şekilde davrandığını düpedüz inkâr eden ve "deli saçması" suçlamalarınızla terör estirdiğinizi söyleyen flörtöz

bir eş ya da sevgili.

- Hak ettiği ücreti almadığı ve değeri yeterince takdir edilmediği için aylık masraf raporunu şişirmeyi mazur gösteren ve çalınan parayı hak ettiğini söyleyen iş arkadaşı.
- Size hafta sonlarında e-posta göndermemesi yönündeki talebinizi sürekli olarak göz ardı eden veya tatilde, izin gününde ya da raporlu olduğunuzda size durmadan telefondan mesaj atan katlanılmaz yönetici.

Danışan ve öğrencilerimin çoğu genellikle hayatlarındaki *Sınır Muhriplerinin* davranışlarını mantık çerçevesinde değerlendirme eğiliminde olduğundan bu durum söz konusu kişilerin söyledikleriyle yaptıkları arasındaki büyük tutarsızlığın gözden kaçmasını kolaylaştırır. Bir konuya lütfen dikkat edin: Sınır Muhriplerinin davranışları, *her zaman* söylediklerinden çok daha fazla şey anlatır.

Tencere Kapak

Sınır Muhriplerinin sınırlarınızın etrafından atlamak için başvurdukları sinsi manevralara girmeden önce, dikkat çekmek istediğim önemli bir nokta var: Eğer yüksek işlevli bir eş bağımlı (YEB) veya hayli hassas biriyseniz, Sınır Muhriplerinin taktiklerinden özellikle etkilenebilecek durumdasınız demektir. Yetişkin hayatınızda bu tip kimselerle sorun yaşamanız için mutlaka bir *Sınır Muhribi* tarafından yetiştirilmiş olmanız gerekmese de ebeveynin ihtiyaçlarının (çocuğun zararına olacak şekilde) önce geldiği bir ailede yetişmişmek, aldığınız ilk yarayı iyileştirinceye kadar *Sınır Muhripleriyle* karşılaşma ihtimalinizin çok daha yüksek olmasına neden olacaktır ki karşılaşmaktan kastım, onlar tarafından işkence görmenizdir. Ne şekilde yetiştirilmiş olursanız olun, bu dansın kontrol edebileceğiniz tek kısmı kendi davranışınızdır. *Sınır Muhripleri* için neden mükemmel bir hedef olabileceğinizi anlamak bu toksik ilişkilerden kurtulmak için çok önemlidir.

Özellikle sürekli olarak başkalarını memnun etmeye çalışan biriyseniz, diğer insanların istek ve ihtiyaçlarını kolayca anlamaya doğal bir meyliniz olabilir. *Sınır Muhripleri* duygusal hassasiyetinizi bir kilometre öteden görerek bu durumu kendi avantajlarına kullanmanın yolunu arar.

Zeki ve empati duygusu son derece kuvvetli bir danışanımın, bir *Sınır Muhribiyle* yıkıcı bir ilişkiye saplanıp kalması durumuna meslek hayatım boyunca çok rastladım. Anlamanız gereken önemli nokta sınır muhriplerinin sizin gibi olmadığı. Birçoğu empati duygusundan yoksundur: her ne kadar bazıları öyleymiş gibi davranmayı gayet iyi becerse de. Kiminde de vicdan dahi yoktur. Sınır Muhripleri amaca giden yolun mübah olduğuna inanır ve sevgi bombardımanı, gaslighting, duygusal manipülasyon, aşırı suçluluk ve yalan söyleme gibi kontrol stratejilerine ve taktiklere başvururlar.

Bir YEB veya empatsanız, muhtemelen vicdan ya da empatiden yoksun olmanın, başkalarının acı çekmesine aldırmamanın ya da davranışlarınızın onları nasıl etkileyebileceğini bile düşünmemenin nasıl bir şey olabileceğini kafanız almıyor olabilir. *Sınır Muhribinin* dayandığı şey işte sizdeki bu hakiki iyiliktir. (Küçük bir not: YEB'ler aynı zamanda hayli duyarlı kişiler kategorisine girmekte olup bu da hassas bir sinir sistemine sahip oldukları ve etraflarındaki insanların duygu durumlarındaki anlaşılması zor değişikliklerin bile farkına varabilmeleri anlamına gelir. Uyaranların fazla olduğu ortamlar onlara çok fazla gelir. BoundaryBossBook.com/bonus adresindeki kısa testi yanıtlayarak hayli duyarlı biri olup olmadığınızı görebilirsiniz.)

Eğer bir *Sınır Muhribinin* manipülasyonlarının hedefi olduysanız, içerleme, şaşkınlık ve üzüntü duygularıyla mücadele ediyor olabilirsiniz. Kendinizi kapasitenizin üzerinde zorlamaya meyilli olduğunuz için de bu kimseye karşı daha verici olabilir ama sonunda yaptıklarınızın *hâlâ* yeterli olmadığı yönünde doğrudan veya dolaylı bir mesajla karşılaşabilirsiniz. Bu yüzden de dipsiz kuyularını doldurmaya çabalamaya devam eder ama asla başarılı olamayacağınız için, yeterli *olmadığınıza* inanmaya başlarsınız. Burada asıl doğru olan şey ne, biliyor musunuz? *Sınır Muhripleri* için ne siz ne de yaptıklarınız asla yeterli değildir; çünkü konu aslında siz değilsiniz.

> **ÖZET** *Sınır Muhriplerinin birçoğu empati duygusundan yoksundur: her ne kadar bazıları öyleymiş gibi davranmayı gayet iyi becerse de. Kiminde de vicdan dahi yoktur.*

Eğer başınız bir *Sınır Muhribiyle* dertteyse, bir eylem planı hazırlamadan önce tam olarak neyle uğraştığınızı anlamanız çok önemlidir. Özellikle evliyseniz ya da ortak çocuklarınız, mülkünüz veya işiniz varsa bu son derece önemlidir. Bu kontrolcü ve muhtemelen intikamcı kişilik karşısında dürtülerinize göre davranmanın bedeli yüksek olabilir. El altından uyguladıkları gizli manevraları ve sınırlar konusunda sizin için kabul edilemez durumları tespit edebildiğiniz zaman, stratejik ve başarılı bir şekilde hareket edebilme gücünüz çok daha fazla olacaktır.

Manipülasyon Taktikleri

Usta birer manipülatör olan *Sınır Muhripleri* ilişkinin kurallarını koyarlar, sonra da başkalarının bunlara göre yaşamasını beklerler. Kullandıkları birçok manipülasyon yöntemi olup aşağıda başvurdukları en sinsi taktiklerden üçünü bulacaksınız.

Olayı Size Döndürme

Sınır Muhripleri dikkati üzerlerinden ve kendi şüpheli hareketlerinden uzaklaştırma konusunda *uzmandır*. Örneğin, *"Gece 10'dan sonra dışarıda kalmak istemiyorum; çünkü kendimi bir süreden beri iyi hissetmiyorum ve uyumam lazım"* gibi son derece makul bir talebinizi dile getirseniz dahi, *Sınır Muhribi* sanki suratına bir yumruk atmışsınız gibi tepki gösterebilir: *Bu ne cüret!* Verdikleri tepki fikrinizi değiştirmeniz için gösterdikleri hesaplı bir çabadır. İhtiyaçlarınızı, isteklerinizi ve özellikle de sınırlarınızı ifade etmeniz onları öfkelendirebilir.

Olayı çevirmek için uyguladıkları bir başka manevra da özellikle yapılan kötü bir davranışı dile getiriyorsanız, sizin için endişeleniyormuş gibi yapmaktır. Söz gelimi, geç saatlere kadar dışarıda kalıp sizi arama zahmetine bile girmemeleri hoşunuza gitmediğinde *"Biliyor musun, senin için gerçekten endişeleniyorum. Son zamanlarda aşırı hassas görünüyorsun. Bir sorun mu var?"* şeklinde bir karşılık verebilirler.

Bu manevralar dikkati düpedüz her ne halt yedilerse ondan uzaklaştırıp kendinizden şüphe etmenizi sağlamak için uygulanan taktiklerdir.

Başka bir yöntem de basit bir soru sordunuz diye bozulmak veya yaptığınız bir şeyi aşırı büyütmektir. Sınır Muhripleri arkanızdan bir işler çeviriyorsa, sizi savunma pozisyonuna sokmak ve olası her tür negatif dikkati üzerlerinden uzaklaştırmak için geçmişi deşip sizi azarlayabilirler. Örneğin, bir danışanım yeni sevgilisini arayıp (ilk birkaç hafta düzenli ve güvenilir bir şekilde temas kurduktan sonra) kaçamak iletişim tarzının onu rahatsız ettiğini söylemiş. Bu dürüstlüğü sevgilisinin karşı saldırıya geçmesine neden olmuş: *"Bunu bana yüz yüzeyken söylemediğine inanamıyorum. Biliyor musun, ben de aramızda bir kopukluk hissediyorum. Geçen çarşamba gecesi uyuyakalan sendin, ben değil!"* Danışanımın duyguları doğru olmasına rağmen kendisinden şüpheye düşmesi için elinden geleni yapmış. (Sonrasında hiç de şaşırtıcı olmayan bir şekilde yalancının teki olduğu ortaya çıktı ve danışanım bu konuşmadan kısa bir süre sonra onu terk etti.)

Sınır Muhripleri kılı kırk yarabilir veya söylediğiniz bir şeyi doğrudan çarpıtabilirler. Örneğin, *"Kendi ailemle plan yapmadan önce seninle tatilde ne yapacağımız hakkında konuşacağız diye bir şey asla demedim. Sadece seninle tatil planları hakkında konuşmayı kabul ettim."* Veyahut da size daha büyük bir şey kilitlemeden önce çok ufak bir şey rica edip sonrasında da kesinlikle etmediğiniz halde yapmayı çoktan kabul ettiğiniz konusunda ısrar edebilirler. Bazıları da duygularınızı geçersiz kılmak için aslında konuyla alakasız da olsa yanıt olarak daha kötü ya da olumsuz bir durumu örnek verebilir. Böyle yaparak olayı saptırıp sizi savunma durumuna düşürmeyi başarabilirler. Diyelim, partnerinizin gecenin bir yarısı artık evli olan eski eşinden ya da sevgilisinden gelen aramalara cevap vermesinden hoşlanmıyorsunuz ve bunu da kendisine söylüyorsunuz. Aldığınız cevap *"Gerçekten güzel. Kadın kanser"* oluyor. Ama asıl durum ne bir tahmin edin. Kanser olması (eğer gerçekten öyleyse tabii) sizin meseleniz değil. Sizi ilgilendiren şey, eski sevgilisi ya da eşinden gecenin bir yarısı gelen telefonlar konusunda ne hissettiğiniz...

Gaslighting

En tehlikeli manipülasyon yöntemlerinden biri "gaslighting" olup, bu taktikle *Sınır Muhribi* ilişkinin kontrolünü ele geçirmek için hedef aldığı kişinin içine şüphe tohumları ekmeyi amaçlar. Hafızanızı, algınızı ve akıl sağlığınızı sorgulamanıza neden olmak için gizli cephaneliğinde tuttuğu ısrarlı inkar, yanlış yönlendirme, tersini söyleme ve yalan söyleme gibi yollara başvururlar. Yakınınızdaki biri tarafından devamlı surette gaslighting'e maruz bırakıldıysanız, gerçekten de aklınızı kaçırıyormuşsunuz gibi hissedebilirsiniz. Örneğin, çocukken anne ve babanızın birbirlerine tabak çanak fırlattığı ve sanki Üçüncü Dünya Savaşı çıkmış gibi bağırıp çağırdıkları dramatik ve korkutucu bir kavgaya tanık olmuş olabilirsiniz. Ama sonrasında annenize neden tartıştıklarını sorduğunuzda size verdiği cevap *"Kavga etmiyorduk ki tatlım! Hayal gücün gerçekten çok geniş..."* olabilir.

Gaslighting özünde inançlarınızı geçersiz kılma ve kendi gerçekliğinizi sorgulamanızı sağlama girişimidir. Olayı sürekli olarak kontrol etmeyi içerir ki bu da yaşadığınız şeyi inkar etmek ya da reddetmek anlamına gelir. Çok hassas ya da kırılgan olduğunuzu söyleyebilirler ya da kendi duyarlılığınızı sorgulamaya başlayabilirsiniz: *Belki de bana öyle geliyor.*

Birinin size gaslighting uygulayıp uygulamadığının başlıca göstergeleri eşinizi / annenizi / patronunuzu üzmemek için aşırı derecede temkinli davranmak, gerçekte olup bitenleri ailenizden ve arkadaşlarınızdan saklama zorunluluğu hissetmek, sürekli olarak özür dilemek ve hiçbir şeyi doğru yapamıyormuşsunuz gibi hissetmektir. Aynı zamanda tüm yaşam enerjiniz çekilmiş gibi de hissedebilirsiniz; o eski canlı halinizden eser kalmamıştır.

Yakınınızdaki biri gerçekliğinizi kontrol etmeye çalışırken nasıl neşeli olacaksınız ki? Manipüle edilmek berbat bir şeydir. Canlı bir öz algısı kendine güvene ve içinizdeki o bilgili sesle güçlü bir bağınız olmasına dayanır. Bu sizin doğuştan hakkınız ve kimin zerre umurunda değil, biliyor musunuz? Size karşı gaslighting uygulayan kişinin.

Önceleri şokta olabilirsiniz: *"Bunu ben mi uydurdum? Deliriyor muyum?"* gibi tepkiler vermeniz doğaldır. İlk başlarda henüz bir kalıp oluşmadığı için, davranış size ne kadar tuhaf gelirse gelsin, bu henüz en üst seviyede bir alarm değildir. Zaman geçtikçe çok fazla savunmacı bir tavra bürünmeye başlarsınız: *"Ben öyle bir şey demedim!"* veya *"Terfi sırasının bende olduğuna dair söz vermiştiniz!"* Önemsiz ve küçük konularda bile kendinizi ifade etmek için güçlü bir ihtiyaç duyarsınız. Örneğin, mangal partisine gitmeyi kabul edip etmediğiniz gibi (kesinlikle etmediniz). Gene de becerikli bir *Sınır Muhribi* sizi yorgun düşürmenin bir yolunu bulur. Utanç damarlarınızın nerede olduğuna dair ellerinde detaylı bir harita vardır ve sizi sessiz tutmak ve onlara bağımlı kılmaya devam etmek için bu damarlara tam olarak nasıl basacaklarını iyi bilirler.

Sevgi Bombardımanı

Sevgi bombardımanına tutmak narsistlerin yaygın olarak başvurduğu bir diğer taktiktir. Hedeflerindeki kişiyi iltifatlara boğarlar, egolarını ve gerçek aşka ve sahiplenilmeye dair fantezilerini beslerler. Ta ki kurbanlarına kancayı takana kadar. (Evet, sevgi bombardımanı ecstasy hapından ziyade eroine benzer.) İşte tam bu noktada, bu tarz *Sınır Muhribi* son derece eleştirel ve düşmanca davranmaya, hiçbir şeyi onaylamamaya başlar. Küçümseme nihayetinde doğrudan reddetmeye dönüşür ve sizi tümden dışlarlar. Narsist istismar döngüsü üç aşamadan oluşur: (1) idolleştirme, (2) değersizleştirme, (3) dışlama.

Bu istismar döngüsünün ilk aşamasında Sınır Muhribinin size gösterdiği aşırı ilginin sebebinin (bilinçli ya da bilinçsiz bir şekilde) sizin kontrolünüzü tümden ele geçirme isteğinden kaynaklandığını anlamanız gerekir. Sevgi bombardımanına tutulmak son derece baştan çıkarıcı ve karşı konulmaz gelebilir. Yapılan o görkemli romantik jestler gerçek hayatta başınıza gelmesini hayal edeceğiniz türdendir. Sevgi bombardımanı, arkadaşlık ve iş ortamları gibi farklı ortamlarda da görülebilir. Hatta tarikatlara mürit seçerken bile. Kurbanlar genellikle kendilerini suçlar: *"O ölümcül hatayı yapmamış olsaydım, beni yeniden el üstünde tutabilirdi."*

Sınır Muhriplerinin en üst mertebesinde olan 'sevgi bombardımancıları' kırılma noktasına geldiğinizi hisseder hissetmez yeniden iltifatlara ve ilgi göstermelere başlar. Ama size sadece umut etmenize yetecek kadar ilgi gösterirler.

Jasmine'in yaşadığı şey tam olarak buydu. Ne zaman yeter dese, Tom yeniden tatlı tavırlarını takınır ve umutlarını yeniden alevlendirinceye kadar da devam ederdi. Jasmine de daha özverili ve yeterince zayıf olursa yeniden Tom'un gözüne girebileceğini düşünürdü. Tıpkı her şey pahasına o ilk aldığı zevkin peşinden koşturan bir uyuşturucu bağımlısı gibi. Bu istismar döngüsüne sayısız kereler şahit oldum. *Her zaman* kötü sonla bitiyor.

Başka Manipülasyon Taktikleri

Olayı döndürmenin, gaslighting ve sevgi bombardımanına tutmanın yanı sıra, *Sınır Muhripleri* istedikleri şeyi almak yani kontrolü tam olarak ellerine geçirmek için aşağıdaki yöntemleri de kullanırlar.

Duygularınızı Reddetme. Bir gün bir danışanım bana ne zaman üzgün olsa eşinin düşmanca bir tavırla *"Ağladığın için sana üzülmeyeceğim"* dediğini anlatmıştı. Ne yani şimdi? Kadın sadece duygularını yaşıyordu, ondan acıma istemiyordu. Adamın verdiği yanıt dile getirmediği kurallarından birinin ihlal edildiğini gösteriyordu: Üzülmene izin yok.

Gene benzer şekilde, duygularınızı geçersiz kılmaya çalışan bir partner şöyle bir şey diyebilir: *"Bu kadar duyarlı olduğum için çok şanslısın. Başka kimse seninle başa çıkamazdı."*

Para. Çoğu *Sınır Muhribi* parayı bir tür üstü kapalı kontrol yöntemi olarak kullanır ve sizi kendilerine bağımlı kılmak için hediyeler verir veya maddi destekte bulunurlar. Eğer maddi açıdan bir *Sınır Muhribine* bağımlıysanız, onlar olmadan temel ihtiyaçlarınızı nasıl karşılayacağınızdan endişe ettiğiniz için istismarlarını kabullenme olasılığınız daha fazla olabilir.

Rol Yapma. Bazı *Sınır Muhripleri* isteklerini yerine getirmeniz için sizi kandırmak amacıyla yardıma muhtaç veya çaresiz gibi davranırlar. Örneğin, narsist bir anne kızından sempati görmek için perişanmış gibi görünebilir.

Zayıflığınızı hisseden bir partner, fikir ve planlarını kabul etmeniz için kendisini reddedilmiş ve kederli hissediyormuş gibi numara yapabilir.

Öfke. Bazı *Sınır Muhripleri* sizi yıldırmak için düşmanca davranışlara başvurup bağırıp çağırır, bazen de iletişim kurmayı tümden reddederler. Kendinizi o kadar yorgun hissedersiniz ki davranışlarının istismarcı ve yanlış olduğu gerçeğini gözden kaçırırsınız. Tahammülünüzün sınırına geldiğinizi fark ettikleri an da vites değiştirip sevgi dolu davranmaya başlarlar. Artık öfkelerinin hedefi olmadığınız için rahatladığınızda sizi parmağında oynattığının farkına varmayıp isteklerini kabul etmeye daha çok meyilli olursunuz.

ÖZET *Normal angajman kuralları Sınır Muhripleri için geçerli değildir.*

Akran Baskısı. *Bazı Sınır Muhripleri* hedefledikleri kimseyi planlarına boyun eğmeleri gerektiğine ikna etmek için akran baskısı uygularlar. Örneğin, bir danışanım yeni ilgilendiği bir adama seks için üç ay beklemek istediğini söylemiş. Adamsa bir sonraki randevuda ortalama bir kadının üç randevudan sonra yattığı bilgisini vermiş ona. Sadece hazır olmadığını söylediği bir şeyi yapması için *"Normal kadınlar şu kadar sürede yapıyor"* diyerek akran baskısı yapmaya kalkmamış, aynı zamanda onu yıldırmak için konuyu gerçekten *araştırıp* ampirik veriler kullanmayı denemiş.

Daha az hesaplı akran baskısı ise *"Yani bütün ailem bu konuda benimle hemfikir"* veya *"Biliyor musun? Bob sana bencil dediğinde seni savundum ama şimdi haklı olduğunu düşünmeye başladım"* gibi bir şey olabilir. Siz de bunun üzerine birlikte olduğunuz kişinin sizi kontrol etmek için size hakaret ettiği gerçeğinden ziyade Bob'un sözüm ona sizin hakkınızda kötü konuşmasına odaklanırsınız.

Davranışlarını Gözlemleyin

Bir tek kendisini düşünen bu tarz bir kişilikle başınız dertteyse, yapabileceğiniz en önemli şey her zaman davranışlarını gözlemlemektir. Oluruna bırakmayın sakın. Onlara erkenden hesap sorun ki sorgulandıkları zaman verecekleri yanıttan işinize yarayacak bir sürü bilgi edinebilesiniz. Oturup *"Aman Tanrım! Öyle yaptığımın farkında değildim. Biraz daha anlatsana. Nasıl hissettiğini anlamak istiyorum. Benim için önemlisin"* mi diyorlar? Eğer karşınızda bir *Sınır Muhribi* varsa, böyle bir şey olmayacaktır; ama olması halinde, ertesi gün ya da iki gün sonra, farkına varmadan yaptıklarını iddia ettikleri şeyi tekrarladıklarında, hassasiyetinizle alay ettiklerinde veya sizi terk edip gittiklerinde gerçekten ne hissettiklerini açıkça anlayacaksınız.

Oturmuş ilişkilerde, ne kadar berbat olursa olsun mevcut dinamiğe bir kez alıştınız mı, kendinizi neden üzgün hissettiğinizi ifade etmek ve tanımlamak daha zor olur. Patronunuz/sevgiliniz/anneniz ya da her kimse uygunsuz davranışı için özür dilerse, iyi güzel; ama en önemlisi *davranışlarının değişip değişmediğine* bakın. Sözcükler *Sınır Muhriplerinin* dolu silahıdır. Bu yüzden, eğer rehin tutulmak istemiyorsanız, sözleriyle davranışlarının birbirine tutup tutmadığına bakın. Dedikleri gibi, en iyi özür değişen davranıştır. Bu özellikle sınırı tekrar tekrar ihlal edenler için geçerli olup bu durumda deminki sözü, önemli olan *tek* özür değişen davranıştır şeklinde değiştirmek gerekir. Davranışlar değişmediği sürece, sözler sadece manipülasyonlarının bir devamıdır, o kadar. Birinin özür dolu sözlerini kabul ettiğimiz halde, sınır ihlaline devam ederlerse, en alt seviyedeki hayatta kalma içgüdüleriyle danışıklı iş yapıyoruz demektir. *Bugün Aslında Dündü*'nün olabilecek *en* kötü versiyonudur.

Nasıl Başladı?

Jasmine çok uzun zamandır *Bugün Aslında Dündü*'nün kendi korkunç versiyonunu yaşıyordu. Ofisime ayak basmadan önce, cesur bir adım atmış ve en iyi arkadaşına gerçekte ne olduğunu anlatmıştı.

Sessizliği bozmak Tom'un istismarı ile yaptığı itilafın sonunun başlangıcı ve onu terapiye sevk eden şey oldu. Fakat, güvenli bir şekilde kaçma planı hazırlayabilmesi için profesyonel bir rehberliğe ihtiyacı vardı ve beni görmeye de bu yüzden gelmişti.

Terapide Jasmine ebeveyninin ihmali ile şu andaki ilişkisi arasındaki bağlantıyı kurdu. Annesi bir narsist ve Sınır Muhribiydi. Standartlarına uygun bir şekilde hareket etmediği zaman Jasmine'i azarlar ve kızının nasıl göründüğüne büyük önem verirdi. Örneğin, pazar günü kilisedeki tören için doğru kıyafeti giymiş mi? Kızına karşı çok az şefkat gösteriyor, duygusal olarak yaşadıklarıyla hiç ilgilenmiyordu. Buna karşın, mükemmel ve gıpta edilen bir aile imajı çizmek onun için son derece önemliydi.

Narsist bir anne tarafından yetiştirilmek Jasmine'in kimlik algısını ve öz değerini olumsuz etkilemişti. Annesine hayır demek veya bireyselliğini savunmak gibi bir seçeneği yoktu. Jasmine sevilmek için kötü davranışlara müsamaha göstermesi ve başkalarının istek ve taleplerini yerine getirmesi gerektiğini öğrenmişti.

Bu kitabı okuyan ve Jasmine gibi narsist, bencil veya kötü bir anne tarafından yetiştirilen bütün kadınlara buradan vermek istediğim bir mesaj var. Bu tür bir istismar, bir *Sınır Muhribinin* yaşatabileceği son derece spesifik ve acı veren bir istismar çeşididir. Bir annenin yakın ve rahatlatıcı desteğine sahip olmamak, insanı son derece yalnız hissettiren bir durumdur ve içinde yaşadığımız, annelere tapınılan bu toplum ise durumu daha da kötüleştirmektedir. Bu tip kız çocuklarının çoğu depresyon ve kaygıyla mücadele etmekte; kendilerini dışlanmış ve yabancı gibi hissetmekte olup anneleri tarafından sevilmediklerini hissettiklerini itiraf etmeye utanıyorlardır.

Eğer bu tarz bir anne tarafından yetiştirildiyseniz, sizi anlıyorum ve yaşadıklarınızı şefkatle karşılıyorum. Annenizin işlevsel olmayan tutumlarının veya size karşı olan davranışlarının suçlusu siz değilsiniz. Oynadığı psikolojik oyunlar, size savurduğu hakaretler veya maruz kaldığınız istismar her neyse onların hiçbirini hak etmediniz. Bütün *Sınır Muhriplerinde* olduğu üzere, narsist veya sevgisiz bir anne, çocuğu ne yaparsa yapsın asla mutlu olmaz.

Size kendi tercihlerinizi yapma özgürlüğü tanıyan ve kendilerinden ayrı bir birey gibi gören sağlıklı bir ebeveynle uzaktan yakından alakası yoktur.

Jasmine için kaçış planını hazırlarken annesiyle arasına mesafe koyması önemliydi. Toksik annesiyle olan ilişkisini sınırlandırma konusunda dikkatli olması gayet yerinde bir karardı.

Sınır Muhribi bir ebeveyniniz varsa, onlarla aranıza mesafe koymak hayatınızın her alanını net bir şekilde görmenize yardımcı olmakla kalmayıp aynı zamanda hedefleriniz ve iyiliğiniz için en iyi adımları atmanız adına size enerji de kazandırır. Eğer uzaklaşmaya ihtiyacınız varsa, bunu yapın.

Zararı Sınırlama

Sınır Muhribi olmayan kimselerle aranıza sağlıklı sınırlar koymak kendinizi ve ilişkilerinizi korumanın hayli etkili bir yoludur. Sınır Muhripleri söz konusu olduğunda ise durum bu kadar basit değildir.

İstismara dayalı dinamiklerde yaygın olduğu üzere, suçun size düşen payından fazlasını almaya meyilli olabilir; midenizdeki ağrılar ya da göğsünüzdeki sıkışma gibi, vücudunuzun bir şeylerin ters gittiğine dair size verdiği işaretleri göz ardı ettiğiniz için kendinizi azarlayabilirsiniz. Yaşadıklarınız hakkında düşünürken, lütfen sevginizi kazanma çabalarının sizi kontrol ve manipüle etmek üzerine kurulu daha büyük bir stratejinin parçası olduğunu unutmayın. Kendinizi kırbaçlamanıza gerek yok. Siz kendi davranışlarınızdan sorumlusunuz, onlarınkinden değil.

Jasmine ne kadar çabalasa da Tom'u değiştirmeyeceğini ancak fiziksel istismara uğradıktan sonra fark etti. Hayatınızdaki Sınır Muhribi size el kaldırmıyor olsa bile şunu bilin ki duygusal ve sözel şiddet son derece zarar vericidir; özellikle de hassas biriyseniz. Er ya da geç siz de Jasmine gibi dibe vuracaksınız ama herkesin dibi farklıdır ve ne yapacağınız size bağlıdır. *Sınır Muhripleri* sizin çıkarlarınızı hiçbir şekilde göz önüne almayabileceği için, kendi çıkarlarınızı ve güvenliğinizi korumak ve iyiliğiniz adına ekstra tedbirli olmak zorundasınız.

Sınır Muhribinin manipülatif girdabından çıkmak için, sizi kontrol etme niyetiyle girişilmiş bir manipülasyonun *kabul edilemez* olduğu konusunda net olmanız gerekmektedir. Kendinize güvenmek, biri bakış açınıza, sezgilerinize ve özerkliğinize karşı gizli bir kampanya başlatmışken, tırmanmak için çok dik bir tepe gibi gelebilir; ama yapılamayacak bir şey değildir. Kendi sezgilerinize olan inancınızı geliştirip güçlendirmek için alan yaratın. Eğer vücudunuzda bir şeylerin yolunda olmadığına dair bir his, ağrı ya da sıkışma hissi varsa, bu bedeninizin bilgeliğinin size *"Dikkat et. Bu doğru değil/Ters giden bir şey var"* deme şeklidir.

ÖZET *Sınır Muhriplerinin önemli ölçüde değişmesi pek olası olmadığından, bu gerçeği kabullenmek en iyisidir. Kendinizi onlardan korumak için bu bölümde anlatılan stratejilerden yararlanabilirsiniz. Özellikle de kendinizi güvende hissetmiyorsanız.*

Meditasyon içinizdeki dinginlikle temasa geçip enerjinizi tazelemenize yardımcı olacaktır. Özbakımınız gerçekten önemlidir; özellikle de ortaya güçlü duygular çıkartan durumlarda. Bir konuşma esnasında düşüncelerinizi toplamak için her zaman kısa bir süreliğine sessiz kalabilirsiniz. Derin nefes alıp vermek, tekrar dengenizi bulmanızı sağlayacaktır. Üçlü yanıt yönteminden düzenli olarak yararlanmayı öğrenmek (Farkına Var-Bırak-Yanıt Ver) daha farkında olarak davranmanıza yardımcı olur. Bu sayede biri sizi manipüle etmeye çalıştığı zaman, hareketlerinizi kendi doğrularınızın ve bilgeliğinizin yönlendirmesine izin verecek kadar yeterli süreniz olur. İç sesiniz her zaman haklıdır.

Bir *Sınır Muhribini* asla ikna edemeyeceğinizi kabullenmeniz çok önemlidir. Dünyanın en iyi argümanına da sahip olsanız, *Sınır Muhribi* sizin doğrunuzu kabul etmeyecektir. Onları kendi görüş açınıza ikna etmek, karşılıksız ve enerjinizi yiyip bitiren bir çabadır. Bunu anladığınız zaman, kurtarabileceğiniz tek hayatı kurtarmak için elinizden geleni yapın; yani kendi hayatınızı.

Sınır Muhriplerinin bu gizli taktiklere başvurmasının sebebi çoğunun aşırı derecede kırılgan bir "öz" algısının olması ve kendilerinden son derece nefret etmeleridir.

Büyük olasılıkla, kendinize daha çok güvenmeniz halinde onları terk edeceğinizden korkuyorlardır. Bu durum kesinlikle sizin probleminiz değil. Güvensizlikleri tamamen onların sorunu. Onların içindeki yaraları hafifletmek adına tercihler yapmaktan vazgeçin. Yaşadıkları korkunç çocukluğu siz telafi edemezsiniz. Ama kendi iyiliğiniz, güvenliğiniz ve güçlü durmanız için *bilinçli* seçimler yapmaya başlayabilirsiniz.

Jasmine birinci tercihi konusunda son derece netti: Yakasını Tom'dan kurtarmak istiyordu. Evden taşınacak ve bir daha onunla asla konuşmayacaktı. Bu amaçla, Tom bir iş seyahati için şehir dışındayken taşınması için birlikte dikkatlice bir plan hazırladık. Aynı annesi gibi, Tom da kurban rolü oynamaya meyilliydi. Bu yüzden, aynı zamanda ortak arkadaşlarıyla olan PR savaşını kaybetmeye zihinsel ve duygusal anlamda hazırlıklı olmak zorundaydı.

Bir *Sınır Muhribini* ikna etmeye çalışmak nasıl beyhude bir çabaysa, insanları olaylara sizin açınızdan bakmaya ikna etmek de değerli zaman ve enerjinizi boşa harcamaktan başka bir şey değildir. Sizin gerçekte nasıl biri olduğunuzu bilenler sizden ya da niyetinizden bir saniye bile şüphe duymayacaktır. Diğerleri *Sınır Muhribinin* tarafını tutabilir ama tıpkı Jasmine gibi, siz de başkalarının ne düşündüğüne aldırmayı bırakmak zorundasınız.

Eğer karşınızdaki kişi istismarcı bir *Sınır Muhribi* ise terk etmek, teması kesmek ya da her ikisi birden ideal seçeneklerdir. *Sınır Muhribi* olan kimse, ebeveyniniz ise bunu yapmak zor olabilir ama teması kesmek her zaman bir seçenektir. Bazı danışanlarım ailelerindeki bir *Sınır Muhribiyle* olan ilişkilerini belirli bir süreliğine dondurmayı tercih ediyorlar. Araya mesafe koymak iyileştirici olabildiği gibi sınır dansını da kesintiye uğratır. Daha sonrasında onlarla tekrar temasa geçmeye karar verirseniz sizi kontrol etmelerine ya da damarınıza basmalarına izin verme olasılığınız daha az olacaktır. Zaten yaptıkları hiçbir şeyin aslında sizinle bir ilgisi yok.

Özellikle bir narsistle uğraşıyorsanız, ilişkiyi kesin bir şekilde bitirmeye karar vermeniz halinde öfkeleriyle başa çıkmaya hazır olun. Unutmayın. Kendilerinde sizi kontrol etme hakkı gördüklerinden bağımsızlığınızı ilan ettiğiniz için sizi mahvetmek adına ellerinden gelen her şeyi yapabilirler.

Numaralarını engellemeniz veya dilediğiniz ama sahip olamadığınız ilişki için ufak bir cenaze töreni düzenleyip sanki sizin için ölmüşler gibi hayatınıza devam etmeniz gerekebilir. Neye karar verirseniz verin, kesin olan tek bir şey var ki o da yaptıkları için mantıklı bir sebep bulamayacağınız. Bu yüzden denemeyin bile.

Terk etmek veya teması kesmek bir seçenek değilse, o halde Gri Taş yöntemi, yani sakin ve tepkisiz kalmak sizi daha az ilgi çekici bir hedef haline getirmeye yardımcı olacaktır.* *Sınır Muhripleri* içlerindeki boşluğu doldurmak için agresif bir şekilde dikkatinizi ve ilginizi çekme çabasındadır. Sizi üzgün görmek onlar için kedi nanesi gibidir. *Her tür* güçlü duygusal tepki onların içindeki boşluğu doldurmaya yardımcı olur. Bu yüzden sıkıcı biri olursanız onlar da sizden sıkılır ve sizin de istediğiniz bu zaten.

Jasmine kaçış planını uygulamaya koymayı beklerken bu tekniği kullandı. Tom eve gelip de *"Lütfen bana bugün o elbiseyi giydim deme"* gibi küçümseyici bir yorumda bulunduğunda, Jasmine bu onun için her ne kadar zor olsa da nötr bir ses tonuyla *"Evet, giydim"* dedi. Jasmine gibi siz de içinizde nasıl hissederseniz hissedin renginizi belli etmeme konusunda disiplinli olmalısınız. Bunu yaparsanız, sonunda bağımlısı oldukları dramayı başka yerde arayacaklardır.

Öyle kolayca sona erdiremeyeceğiniz bir ilişki içerisindeyseniz; örneğin çocuklarınızı birlikte yetiştiriyorsanız, iletişiminizden duyguları çıkarmak *zorundasınız.* Sınır Muhripleri nasıl hissettiğinizi *umursamaz.* Lindsey Ellison, *Magic Words: How to Get What You Want from a Narcissist (Sihirli Sözcükler: Bir Narsistten İstediğinizi Nasıl Alırsınız?)* adlı kitabında narsistlerle olan iletişime aynı bir ticari işlem gibi muamele edilmesi yönünde tavsiyede bulunuyor** ve ihtiyacınız olan şeyi almanıza yardımcı olacak başarılı bir formülü var: Narsistin yaralarını ve güvensizliklerini anlayıp (değersizlik hissi) onlarla görünmeyi umdukları şekilde konuşmak (değerli). Örneğin, *"Johnny'ye fen ödevinde yardım edebilir misin? Kavramları açıklama konusunda çok iyisin. Bence yardımına çok sevinir."* Evet, size adamakıllı eziyet eden birini övmek zor gelebilir ama bunun bir iş olduğunu unutmayın. İhtiyacınıza uygun ve stratejik bir şekilde egolarını besleyin. Manipülatörü manipüle edemezseniz, güç savaşını bırakmak, hiç değilse sakin kalmanızı sağlayacaktır.

---

* Darlene Lancer, *"The Price and Payoff of a Gray Rock Strategy,"* psychologytoday.com (4 Kasım 2019). Erişim tarihi: Nisan 2020.

** Lindsey Ellison, *Magic Words: How to Get What You Want from a Narcissist* (Toronto, Ont.: Hasmark Publishing, 2018).

Sorun yaşadığınız kişi tehlikeli biriyse, durumla başa çıkabilmeniz için profesyonel yardım almanızı *önemle* tavsiye ederim. Dramatik bir biçimde terk etmekten vazgeçmeniz sizin için daha iyi ve güvenli olacaktır; zira Sınır Muhribi sizi hâlâ kontrol edebildiğini ispatlamak için hayatınızı cehenneme çevirmeye karar verebilir. Aile içi şiddet kurbanlarına yönelik yardım ve hizmetleri araştırın ve çıkış stratejinizi dikkatli bir şekilde planlayın. Bazı durumlarda uzaklaştırma kararı yerine Gri Taş yöntemi tercih edilebilir; çünkü bazı tehlikeli kişiler aleyhine mahkeme emri çıkartmak şiddeti artırabilir. Güvenliğiniz her zaman önce gelir ve alanında iyi bir uzman korunmanızı sağlamaya yardımcı olabilir.

Yakın zamanda ilişkiye başladığınız birinin *Sınır Muhribi* olabileceğinden şüpheleniyorsanız, yaptığı planlara itiraz ederek onları test edin. Örneğin, size bir İtalyan lokantasında yer ayırttığını söylerse, hemen *"Harika!"* demeyin. Bunun *yerine "Aslında, canım Japon yemeği yemek istiyor"* deyin. *Sınır Muhripleri* dürtülerini kontrol etmekte epey başarısızdır. Bu yüzden daha ilk günler de olsa planlarına itiraz etmeye cüret ettiğiniz için size içerlendiklerine dair işaretleri fark edebilirsiniz. Belayı önceden sezerseniz, sınırlarınız konusunda daha katı olmak veya hemen uzaklaşmak için daha iyi bir konumda olursunuz.

Erkenden nabız yoklamazsanız kendinizi *boyun eğmeyi uyumlulukla* karıştırdığınız bir durumda bulabilirsiniz. Bir keresinde bir danışanım ofisime gelip teknik olarak hiçbir sorun olmadığı halde "mükemmel" ilişkisinden memnun olmadığını söylemişti. Partneri, onun dediğine göre, her şey konusunda "oldukça titiz" biriydi. (Yani kontrolcü.) Sohbet ilerledikçe ona ne yapmak istediğini bir kere bile sormadan sosyal hayatını planladığı ortaya çıktı. Aslında danışanımın neyi sevdiğini bile *bilmiyormuş*. Danışanım birçok kadın gibi, çatışmadan nefret ettiği için onun yaptığı planlara uymuş ve bu da onu çok yalnız olduğu bir duruma düşürmüş. Boyun eğmeye ve rıza göstermeye dayalı, tek taraflı düşünme, durmadan verme ve huzuru kaçırmamak için kabullenmekle karakterize olmuş bir ilişki, insana kendini elbette yalnız hissettirir. Bir insanın kendinden sürekli olarak vazgeçmesi yıkıcı sonuçlar doğurabilir.

Duygusal ya da değil, bir ilişkiyi ne kadar uzun zamandır sürdürürseniz sürdürün, bir kere kendi kendinizin patronu olmaya karar verdiğiniz zaman, yaşantınız çarpıcı bir şekilde değişmeye başlayacaktır. Zamanınız değerlidir ve onu nasıl harcayacağınıza siz karar verirsiniz. *Bir Sınır Muhribi* size hakaret içeren sözler söyleyecek olursa kendisine buna müsamaha göstermeyeceğinizi kesin bir dille anlatın. *"Senden bana bir daha 'orospu' veya buna benzer aşağılayıcı sözler söylememeni istiyorum. Eğer bir daha dersen, telefonu kapatacağım." Sınır Muhribi* bu çizgiyi *mutlaka* tekrar aşacaktır ve bu olduğu zaman, sözünüze sadık kalmanız çok önemlidir. Kendinizi rahatsız hissettirse de dediğinizi yapmalı ve yıkıcı davranışları hoş görmemelisiniz.

Jasmine'e dönecek olursak, Michelle Obama'nın meşhur bir lafını alıp kendi durumuna uyarladı: Hakaret etmeye başladıklarında derhal çıkıp gidiyoruz! Yapılan hesaplamalar ve planlamalar sonrasında Jasmine adımını attı. Tom şehir dışındayken evden eşyalarını güvenli bir şekilde çıkardı, Tom'un telefon numarasını ve e-posta adresini engelledi ve ülkenin diğer bir ucuna taşındı. Tekrar Tom gibi birini hayatına çekmemek için çocukluk yaralarına odaklandığı bir iyileşme dönemi sonrasında harika bir adamla tanıştı ve o zamandan beri birlikteler. Aynı zamanda kendisine başarılı bir iş de kurdu. Jasmine'ininki *Sınır Özürlüden, Sınırların Efendisine* dönüşümü anlatan tam bir başarı hikayesi.

Eğer siz de *Sınır Muhripleriyle* mücadele etmekten bezdiyseniz, özgürlük sizin de olabilir. Kendinize dürüst olun, vazgeçmeyin ve özgür olana dek hep bir sonraki doğru adımı belirleyin.

SINIRLARIN *EFENDİSİ* İŞ BAŞINDA

* *Dikkat: Eğer tehlikedeyseniz yardım alın. İyiliğinizi bir numaralı önceliğiniz yapın ve durumunuzu değiştirmek için dikkatlice plan yapın.*

1. Farkına Varın. Karşınızdaki kişinin sözleriyle davranışlarının nerede birbirini tutmadığına dikkat edin. *Sınır Muhripleri* gayet ikna edici bir şekilde konuşabilirler ama gerçekten değişip değişemeyeceklerini ya da buna niyetleri olup olmadığını davranışları gösterecektir.

2. Derine İnin: Sınır Muhribi Kara Listesi. Zen bölgenize rahatça yerleşin ve kara liste alıştırmanızı yapmak için kitabın sonundaki "Derine İnin" bölümüne gidin.

3. İlham Alın. *Sınır Muhripleriyle* uğraşmak son derece yorucu olabilir. Bu yüzden özbakımınıza öncelik vermeniz her zamankinden daha önemlidir. Küveti doldurup güzel bir keyif banyosu yapın, yirmi dört saat boyunca teknolojik aletlerden uzak durun, besleyici gıdalar tüketin ve kendinizle ilgilenin. Bir sonraki bölüme sizi bekliyorum.

BÖLÜM 10

GERÇEK DÜNYADAKİ SINIRLAR

(Örnek Senaryo ve Cümleler)

Üstünü giyin ve hazır ol, çekirge! Sıra olayın can alıcı kısmına geldi. Olabilecek her türlü duruma göre uyarlayıp kullanabileceğiniz etkili sınır repliklerini öğrenme zamanı.

Doğru zamanda doğru sözcükleri seçebilmenin getirdiği özgürlük ve rahatlama hissi aklınızı başınızdan alabilir. Bu bölümde, farklı ilişki türlerinde rastlanan ortak sınır belirleme dinamiklerini keşfedeceğiz. Önerilen cümleleri baz alarak eşinizle, sevgilinizle, patronunuzla, annenizle, en iyi arkadaşınızla ya da Starbucks'taki bir yabancıyla nasıl konuşacağınızı belirleyebilirsiniz. Sınır belirleme becerilerinize daha fazla güvendikçe, kendi sözcüklerinizi ve söyleyiş tarzınızı bulacaksınız.

Ama gelin, ilk önce maksimum başarıyı garanti altına almak için sınır belirleme sürecinizi yeniden gözden geçirelim.

Amaca Yönelik Konuşmak İçin Üçlü Yanıt Yöntemi

Artık *Proaktif Sınır Planı* oluşturmanın adımlarını öğrendiniz. Bu da mevcut durumlara ve aranıza yeni sınırlar çizdiğiniz veya mevcut sınır dansını değiştirdiğiniz kimselere dair bildiklerinize dayanarak karar vermek için gerekli araçlara sahip olduğunuz anlamına geliyor. (Tekrara ihtiyacınız varsa, bölümle ilgili sayfaya geri gidin.) Kendiniz için doğru olanı söylerken, bağlamın her şey olduğunu unutmayın.

Oturmuş ilişkilerde, karşınızdaki kişilerin kim olduğu ve sözlerinizi nasıl karşılayabilecekleri konusunda bir düşünceniz vardır. Ama dışarıdaki dünyada *Proaktif Sınır Planı* her zaman mümkün olmayabilir. Bu sebeple, nerede olursa olsun herhangi bir kimseyle aranıza sınır çizerken, genel çerçeveniz *Üçlü Yanıt Yöntemi* olacaktır (Farkına Var-Bırak-Yanıt Ver). Bu üç adımlı strateji kendi içinizde bazı önemli şeyleri açıklığa kavuşturmanıza, sonrasında etkili bir şekilde ricanızı dile getirip gerçek hislerinizi ifade etmenize ya da birine sınırı aştığını söylemenize yardımcı olacaktır. Gelin bu adımları tekrar gözden geçirelim.

> **ÖZET** *Dünyadaki herkesi sağlıklı sınırlar konusunda eğitmek sizin işiniz olmasa da kendi sağlıklı sınırlarınızı oluşturup korumaktan siz sorumlusunuz.*

Öncelikle, bir sorun olduğunun *farkına varın*. Bunu vücudunuzda duyumsadığınız ve size iyi gelmeyen bir histen anlayabilirsiniz. Örneğin, midenizde bir düğüm veya göğsünüzde bir sıkışma gibi. Bedeninizin verdiği tepkiler dışarıda (diyelim, talepkar bir arkadaşınızla) bir sorun olduğunun işareti *olabilir* ama içsel bir çatışma olduğunun *kesin* işaretidir. Bedenin bilgeliği dahili bir alarm sistemi olup sizi olan veya olmak üzere olan bir şeyden rahatsız olduğunuz gerçeğine karşı uyarma görevi görür. İçinizde gerçekte ne hissettiğinize ve yaşadığınıza odaklanarak önemli bilgiler edinebilir ve bu bilgilerden sorunu tespit etmek için faydalanabilirsiniz.

Bir sonraki adım, eski bir yaranın sebep olduğu güçlü duygulardan veya *Sınır Planınızın* yarattığı sağlıksız etkiden *kurtulmaktır*. Kendinizi çok eski bir yaraya tepki gösterirken bulabilirsiniz: Özellikle de üzülmeye ya da kızmaya başladığınızı hissediyorsanız. Aynı zamanda, sizin için doğru olana odaklanmak yerine, karşınızdaki kişinin davranışları için mantıklı bir neden bulmaya ve onlar için bahaneler üretmeye çalışırken de bulabilirsiniz kendinizi. Dinleyin, bir sınır ihlal ediliyorsa, ihlal ediliyor demektir. Diğer kişinin kastı sizi üzmek olsun ya da olmasın, eğer davranışı size zarar veriyorsa ne düşündüğünüzü ve hissettiğinizi hemen orada söyleme hakkına sahipsiniz.

Üçüncü ve son adım, farkında olarak ve net bir şekilde *yanıt vermek*tir. Sorunun ne olduğunu ve ne istediğinizi bildiğiniz zaman, bakış açınızı ve duygularını tam olarak ifade etmek için uygun sözcükleri seçebilirsiniz. Teyzenizin neden çocuğunuz olmadığına dair sorduğu çok özel sorunun ardında kötü bir niyet olmadığını seziyorsanız, konuyu doğurganlığınızdan uzaklaştırmak için nazik veya yumuşak bir ses tonu seçebilirsiniz. Örneğin, *"Bu konu şu anda gündemimde değil. Asıl sen anlat bana. Bu aralar nasılsın?"* diyebilirsiniz. Öte yandan, iş arkadaşınız sizden özel hayatınıza dair bilgiler almaya çalışıyorsa, bu tarz sorular sormasını engellemek için biraz daha doğrudan bir tavır takınabilirsiniz. *"Özel hayatımı 'özel' tutmayı tercih ediyorum"* gibi. Dünyadaki herkesi sağlıklı sınırlar konusunda eğitmek sizin işiniz olmasa da kendi sağlıklı sınırlarınızı oluşturup korumaktan siz sorumlusunuz.

> **ÖZET** *İletişim kurarken kendinizden emin ve kesin bir tavırla konuşmalısınız ama aynı zamanda saygılı olmalısınız. Aşırı pasiflikle aşırı saldırganlık arasındaki o en doğru noktayı bulmanız gerekir.*

Sınır Repliklerine Giriş

Sınırları uygulamaya geçirmek bir *süreçtir*. Bunu mükemmel bir şekilde yerine getirmenizi sağlayacak sihirli bir formül yoktur. Bu yüzden, aşağıdaki araçlar ve örnekler, üzerine inşa edebileceğiniz bir temel oluşturmaya yardımcı olabilir. İşinize yarayanları alıp bunların provasını yaparken aynı zamanda farkında, yapıcı ve dürüst bir şekilde yanıt vermenin birçok yolu olduğunu da aklınızda tutun. Sözcükler birbiriyle ne kadar bütünleşirse, o kadar az düşünmeniz gerekir ve doğrular ağzınızdan kolayca (ve belki de hızla) dökülür. Sonunda da kendinizi emin ve net bir şekilde nasıl ifade edebileceğinizi bulabileceksiniz: ne çok pasif ne çok saldırgan, tam kıvamında.

Gerçekte Ne İstediğinize Bakmak

Yeni sınır kaslarınızı göstermeye başladığınız zaman, bir an durup gerçekte ne istediğinize bir bakın. Özellikle de otomatikman karşıdakinin isteklerine uyum sağlamaya ve aşırı çaba göstermeye meyilliyseniz.

Durumu değerlendirmek ve tam olarak ne istediğinizi anlamak için biraz zaman kazanmanızın faydası olabilir. Örneğin, biri sizden emin olmadığınız bir konuda onay bekliyorsa ve hemen yanıt vermek sizi çok korkutuyorsa, dışarı çıkıp kısa bir yürüyüş yapabilir veya beş dakikalığına tuvalete gidebilirsiniz. Bu kısa ara, gerçek hislerinizi anlamanız ve nasıl yanıt vereceğinizi açıklığa kavuşturmanız için yeterli olabilir.

Aşağıda zaman kazanmanın bazı yollarını göreceksiniz:

- *"Kendimi toplamam/Kafamı toparlamam için biraz zaman lazım. Bu konuyu yarım saat sonra konuşalım mı?"*
- *"Bu konuyu bugün daha sonra konuşsak olur mu? Böylece üzerinde düşünmek için vaktim olur."*

Yeterince düşündükten sonra, bağlama göre kesin ve net bir şekilde *hayır* diyebilirsiniz.

- Bir arkadaşınız sizden bir akşam yemeğine gitmenizi istiyor ama siz beni vursunlar daha iyi modundasınız: *"Yemek davetine hayır demek zorundayım ama başka bir ara buluşup konuşmayı çok isterim."*

- Sizin uzmanlığınızı aşan, hiç ilgi alanınız olmayan ya da görev kapsamınızın çok dışında olan bir proje için sizden yardım isteyen bir iş arkadaşınıza: *"Maalesef, yapamam. Ama elimdeki işi bitirir bitirmez sana yardım edebileceğim bir konu var mı gelip bakarım."*
- Size sokakta asılan birisine: *"Hiç kusuruma bakma!"*

Bir Çizgi Aşıldığı Zaman İletişim Kurmak

Danışanlarımın ve öğrencilerimin zorlandıkları konuların başında çizgiyi aşan birine bunu nasıl söyleyecekleri konusunda emin olamama geliyor. Genellikle, bir şekilde lafa girerseniz gerisi kendiliğinden gelecektir. Karşınızdaki kişiye duygularınızı, endişelerinizi ya da itirazlarınızı hemen belirtmeniz kolayca düzeltilebilecek bir hatanın veya yanlış anlamanın büyüyüp başka bir şeye dönüşmesini engelleyebilir.

Aşağıda konuşmaya başlarken kullanabileceğiniz bazı temel giriş cümleleri bulacaksınız:

- *"Bilmen gerektiğini düşündüğüm bir konu var…"*
- *"Dikkatini çekmek istediğim bir konu var: Geçen gün … olduğu zaman, çok rahatsız oldum."*
- *"Neler olup bittiğini kendi açımdan anlatmam lazım. Çünkü ne hissettiğimi ve neden böyle düşündüğümü anlamanı istiyorum."*
- *"Olanlar hakkında benim ne hissettiğimi bilmeni istiyorum…"*

Biri önemli bir sınırı ihlal ettiği zaman bunu kendilerine söylerken tercih ettiğim yöntemlerden biri, yedinci bölümde işlediğimiz ve dört bölümden oluşan *Şiddetsiz İletişim Sürecidir.**
Aşağıda kısa bir özetini bulacaksınız.

---

* Marshall B. Rosenberg, *"The 4-Part Nonviolent Communication Process"* (PDF), nonviolentcommunication.com. Erişim tarihi: 18 Nisan 2020.

"_____________ gördüğüm zaman." (Gözlem)

"_____________ hissediyorum." (Duygu)

"Çünkü _______ ihtiyacım karşılanmamış oluyor." (İhtiyaç)

"Rica etsem _____________?" (Rica)

Bu süreç çok etkilidir; zira ne yargıda bulunuyorsunuz ne de karşınızdakine isim/sıfat takıyorsunuz. Tek yaptığınız diğer tarafın nasıl hissettiğinizi anlamasına yardımcı olmak ve üzüntünüzü azaltmak için yapabileceği şeyi tam olarak belirtmek.

> **ÖZET** *Özellikle ilk başta, elinize yüzünüze bulaştırabilir, gerçekten kötü bir konuşma yapabilir veya aşırı terleyebilirsiniz. İlk defa yapacağınız zaman, önemli olan sadece yapmanızdır.*

Üçgenlemeyi Durdurmak

Üçgenleme toksik bir iletişim tarzı olup çatışma yaşayan iki kişiden birinin meseleye, kendisini doğrudan ilgilendirmeyen birini dahil etmesidir. Diyelim, kız kardeşiniz beyaz gömleğinizi ödünç alıyor ve size lekeli olarak geri veriyor. Siz kızınca da pireyi deve yaptığınızı düşünüyor. Sorumluluk alıp size yenisini almayı teklif etmek yerine, annenize şikayet ediyor ve o da üstüne vazife olmadığı halde sizin ne kadar huysuz olduğunuzu söylüyor. Kız kardeşinizin bunu sizin yüzünüze söyleme cesareti yok ama gizlice annenizin bunu diyeceğini umuyor. Deli olmamak işten değil de nedir?

Üçgenleme işyerinde, arkadaşlar arasında ve aile içinde son derece yaygın görülen bir durumdur. Dedikodu ve hakaret eder şekilde konuşma üçgenleme yöntemleri arasındadır. Ama sırf size tanıdık geliyor olması, bunun olaya dahil olan kimselere iyi geldiği anlamına gelmez; siz dahil.

Yapmanız gereken tek şey bu toksik iletişim üçgenine dahil olmayı kabul etmemektir. Şu kadar basit:

- *"İlgin için teşekkür ederim anne. Ama ben bu konuyu doğrudan Betty ile halledeceğim."*

Dedikoduyu seven arkadaşlarınıza ise şu tarz şeyler söyleyebilirsiniz:

- *"Lütfen bana Betty'nin sevgilisiyle yaşadığı sorunlar dışında konuşacak daha iyi mevzularımız olduğunu söyle. Nasılsın son zamanlarda?"*
- *"Yeni işini anlatmanı daha çok tercih ederim."*

Bir akrabanız size gelip de annenizin sizin için "endişelendiğini" söylerse, bu konuyu kibarca kapatabilirsiniz:

- *"İlgin için teşekkürler, Betty Teyze. Ben bundan sonrasını hallederim."*

Hiç kimsenin sizi, kendi değerlerinize aykırı bir şekilde davrandırma yetkisi yoktur. Geçmişte bunu yapsanız bile. Başka birinin kötü, bilinçsizse veya düpedüz sağlıksız davranışlarının sizinkileri dikte etmesine gerek yok.

Otomatik Olarak Nasihat Verenleri Durdurmak

Genellikle sormadığınız halde fikrini beyan etmeyi seven bir arkadaş, akraba veya iş arkadaşınızla paylaşmak istediğiniz bir haber veya özel bir ikileminiz varsa, nasihat vermelerini baştan engellemek için konuşmaya şu tarz bir cümleyle başlayabilirsiniz:

- *"Sana anlatmak istediğim bir şey var. Lütfen sadece dinle, olur mu?"*
- *"Sana benimle ilgili anlatmak istediğim şeyler var ve tek istediğim tavsiye veya eleştiride bulunmadan beni dinlemen. Bunu yapabilirsen çok sevinirim."*

Sebebi ister unutmanız ister çekinmeniz olsun, konuşmanıza isteğinizi içeren bir önsözle başlamazsanız, karşınızdakinin nasihat vermesini durdurmak için (çünkü illa verecek) şöyle bir şey diyebilirsiniz:

- *"Şu an tavsiye duymak istemiyorum. Sadece beni anlayışla dinleyebilirsen çok sevinirim."*

İlişkilerde, özellikle de karşıdaki kişinin her sorunu düzeltmeye çalışmaya yönelik oturmuş bir rolünün olduğu romantik ilişkilerde, istediğiniz şeyi belirtirken daha fazla ayrıntı vermek isteyebilirsiniz:

- *"Her zaman bana yardımcı olmaya istekli olmanı seviyorum ama şu anda gerçekten istediğim şey beni dinlemen ve cevabı kendi başıma bulabileceğime inanman."*

Meraklı Soruları Geri Çevirmek

Genelde, danışanlarım ve öğrencilerim başka insanlara açıklama yapmaya ve cevap vermeye borcu olduklarına inanırlar; önemsiz detaylar hakkında bile! Gerçekte ise açık bir şekilde çok özele girmese de hiçbir meraklı soruyu yanıtlama zorunluluğunuz bulunmamaktadır.

Hiç kimseye özel bilgilerinizi borçlu değilsiniz, özellikle de meraklarını gidermek için sizi bunaltan kişilere.

Aşağıda bu tarz soruları geçiştirmek için birkaç yöntem bulacaksınız:

- Ne kadar para kazandığınızı soran bir sevgili adayına: *"Güven bana, hak ettiğimin yanına bile yanaşmıyor."*
- Aşk hayatınız hakkında soran bir akrabaya: *"Şu anda bu konuyu konuşmak istemiyorum. Paylaşmak istediğim bir gelişme olduğunda sana haber veririm."*
- İşten özel izin aldığınızı duyduğunda ne yapmayı planladığınızı soran bir iş arkadaşınıza: *"Adı üstünde özel izin!" veya (göz kırpıp) "Çok mu merak ediyorsun?"*

- Eğer karşınızdaki kişi ısrar ederse, verdiğiniz hazır yanıtı tekrarlayın. İlişkiye ve saldırganlığın düzeyine göre *"Bu konu hakkında söyleyeceklerim bu kadar"* diye de ekleyebilirsiniz.

Spotları Üzerinizden Çekmek

Eğer hiç kaba, çok özele giren veya başka şekilde uygunsuz ya da saldırganca bir soru veya yorumla zor durumda bırakıldıysanız, donup kalmanın ve tek kelime dahi edememenin nasıl bir şey olduğunu bilirsiniz. (Evet, bu "donup kalma" hali, üçüncü bölümde ele aldığımız savaş/kaç/donakal tepkisinin bir parçası.) Sonrasında da keşke bir şey söylemeye cesaretim olsaydı diyerek kendinize yüklenebilirsiniz. Fakat donma tepkisi devredeyken sorun cesaret değildir. Bedeniniz sadece tehdit olarak algıladığı şeyden kendini korumaya çalışıyor, o kadar.

Güç dinamiği uzmanı ve kendini sözle savunma yöntemi Dojo'nun yaratıcısı Kasia Urbaniak'ın öğrencilerine öğrettiği ve "spotları üzerinizden çekmek" adını verdiği stratejinin hedefi, herhangi bir rahatsız edici durumda donma refleksinden çıkıp güç dinamiğini değiştirmek.* İşleyişi de gayet basit. Rahatsız olduğunuz soruları yanıtlamak yerine soruyla yanıt veriyorsunuz. Örneğin, *sordukları* soru hakkında *("Bu konu seni neden ilgilendiriyor?")* gibi bir soru sorabilir veya konuyu değiştirmek için tamamen farklı bir şey hakkında soru sorabilirsiniz. MeselaÖrn, *:" Gömleğini ne-reden aldın? Güzelmiş."*

Spot ışığını başka yöne çevirmek işe yarar çünkü bu sayede dikkati üzerinizden uzaklaştırırsınız. Konuyu başka yöne çevirdiğinizde, durumu tersine çeviriyorsunuz. Urbaniak'ın bu konuda arsız sayılabilecek bir örnek yanıtı var: Eğer erkek bir iş arkadaşınız neden çocuğunuz olmadığını sorarsa, gülümseyerek *"Neden? Anne mi arıyorsun?"* diye yanıt verebilirsiniz.

Bu yaklaşımın güzel olan tarafı size *ne şekilde* doğru geliyorsa o şekilde yanıt verebilecek olmanız. Sorunuz komik,

---

* kasiaurbaniak.com. Erişim tarihi: 18 Nisan 2020.

ciddi, ciddiyetten uzak, arsız ya da teklifsiz olabilir. Seçim sizin. Önemli olan dikkati diğer kişiye ve saçma sapan davranışına döndürüp kaba ya da uygunsuz soruyu saptırmak ve kontrolü geri kazanmak.

Eğer birisi size çok özel bir soru soracak olursa, dikkati üzerinizden çekmek için şu tarz şeyler diyebilirsiniz:

- *"Neden soruyorsun?"*
- *"Neden bilmek istiyorsun?"*
- *"Bana bunu neden soruyorsun ki?"*

İster konuyu tamamen değiştirin ister çok özele giren kişiyi siz güç duruma sokun, uygunsuz olduğunu düşündüğünüz bir soruyu yanıtlamamayı başardınız. Yaşasın!

Üstü Kapalı Yargılamalarla Başa Çıkmak

Örtülü eleştiri *kulağa* yardımsever veya ilgili gelen bir şekilde söylenebilir ama bedeniniz konuşmaya başlarsa, söz konusu yargının sınırı aştığını bilirsiniz.

Ailenizden veya işyerinden biri ya da bir arkadaşınız son derece kaba bir yorumda bulunup sonra da *"Sadece dürüst oluyorum"* derse, kendinizi kötü hissetseniz de sözlerini kabul etmeye meyilli olabilirsiniz. Ben diyorum ki, olmayın.

Gerçek şu ki, size samimi bir şekilde yapıcı eleştiride bulunan birisi aslında sizin destekçinizdir. Sizi umursadıkları için size önemli bir konuda ipucu vermek adına zor bir konuşma başlatıyorlardır. Eğer bu kişiye saygı duyuyor ve onların samimiyetine güveniyorsanız, büyük olasılıkla verdikleri geribildirime açık olacaksınız. Giydiğiniz kıyafetin yanlışlığı veya saçınızın ne kadar kötü göründüğüne dair yorumlar ise yapıcı değildir.

Bir dahaki sefere biri size üzerinizdeki kotun ne kadar kötü durduğunu söylerse veya pek de parlak olmayan aşk geçmişinizi hatırlatacak olursa, vereceğiniz cevaplar şöyle olabilir:

- *"Sana (fikrini) sorduğumu hatırlamıyorum."*
- *"Senin dürüstlük dediğin şeye, ben istenmediği halde fikrini söyleme veya eleştiride bulunma diyorum. Lütfen yapma."*

"Sadece dürüst oluyorum" lafını kalkan olarak kullanıp arkasına saklanan biriyle bir ilişkiniz varsa, kendinizi ateş hattına sokmayın. Örneğin, aşırı olumsuz bir arkadaşınız *"Saçını kestirmişsin"* derse, *"Beğendin mi?"* diye sorarak size hakaret edebilmesi için fırsat vermeyin. *"Evet, kestirdim"* diyebilirsiniz sadece. Hiç kimsenin "dürüstlüğünü" sizi dövmek için bir sopa gibi kullanmasına izin vermeyin. Konu sizin hayatınız olduğunda, önemli olan sadece sizin doğrularınızdır.

Dinin üstü kapalı yargılamalarda bulunmak için araç olarak kullanılması hiç de ender rastlanan bir durum değildir. Dini bir gruptan ayrılıp üyelerine sık sık dışarıda rastlayan bir danışanım vardı. Hepsi de değişmeyen bir şekilde, *"Senin için dua ediyoruz"* derlerdi. Bunun alt metni ise şöyleydi: *Yaşadığın hayat yanlış. Umarız yakın zamanda doğru yola geri dönersin.* Danışanım bu sözü duymazdan gelemiyordu ama nasıl yanıt vereceğinden de emin değildi. Birlikte dikkati başka yöne saptırması için birkaç seçenek bulduk:

- *"Teşekkürler. Ben de sizler için dua ediyorum."*
- *"Hepimizin ihtiyacı var. Teşekkürler!"*

Sizi eleştiren veya başka bir şekilde haddini aşan birine verilebilecek başka bir etkili cevap, elinizi dur işareti anlamında yukarı kaldırmaktır.

Ortada aşılan bir çizgi vardır ve buna katlanmak zorunda değilsiniz. Elinizi yukarı kaldırmanız gerekli mesajı karşı tarafa iletecektir.

Beden Dilinin Gücünden Yararlanmak

Beden dilimiz davranışlarımız, jest ve mimiklerimizle iletişim kurma şeklimizdir. Bu süreç bilinçli veya bilinçsiz, kasıtlı veya içgüdüsel olabilir.

Siz fark edin ya da etmeyin, beden diliniz daha ağzınızdan sözcükler dökülmeden çok önce niyetinizi ve müsaitlik durumunuzu etrafa her zaman belli eder; sınırlarınızı güçlendirebilir ya da zayıflatabilir. En çok etkiyi yaratması için, beden dilinizin elde etmeyi istediğiniz sonuçla uyum içerisinde olması gerekir.

> **ÖZET** *Hayatınızdaki insanları size belli bir şekilde davranmaları yönünde eğittiniz. Artık farkındalığınız arttı ve şimdi onları bu yeni farkındalıkla yeniden eğitiyorsunuz. Bunu onlara sözlü olarak, ayrıca beden diliniz ve davranışlarınızla gösterip anlatın.*

Diyelim ki geveze bir iş arkadaşınız, size her sabah kahvesini içerken aşk hayatını en ince ayrıntılarına kadar anlatmaya bayılıyor ama siz sormadığınız halde anlattığı bu hikayeleri dinlemeye pek de istekli değilsiniz. İlgilenmediğinizi göstermek için yere bakabilir, bedeninizi bilgisayarınızın ekranına döndürebilir ya da saatinize bakabilirsiniz. Eğer hâlâ anlamazsa, o zaman daha doğrudan bir tavırla konuşabilirsiniz: *"Sabahları en verimli olduğum zamanlar. O yüzden gerçekten işime dönmem gerekiyor."*

Beden dili aynı zamanda hiçbir şekilde muhatap olmak istemediğiniz birine rastladığınız zaman da önemlidir. Örneğin eski bir sevgili, eski bir arkadaş veya çocuğunuzun okulundan meraklı bir veli gibi. Unutmayın, bu senaryoda vücut diliniz *çok önemlidir.* Onları gördüğünüzde tanıdığınızı belli eder bir şekilde gülümseyip *yolunuza devam edebilirsiniz.* Bu arada dilerseniz *"Selam!"* veya *"Sizi gördüğüme sevindim ama kaçmam lazım!"* tarzı bir şey de söyleyebilirsiniz. Önemli olan nokta yürümeye devam etmenizdir zira hiçbir şey *sohbet etmek için durmamak* kadar *"Durup seninle/sizinle sohbet etmeyeceğim"* mesajı vermez.

Çeşitli Zor Durumlarda Söylenecek Sözler

Aşağıda danışanlarım ve öğrencilerimin sınır konusunda yaşadıkları en yaygın sorunları ve bu gibi durumlarda söylenebilecek olası sözlere örnekler bulacaksınız. (BoundaryBossBook.com/bonus adresindeki *Sınırların Efendisi Online Bonus Paketinde* ilave örnek cümleler bulabilirsiniz.) Her zaman olduğu gibi, eğer aşağıdaki senaryolardan biri sizin durumunuza tam olarak uymuyorsa, verilen örnek cümleleri baz alıp kendinize ve durumunuza uyarlayabilirsiniz.

Ağır, Kırıcı ya da Çirkin Yorum ve Davranışlar

- *"Irkçı yorumlar hiç bana göre değil. Ya kesersin ya da ben gidiyorum."*
- *"Yorumların/dokunman/sözcüklerin beni rahatsız ediyor. Lütfen dur. Yoksa gitmek zorunda kalacağım."*

Sizin İçin Kabul Edilemez Olan Durumları Zorlayanlar

- *"Duygularım/tercihlerim/benim için kabul edilemez olan durumlar tartışmaya açık değil."*

Para Meseleleri

- *"Betty, otel faturamızın sana düşen yarısını ne zaman alabilirim?"*
- *"Üzgünüm ama yardımcı olamayacağım. Aileden birine ya da arkadaşlarıma borç para vermeme gibi bir prensibim var."*

Problem Çözme

- *"Davranışın beni üzdü. Çünkü ilişkimize değer veriyorum ve nasıl hissettiğimi sana söylemem lazım. Umarım beraber tatmin edici bir çözüm bulabiliriz."*

Çatışmaların Şiddetini Azaltmak

- *"Rica etsem, bu konuşmaya her ikimiz de sakinleştikten sonra devam edebilir miyiz?"*

Hayır Demek

- *"Başka önceliklerim var ama bunu başarman için sana iyi enerji yolluyorum."*
- *"Senin de bildiğin gibi, şu an işimin en yoğun zamanı. Bu yüzden maalesef o konuda sana yardımcı olamayacağım."*
- *"Hayır, üzgünüm. Kesinlikle yapamam."*

Konuşurken Lafınızın Bölünmesi

- *"Hikayemi/Lafımı bitirebilir miyim lütfen? Söz, sonrasında senin anlatacaklarını can kulağıyla dinleyeceğim."*
- *"Lafımı kestiğin zaman, beni gerçekten dinlemiyormuşsun gibi hissediyorum. Lütfen, bunu yapmayı bırak."*

Şaka Kisvesi Altında Pasif-Agresif Davranış

- *"Bu hiç komik değildi bence. Hiç hoşuma gitmedi."*
- *"Bak, şaka yapıyor olabilirsin ama ben de sana diyorum ki bundan hoşlanmıyorum ve durmanı istiyorum."*

Biri Duygularınızı Reddettiği Zaman

- *"Sana ne hissettiğimi söylüyorum, fikrini sormuyorum."*
- *"Sana yaşadığım şeyi anlatıyorum. Duygularımı/Ne hissettiğimi benden iyi bilemezsin."*

Biri Sizi Suçlamaya Çalıştığında

- *"Dediğin şeyi/Sorumluluğu kabul etmiyorum. Tercihlerin sana ait ve eğer suçluluk veya mecburiyetten öyle davrandıysan, bu senin sorunun."*

Geveze Kuaförler, Masözler veya Hizmet Sağlayıcıları

- *"Gerçekten sessizliğe ihtiyacım var. O yüzden gözlerimi kapatırsam alınmayın."*
- *"Önceden söyleyeyim. Masaj esnasında sessizliği tercih ederim."*

Tercihlerinizi Savunmak

- *"Plan yapmayı sevdiğini biliyorum ama nerede ve ne zaman buluşacağımız hakkında plan yaparken beraber karar vermemizi istiyorum."*
- *"Fark ettim de ben konuşurken sürekli telefonunla meşgul oluyorsun. Rica etsem, telefonunu bir kenara bırakıp dikkatini bana verebilir misin?"*
- *"Bu plan gerçekten bana uygun değil. Benim istediğim şey ... [Buraya ne istediğinizi ekleyin]. Nasıl ortada buluşabileceğimize dair bir fikrin var mı?"*

Sağlıksız Arkadaşlıklar (Değişmesi veya Bitmesi Gereken)

- *"Üzgünüm. Yemeğe/yogaya gelemem." (Uygun olmamaya devam edin.)*
- *"Anlaşmaktan ziyade sürekli tartışıyor gibiyiz. Bu gerçekten çok zor. Bence yollarımızı ayırsak iyi olur."*

Eğer tartışırlarsa veya sizi caydırmaya kalkışırlarsa o zaman sınırınızı kesin bir dille belirtebilirsiniz:

- *"Hayır, bana uygun değil. Sana başarılar/iyi günler."*
- *"Bu arkadaşlık benim için sağlıklı değil. Yolun açık olsun. Lütfen beni bir daha arama."*

Eski Şikayetleri Dile Getirme

Birçoğumuz bir sebepten eski meseleleri gündeme getirme konusuna gelince birtakım kısıtlamalar olduğuna inanırız. Bence bu doğru değil. Görülmeye, duyulmaya çalışmak ya da yaşadıklarınıza sahip çıkmak için hiçbir zaman geç değildir.

- *"Biliyor musun, geçen ay/geçen sene/78 yazında yaptığımız bir konuşmayı düşünüyordum da... Sana bu konuda ne düşünüp hissettiğimi söylemek istiyorum..."*
- *"Geçen hafta olan bir şeyi düşünüyordum da bu konuda sana anlatmak istediğim bir şey var..."*
- *"Bak, keşke bu olay olduğu zaman bir şey söylemiş olsaydım, ama bu konu beni artık rahatsız ediyor. O yüzden de sana söylemek istedim..."*

Unutmayın, en iyisi lafı dolandırmadan doğrudan konuya girmektir.

Doğrularınıza Sahip Çıkmak

Sözün özü, herhangi bir durumda sağlıklı sınırlar belirleyebilmek kendi gerçeğinizin/doğrularınızın gücünden yararlanma meselesidir. Açıkça konuşmanız ve beden dilinizle karşı tarafa özgüveninizi aktarmanız son derece önemlidir. Duruma bağlı olmakla birlikte, en güçlü ve etkili hareket, karşı tarafa *"Seni gayet iyi anladım. Bu saçmalıklarına ne bugün ne de bundan sonra vaktim var"* mesajı veren doğrudan bir bakış atmak olabilir.

Sınır dilini daha iyi okuyup yazmayı öğrendikçe, daha farklı sınır senaryolarıyla başka çıkabilir; öncelik anlamında alt sırada olan kimse ve durumlardan daha üst sırada olanlara geçebilir; bu süreçte keşfettiklerinize dayanarak VIP listenizi yeniden düzenleyebilirsiniz. Unutmayın: aranıza sınır çizdiğiniz birisinden gelen ilk tepki sadece bir geri adım manevrası olup sınırlarınızı bilinçli veya kasıtlı olarak reddettikleri anlamına gelmeyebilir. *Proaktif Sınır Planınıza* güvenmeniz ayaklarınızın yere sağlam basmasına ve nihai hedefinize odaklanmaya devam etmenize yardımcı olacaktır: yani görülmek, duyulmak ve bilinmek. *Üç Soru Yöntemi* geçmiş yaşantıların üzerinizde yarattığı güçlü etkiyi ortadan kaldırarak daha büyük bir farkındalıkla yanıt vermenize yardımcı olurken *Üçlü Yanıt Yöntemi* ise olabileceğinizi bildiğiniz bir *Sınırların Efendisi* gibi durumun farkına varıp bırakmanız gerekenlerden kurtulmanıza ve daha dikkatli ve bilinçli bir şekilde yanıt vermenize yardımcı olacaktır.

Şimdiye kadar hayatınızdaki insanları size belli bir şekilde davranmaları yönünde eğittiniz. Ama artık onları gerçek hislerinize, tercihlerinize, isteklerinize ve sizin için kabul edilemez durumlara dayanarak, daha farklı ve çok daha iyi bir şekilde yeniden eğitiyorsunuz. Bunu onlara sadece sözlü olarak anlatmakla kalmayın; değişen beden diliniz ve davranışlarınızla da gösterin. Kendi gerçeğinize ve doğrularınıza sahip çıkacak kadar cesur olun. *Sınırların Efendisi* olmak tam olarak budur.

SINIRLARIN EFENDİSİ İŞ BAŞINDA

1. Farkına Varın. Henüz *Arada Bir Yerde* olduğunuzun farkına varın. Bu da yeni sınırlar belirlemeye başladığınızda, birçok duygu yaşayacağınız anlamına gelmektedir. Bir sınır koyduğunuzda veya basit bir ricada bulunduktan hemen sonra geri adım atmak isteyebilirsiniz (Bkz. *Sınırdan Çark Etme*). Yaşadığınız kaygının yok olması için kendinize en az kırk sekiz saat verin. BoundaryBossBook.com/bonus adresinde kaygınızı azaltmaya yardımcı olacak ve sizi rahatlatacak bazı tavsiyeler ve teknikler bulabilirsiniz.

2. Derine İnin: Bir Sonraki Seviyedeki Sınırları Hayal Edin. Artık elinizde sınır belirlemek için gerekli bütün araçlar ve sözcükler olduğuna göre, sırada zihinde canlandırmanın gücünden yararlanıp bir sonraki seviyedeki sınırlarınızı oluşturmak var. (Kitabın sonundaki "Derine İnin" bölümüne gidin.)

BÖLÜM 11

SINIRLARIN EFENDİSİ OLARAK YAŞAMAK

Ya-şa-sın!!!

Hemen şimdi bir dakika durun ve bu işi sonuna kadar getirdiğiniz ve bu noktaya gelebilmek için gösterdiğiniz onca çaba için kendinizi takdir edip ne kadar *harika* biri olduğunuzun farkına varın.

Üçlü Yanıt Yönteminin ve *Proaktif Sınır Planınızın* yardımıyla yolunda gitmeyen şeyleri dikkatlice değerlendirip hızlıca yeni sınır davranışları benimsemek yaptıkça daha kolay ve daha doğal gelecektir. Tam olarak gönlünüze göre bir hayat kurmak için bu adımları atmaya ve onca çabaya *değer*. Kendi gücünüzü fark edip kendinizi seçtiğiniz her sefer için mini bir parti verip konfeti patlatmak mı? *EVET, EVET, EVET!*

Şimdi sıra bir sonraki önemli adıma geldi: Çabalarınızı ve başarılarınızı *kutlamak*. Hem de her defasında. Yeni normalinizi yaratacak olan şeyler küçük de olsa her gün tercihlerinize öncelik vermek, güçlü ve kararlı durmak; sınır ve isteklerinizi ifade etmektir.

Sınırların Efendisi olmaya giden yol düz bir çizgi değildir. İki adım ileri, bir adım geri faslını hatırlıyor musunuz? Bu beklenen bir durumdur. Bazı anlarda başarılı olacaksınız, bazılarında da başarısız. Ama asıl önemli olan şey, doğru yönde ilerlemeye devam etmektir. Gözlerinizi uzun vadeli ödülden ayırmamak için, ne kadar küçük olursa olsun zihniyetinizde meydana gelen her değişimi kutlamak zorundasınız. Evde oturup film seyretmek için yöneticinizin her sene düzenlediği ve gitmeyi hiç istemediğiniz tatil partisine gitmeyi kibar bir şekilde reddettiniz mi? Harika.

İçinizden bir ses hayır dediği için, öncelikle kendi duygu ve tercihlerinizi dikkate almak adına evet demeden önce durup zaman mı kazandınız? Kendinize bir dondurma ısmarlayın. Aslına bakarsanız, bir *seçeneğiniz* olduğunu fark ettiğiniz her an için kutlama yapmanızı çok isterim. Sizi kaderinizi bilinçli bir şekilde tayin etme hedefinize yaklaştıran her şey övgüye değer. Evet, her zafer önemli.

ÖZET *Küçük ya da büyük, zihniyetinizde meydana gelen her değişimi kutlayın. Bunlar sürdürülebilir değişimin yapı taşlarıdır.*

Özsevgi

Kendini sevmek sağlıklı sınırlar belirlemenin ayrılmaz bir parçasıdır. Buna rağmen özsevgi tanıdığım birçok kadına karışık gelen bir kavram. Çoğu bunu sahip olmadıkları ve asla sahip olamayacakları bir duygu gibi düşünüyor. Bazıları da ebeveyn ya da eşlerinin onlara karşı olan davranışının ne kadar sevilmeye layık olduklarını, bunun da kendilerini ne kadar az ya da ne kadar çok sevebileceklerini ya da sevmeleri gerektiğini belirlediğine inanıyor. Artık bu mantığın ne kadar hatalı olduğunu çok iyi biliyorsunuz. Özsevgi sizinle başlayıp sizinle biter. Nokta.

Kendinizi gerçekten sevmek bir duygudan ziyade bir yaşam biçimidir. Bunu davranışlarınızda ve tercihlerinizde görürsünüz. Sınır çizmek özsevginin *en* üst ifade biçimlerinden olup sınırlar belirlemek ve daha sağlıklı ilişkiler kurmak her gün bu yüzden bu kadar önemlidir. Spor yapmaya başlar başlamaz hayalinizdeki karna bir haftada ulaşabileceğinizi düşünür müsünüz ya da hedefinize varır varmaz spordan vazgeçmeyi? Düşünmezsiniz. İnsanın kendisine olan sevgisini sağlıklı sınırlarla ifade etmeyi öğrenmesi de aynı şekilde işler.

Zahmete değer her şey gibi, özsevgi de çaba gerektiren bir süreçtir. Özsevgi, kendi adınıza ve yararınıza attığınız adımlar dizisidir. Kendinizi gerçek ve somut anlamda ne kadar çok severseniz, özgüveniniz de o kadar artacaktır. Kendi arkanızı kolladığınızı bildiğiniz zaman hayat çok daha iyidir.

ŞİMDİ SIRA SİZDE:
Özbakımınızı Değerlendirmek

Artık bildiğiniz üzere, iyi bir özbakım *Sınırların Efendisi* olmanın çok önemli bir parçasıdır. Aşağıdaki kontrol listesine bakarak halihazırda öz bakımınıza ne derece dikkat ettiğinizi ve herhangi bir ayarlama yapmanızın gerekli olup olmadığını değerlendirin. Listede olmayan sağlıklı bir alışkanlığınız varsa onu da ekleyebilirsiniz.

- Elimden geldiğince düzenli olarak hareket ediyorum.
- Farkında olarak yemek yiyorum.
- Elimden geldiğince uykuma öncelik veriyorum.
- Gün içerisinde yeterince su içtiğimden emin oluyorum.
- Düzenli olarak iyi vakit geçirip eğleniyorum.
- Parasal durumuma dikkat ediyorum.
- Rahatlığıma öncelik veriyorum.
- Her gün bir süre kendimle kalıp sakin ve sessiz bir zaman dilimi geçiriyorum. (Örneğin, meditasyon, nefes ve enerji alıştırmaları vs.)

Bu listeden yararlanarak, özbakımınızda *Sınırların Efendisine* layık bir şekilde ayarlama yapmanızın ya da yeni ve sağlam alışkanlıklar edinmenin gerekip gerekmediğine bakın.

Hem düzenlediğim çevrimiçi kurslarda hem de ofisimde dikkatimi çeken bir konu var; o da birçok kadının bu çalışmaya ilişkilerini düzeltme niyetiyle başlayıp sürecin sonunda ezici bir çoğunluğun elde ettikleri en değerli kazanımlar olarak özsevgi ve kişisel özgürlüğü saymaları. Bu ikisi birbirine cuk diye oturuyor. Özsevgi olmadan kişisel özgürlük mümkün değildir.

Bu sizin hayatınız ve önce siz gelirsiniz. Uçakta oksijen maskesini, bariz sebeplerden ötürü, ilk kendinize takmanızı söyleyen kurala benzer. Bu fikri yaptığınız her şeye uygulayın. Sabah kalktığınız andan itibaren başlamak üzere, gününüze nasıl daha çok huzur, rahatlık ve neşe getirebileceğinizi düşünün. Meditasyona sıkı sıkıya inanan biri olarak, günüme meditasyonla başlıyorum. Sakinlik ve sessizlik içinde oturmak düzenli olarak, tercihen her gün yapabileceğiniz, harika bir öz sevgi eylemidir. Farkındalık daha fazla bilinçlenmenize yardımcı olur.

Meditasyonun yanı sıra, özsevginin temel bir parçası olarak konfora da çok inanıyorum. Konfor an be an nasıl hissettiğinizi etkileyebilen küçük ama iyi hissettiren dokunuşlardır. Taze çiçeklerden, rahat battaniyelere ya da mutfak dolabınızı en sevdiğiniz çay ya da patlamış mısırla (ya da her neyi seviyorsanız) doldurmaya kadar basit şeylerin insana verdiği keyif ve neşeye defalarca şahit oldum. Duyusal zevklere öncelik vermek bedeninizin farkında olmaya devam etmenizin etkili bir yolu olabilir; zira bu küçük dokunuşlar sizi aynı zamanda anda kalmaya da davet eder. Tamamen anda olduğunuz zaman sadece nefes almanız ve kendinizi iyi hissetmeniz kolaylaşmaz; bodrumunuzdaki çöpler yerine gerçek hislerinize, isteklerinize ve tercihlerinize dayanarak verebileceğiniz en iyi kararı vermeniz de kolaylaşır. Bu basit özbakım işlemleri sizi bencil yapmaz; aksine kendinizi sevdiğinizi gösterir.

Hayatın ayrıntılarına dikkat etmek için zengin olmak zorunda değilsiniz. En büyük "maliyet" kendi kendinize verdiğiniz önemdir ve bu, ödemeyi isteyeceğiniz türden bir bedeldir. Kendinize başkalarına gösterdiğiniz nezaket ve dikkati göstermek *Sınırların Efendisi* olmanızı desteklemenin etkili bir yoludur.

Hayallerinizin Peşinden Gitmek

Kendinizi daha fazla sevdikçe ve tebrik ettikçe, rafa kaldırdığınız eski hayallerinizi ya da zevklerinizi yeniden düşünmeye başlayabilirsiniz. Bu doğal bir süreçtir. Kendinden vazgeçmek *Sınır Özürlülüğünün* tanımıdır. Sizi gerçekten mutlu eden ilgi alanlarınızdan yıllardıran beri uzaklaşmış olabilirsiniz.

Ama örneğin resim yapmayı ya da dans etmeyi seven o tutkulu ve sahici yanınız asla ölmez. Sadece yerin altına gömülür, o kadar. Gerçek özünüzün bazı yönleri fiilen inkar edilir ya da gizlenirken kendinizi tam anlamıyla ifade etmiş ya da neşeli hissedemezsiniz. Üstelik, bu yönlerinizi yeniden keşfetmek son derece tatmin edici ve eğlenceli olabilir!

Uzun zamandır unutulan hayalleri yeniden canlandırmak, *Sınırların Efendisi* olmanın önemli bir parçası olup iç dünyanızla dış dünyanızı birbiriyle uyumlu hale getirmeye yarar. Kadın danışanlarımın *Sınırların Efendisi* yolculuğunun bu kısmına ulaşmalarına tanıklık etmek, gerçekten heyecan verici.

Genellikle, uyumlandırma sürecinin bu kısmı başladığı zaman, danışanlar çok eskide kalmış hayallerinden bahsetmeye başlar. Şarkı söylemekten seramiğe roman yazmaktan kendi işlerini kurmaya kadar. Bir danışanımın en büyük hayali trapezci olmaktı mesela. İlgi alanı her ne olursa olsun, bu isteklere daha gerçekleşemeden gem vuran ve içten gelen bir negatif ses hemen her zaman vardır: *"Ne için? Ne anlamı var ki? Hiçbir zaman bir stadyumu dolduramayacağım, eserlerim galeride sergilenmeyecek ya da en çok satanlar listesine giremeyeceğim. Aptal gibi görüneceğim. Yapamam."* Ama aslında yapabilirsiniz ve *yapmalısınız* da.

İradenizi daha fazla kullanıp önünüzdeki sonsuz olanakların tadına gerçekten varabilmek için zihniyetinizi değiştiriyorsunuz. Öyleyse neden sizi neşelendirecek bir şey keşfetmeyesiniz ki? Söz konusu olan şey ruhunuzun istekleri olduğu zaman, herhangi bir uğraşı değerli kılmak için o konuda başarılı olmanız gerekmiyor. Sadece yapmayı sevdiğiniz için değerli olduğunu söylemeye ne dersiniz? Sizi mutlu eden şeylere kendinizi tamamen kaptırdığınız zaman kendinizi iyi hissettiğiniz için?

Eğer tutkularınıza olan bakışınızı değiştirebilirseniz, hayatınızı *değiştirebilir*; hatta hayal bile edebileceğinizden çok daha cesaretli bir şekilde yeni hayaller kurmaya başlayabilirsiniz. Neşenizin davranışlarınıza yön vermesine izin vererek, kendinize sevdiğiniz daha çok şey yapma zevkini vereceksiniz.

Daha iyi bir ruh hali, kendinizi daha fazla ifade edebilme, daha çok iyi hissettiren hormonlar, daha çok kendiniz olmak ve benzeri. Daha iyi ne olabilir ki?

Gerçekçi Olmak

Kendinizi kutlamanın, sevmenin ve kendinize bakmanın getirdiği yüksek enerji ölçülemez düzeydedir. Kendi gerçeğimize sahip çıktığımızda ve sağlıklı sınırlar belirlemek için güçlü kararlar aldığımızda, kaygı kokan sözüm ona cömertliğimizin yerine samimi bir şekilde verebilir hem kendimize hem de etrafımıza peri tozumuzu saçabiliriz. Bu peri tozu salt sihirdir; *sizin* sihriniz.

ÖZET *Sınır çizmek özsevginin en üst ifade biçimlerinden biridir.*

Sihrinizi masaya koymak hayatınızı mükemmelleştirmeyecek. Bu, artık çaba göstermek istemeyeceğiniz ya da Tekrarlayan Sınır Kalıplarına düşmeyeceğiniz anların asla olmayacağı anlamına gelmiyor. Ama eğer yolunuza devam eder ve kendinizi sevmeyi, düşünmeyi ve kendinize bakmayı günlük disiplininiz haline getirirseniz, *Sınırların Efendisi* temeliniz çökmeyecektir. Sürekli olarak sorun yaşayıp ilerleyemeyecekmiş gibi hissetmeden kendi sihrinize tutunup yeniden ayarlama yapabileceksiniz. Her zaman ileriye doğru bir yol vardır, bana güvenin.

Sınırların Efendisi olma yolculuğumda farkına vardığım bir şey var ki o da bodrumumun beni çağırdığını fark ettiğim ve *"Kahretsin!"* dedirten anların aslında son derece iyileştirici sevgi ve bağ kurma anlarına dönüşebileceği. Birkaç sene önce en iyi arkadaşım Lara ile bir konferanstaydık ve spiritüal konularda popüler bir kişinin ciddi anlamda küstah ve kibirli saçmalıklarını dinliyorduk. O kadar sinirlenmiştim ki *"Bu kadın insanları yargılayan aşağılığın teki. Kendini kim zannediyor ki?"* diye düşünmeye başladım ve konuşmasının ortasında çıkıp gittim.

Daha sonra, öğle yemeği yerken Lara bana neden salonu terk ettiğimi sordu. İyice kızmaya başladım ve *"Yanlış varsayımlarda bulunuyordu. O kadın beni tanımıyor!"* diyerek söylenmeye devam ettim. Ta ki Lara yavaşça bana doğru eğilip en şefkatli ses tonuyla, *"Başka kim seni tanımıyordu, Ter?"* diye sorana dek.

İşte o an beynimde bir şimşek çaktı. *Babam.*

Konuşmacı kadın eski bir damara basmış ve içimdeki çocuktan arta kalan acıyı uyandırmıştı. Babamla olan ilişkimi o ölmeden önce iyileştirmiş olsam da hâlâ ara sıra varoluşsal bir üzüntünün sancılarını çekiyordum. Bunu paylaşıyorum çünkü siz de kendinizi ara sıra çocukluğunuzda yaşayamadığınız birtakım şeylerin sancılarını çekerken bulabilirsiniz. Hem de sağlıklı sınırlar ve kendini ifade etme konusunda rahatladıktan çok sonra bile.

Sınırların Efendisi olmak, bir daha asla başka bir sorun ya da çocukluğunuzdan kaynaklı bir patlama yaşamayacağınız anlamına gelmiyor. Ama olması halinde bu anların üstesinden kolayca ve zarif bir şekilde gelebilecek ve bu anları hem kendinizle hem de başkalarınızla olan yakınlığınızı derinleştirmek için kullanabileceksiniz. O gün Lara ile bizi birbirimize derinden bağlayan bir konuşma yaptık ve konuşma sona erdiğinde çok daha fazla kendim gibi hissettim. Yaşantılarınızın tümüne sahip çıkmak peri tozunuzdan bir şey götürmez. Tam tersi, sihrinizi katbekat *çoğaltır*.

Gerçekçi Olmanın Yan Etkilerinin Tadını Çıkarmak

Kendinize karşı daha gerçekçi oldukça başkalarına karşı da daha gerçekçi olabileceksiniz. *Sınırların Efendisi* olarak eltinize otomatikman tavsiye vermek, kendi zararınıza da olsa huzuru kaçırmamak adına bir şey yapmamak, herkesin ihtiyaçlarını kendinizinkilerin önüne koymak gibi düşünmeden yaptığınız davranışların hiç de yardımcı, sevgi dolu ya da gerekli olmadığını fark etmeye başlayacaksınız. Çabuk çözümler önererek kendinizi başkalarının sorunlarının merkezi yapmadığınız zaman, önünüzdeki insanı gerçekten görebileceksiniz: İyisi ve kötüsüyle tam bir insan olarak. Bu aynı zamanda sizin de daha çok insan olmanıza izin verecek. Doğuştan gelen bilgeliğinize daha çok güvendikçe, doğal olarak başkalarına da kendi bilgeliklerine erişme konusunda güveneceksiniz.

ŞİMDİ SIRA SİZDE:
Şükran Alıştırması

Sınırların Efendisi olma yolculuğunda, bir süredir, iyileşebilmek adına geçmişte yaşadığınız acı dolu olayları deşip nelerin yanlış gittiğini tespit ediyorsunuz. Eşit derecede önemli olan bir diğer konu da halen hayatınızda doğru giden her şeyi takdir etmeyi düzenli bir alışkanlık haline getirmektir.

Şimdi bir an durup yaşadığınız deneyimler, hayatınızdaki insanlar ve yerler için duyduğunuz gerçek şükran hislerinizi çağırın. Aşağıdaki liste size bu konuda yol gösterebilir. Sonrasında listeyi kendinize göre uyarlayabilirsiniz.

- Pişen taze kahvenin, fırındaki ekmeğin ya da yeni biçilmiş çimlerin kokusu,
- Bir şehir manzarasının, sinek kuşunun ya da günbatımının güzelliği,
- Mahler'in dehası, eski Motown şarkıları veya Ariana Grande'nin içli sesi,
- Arkanızda durup sizi destekleyen ve kazanmanızı isteyen insanlar,
- Okyanusun, gülen bir bebeğin veya öten bir kuşun sesi,
- Zaman geçirmeyi ve rahatlamayı en çok sevdiğiniz yer; örneğin rahat yatağınız, güzel bir park veya Zen bölgeniz...

Değişen bir şey hissettiniz mi? Şahsen ne zaman gülen bir bebek hayal etsem, içim neşeyle dolar.

Unutmayın. Dikkatinizi nereye verirseniz, enerjiniz de oraya akar. Kendinizi üzgün hissettiğinizde, şükran hislerinizi artırmak ve duygu durumunuzu iyileştirmek için bu alıştırmayı yapın.

Sağlıklı sınırlar belirlemek sadece görülmeniz, duyulmanız ve bilinmenizle alakalı değildir; bu aynı zamanda hayatınızdaki insanlara karşı kendinizi daha yakın hissetmenizi de sağlar. Çünkü artık onları da görme, duyma ve tanıma becerisine sahipsiniz. Bu olmadan, ilişkileriniz hiçbir zaman tam olarak tatmin edici olmayacaktır. Peki ya her iki tarafın da birbirlerinin gerçek özlerini destekleyip kutlayabildiği ilişkiler? İşte bunlar son derece yakın ve altın kadar kıymetli ilişkilerdir.

ÖZET *Özsevgi seviyeniz, hayatınızdaki diğer ilişkilerin de çıtasını belirler. Hedefinizi yüksek tutun.*

Kendi içinizde daha net olmanız size başka insanlar ve kendi sihirlerini nasıl ifade ettikleri hakkında yeni bir bakış açısı sunacaktır. Etrafımızda özbakım, özsevgi ve genel olarak sınırlar konusunda çok iyi örnekler var. Bu örneklere dikkat etmek sizin de bu konuda devam eden gelişiminizi destekleyebilir. Daha sağlıklı oldukça, başkalarının davranışlarını yeni gözlerle görmeye ve düzensiz sınırlar cehenneminde sıkışıp kaldığınız zaman sizi rahatsız eden birtakım şeylerden olumlu anlamda etkilenmeye başlayabilirsiniz. Örneğin, çocuğunuzun anaokulu öğretmeninin velilere sabah 8'den sonra binaya girişe izin verilmediği konusunu hatırlatması size artık kıllık ifadesi değil de gayet açık ve doğrudan gelebilir. Çünkü artık "sahte kibarlık" bataklığında yol almaya çalışmıyorsunuz. Bir zamanlar soğuk bulduğunuz bir tanıdık, çocukluğunuzun iç içe geçmiş sınır kabuslarını artık tekrar etmediğiniz için çok daha ilgi çekici gelebilir.

Hatta gıcık olduğunuz kimseler bile artık gözünüze çok farklı görünebilir. Artık önce kendinizi düşündüğünüze göre, talepkar bulduğunuz bir arkadaşınızın "önce ben" diyen tavırları daha az rahatsız edici gelebilir ve onun daha çok bir *Sınırların Efendisi* gibi hareket ettiğini düşünüp takdir edebilirsiniz. Özgüvenli bir şekilde, buluşma yeri olarak daha uygun bir yer önerebilir ve sonrasında da içten içe sinirlenmek ya da başka birine çekiştirmek yerine, buluşmanızda arkadaşlığından gerçekten *zevk* alabilirsiniz.

Sınırların Efendisi olarak değişen bakış açınız doğruyu söyleyenleri ve oldukları gibi görülmek ve bilinmek amacında olanları takdir etmenizi sağlar. Artık olayı anlıyorsunuz.

Asla Geç Değildir

Yıllar önce dinlediğim bir konuşma bana ilham vermişti. Konuşmayı yapan *Düşünce Gücüyle Tedavi* kitabının yazarı ve Hay House Yayınevinin kurucusu Louise Hay'di. Hay sunumuna, *"Hanginiz hayatta olması gerektiği yerde olmadığını düşünüyor?"* sorusuyla başladı. Birçok el yukarı kalktı. Hay de bunun üzerine *"Anladığım kadarıyla olmanız gereken yerde değilsiniz"* diyerek kendi başarı öyküsünü anlatmaya başladı. *Tüm Hastalıkların Zihinsel Nedenleri* adlı ilk kitabını elli yaşında yazmış; kendi kendine yardım kitapları alanında bir lider olan Hay House Yayınevi'ni kurduğunda ise elli sekiz yaşındaymış. Gerçek anlamda doygunluğa ulaşmak için asla geç değildir; yaşınız kaç olursa olsun. Hay'in sözlerinin onu dinlemeye gelenlerin her birine nasıl dokunduğunu ve içimdeki korkunun umuda nasıl dönüştüğünü bugün bile hatırlıyorum. Oradan çıkarken aklımda tek bir düşünce vardı: *"Belki de gecikmemişimdir."*

Şu anda hayatınızın neresinde olursa olsun, siz de gecikmediniz.

Umuyorum ki eşsiz bir birey olduğunuzu ve bunun tercihlerinizi şekillendirebileceği gerçeğini sahiplenirsiniz. Bu dünyada sizden bir tane daha yok ve bu her anlamda doğru! Başka kimsede sizin DNA'larınız yok ve bundan sonra da olmayacak. Eğer hayatınızda daha fazla şeyler yapmanız gerektiğini düşünüyorsanız tam isabet! Bu kutlanması gereken bir şey! Kendi gerçekliğinize sahip çıkmanız önünüze kendi yüceliğinizi keşfetmek, kucaklamak ve ifade etmek için inanılmaz yollar açacak.

Sınırların Efendisi olmak, güçlenmek adına bir tercihtir ve bu tercih her şeyi değiştirecektir. İçinizdeki müziği dışarı çıkaramadan bu dünyadan ayrılmayın. Aksi takdirde hem kendinizi hem de dünyayı, bulunabileceğiniz eşsiz katkılardan mahrum ediyorsunuz o kadar. Kendimizi hem mevcut durumu muhafaza edip *hem de* kişisel anlamda gelişip büyümeye adamak için yeterli kapasiteye sahip değiliz. Artık mevcut durumu muhafaza etme konusunun gereğinden fazla abartıldığı konusunda hemfikiriz sanıyorum.

Sizi bilmem ama ben daha hiç kimsenin ölüm döşeğindeyken *"Keşke kendimden ve ihtiyaçlarımdan daha çok vazgeçseydim"* ya da *"Keşke şu nankör Bob'u memnun etmek için bir kez daha kendimi paralasaydım"* dediğini duymadım. Hayır, pişman olduğumuz şeyler genellikle *yapmadıklarımızdır*. Dilerseniz, ölmek üzere olan hastalarla ilgilenen ve yüzlerce, hatta binlerce insanın son arzularını duyan hemşirelere sorun. Kanser hastası olup ölmeyi bekleyen bir kadının hikayesini duymuştum. Aynada kendisine bakarken *"Keşke kendime bu kadar yüklenmeseydim"* diye düşünmüş. O anda peşine düşmediği bütün olasılıklar gözlerinin önünden geçmiş. Tercihlerinizi yaparken sağlam bir özsevgi hissiyle hareket ederseniz, pişmanlıklarınız çok az olacaktır. Önemli olan *her zaman* bir seçeneğiniz olduğunu hatırlamaktır.

Kendinizi sevme ve sağlıklı sınırlar çizme konusunda senaryoyu siz yazıyorsunuz. Henüz anlatmadığınız hikâyelerinizi öylece bırakıp gidecek misiniz? Ya da öykünüzü başka birinin yazmasına izin mi vereceksiniz? Önemli olan *sizin* neyin uygun, hatta paha biçilemez olduğunu düşündüğünüz. Hikâyelerinizi sadece siz anlatabilirsiniz. Bu dünyadaki hiç kimse sizin yerinize geçip bu vahşi ve harika dünyayı sizin gözlerinizle görme ayrıcalığına sahip değil. Eğer zaman zaman kendinizi imrendiğiniz Betty gibi olmadığınız için kötü ya da kusurlu hissediyorsanız, bilin ki değilsiniz. Ben sizin ışığınızı görüyorum. Siz harika birisiniz, hem de sadece siz olduğunuz için.

ÖZET *Kendinize, sizin adınıza karar verecek kişi olma izninı verin.*

Kendimizi gizlemek yerine kutlamaya geçtiğimiz zaman, gerçek anlamda güçlenmiş oluruz. Benim görüşüme göre, hakiki benlik değiştirilemez bir şey değildir. Doğuştan gelen yeteneklerinizi keşfedip ortaya çıkardıkça gerçek benliğinizi geliştirmeli ve şekle sokmalısınız. Örgüt psikolojisi uzmanı Adam Smith'in dediği gibi *"Tek bir hakiki benliğe bağlanıp kalmak zorunda değiliz. Yeni kimlikler deneyip sahiplenebiliriz. Kendimize karşı sadık olmamız gerekmez. Olmayı istediğimiz kişiye sadık olmayı tercih edebiliriz."**

Özbenliğinizi onurlandırma şeklinizi etkileyecek tercihlere sahipsiniz. Bu sayede, olabileceğiniz en gerçek ve en iyi halinize dönüşebilirsiniz. Dünyaya en büyük iyiliği de ancak bu şekilde yapabiliriz.

Eğer içinizde minnacık bir parçanız bile *Sınırların Efendisi* olabileceğinize dair şüphe duyuyorsa, size kesin bir dille söyleyebilirim ki, *olabilirsiniz*. Artık sizin zamanınınız. Bu değişikliği şimdi yapabilirsiniz.

Bu kitapta özellikle faydalı bulduğunuz bölümler hangisiyse alın ve kendinize göre uyarlayıp uygulayın. Aklınızda sadece tek bir satır bile kalsa, anlatılanlar acınızı kabullenip azaltmanıza yardımcı olabilecek eylem ya da düşüncelere sebep olacaksa, o zaman amacıma ulaşmışım demektir. Bu kitapta yer alan araç ve stratejiler temel niteliğindedir. Hayatınızın geri kalanında, siz büyümeye ve gelişmeye devam ettikçe, her aşamada işinize yarayacaktır. Siz büyüdükçe farklı doğrular sizde farklı duygusal etkiler yaratmaya başlayacak. Aynı fikirleri göreceksiniz ama bakışınız sürekli olarak gelişmeye devam ettikçe ek anlamlar kazanacak.

---

* Adam Grant, *"Authenticity Is a Double-Edged Sword,"* ted.com/podcasts/worklife. Erişim tarihi: 10 Nisan 2020.

Büyük hayaller kurun ve tıpkı *sizin* gibi, hayallerinizin de önemli olduğuna inanma cesareti gösterin. Kendi öneminize inanın. Kendi değerinizi gördüğünüz zaman durdurulamaz olacaksınız. Kendiniz olmanın ve kalbinizin isteklerine göre yaşamanın yarattığı dalgalanma etkisi hayal bile edemeyeceğiniz kadar derindir.

Kendinize bazı şeyleri farklı yapma, fikrinizi değiştirme, hayır deme, arada çuvallama, gülme, şarkı söyleme, cüret etme ve sadece olma izni tanıyın. En önemlisi de kendiniz için karar veren kişi siz olun.

Sınırların Efendisi olarak bunu başarabilirsiniz.

Ben de size burada deli gibi tezahürat yapıyor olacağım!

SINIRLARIN EFENDİSİ İŞ BAŞINDA

1. Farkına Varın. Size yeni gelen bir şekilde, *Sınırların Efendisi* gibi davrandığınız ve düşündüğünüz her anı kutlayın, her yeni hareketinizi takdir edin. Size küçük gibi görünse de... Küçük değişiklikler bile aslında büyük bir şeydir. Küçük ve tutarlı adımlar, sonunda sürdürülebilir değişime neden olur.

2. Derine İnin: İnternet Sitemde Daha Fazla Araç Keşfedin. Şimdi Zen bölgenize rahatça yerleşip sizin için hazırladığım *Sınırların Efendisi Online Bonus Paketinin* içerisinde yer alan ekstra araçları, stratejileri, terapi amaçlı rehberli meditasyonları ve daha bir sürü başka şeyi keşfetmek için mükemmel bir zaman. BoundaryBossBook.com/bonus adresinde görüşmek üzere!

DERİNE İNİN

Bu bölümdeki alıştırmalar *Sınırların Efendisi* olmak için önemlidir. Atlamayın!

Her biri *Sınırların Efendisi* olma hakkında öğrendiklerinizi bütünleştirmenize yardımcı olacak ve bildiklerinizi uygulamaya geçirmek için gerekli becerileri kazanırken size yol gösterecektir. Bilginizi ve becerilerinizi derinleştirmek için alıştırmaların çoğunu birden fazla kez yapabilirsiniz.

Ayrıca ek araç ve stratejiler keşfetmek için BoundaryBossBook.com/bonus adresine giderek *Sınırların Efendisi Bonus Paketini* inceleyebilir ve paketin içindekileri indirip yazdırabilirsiniz.

BÖLÜM 1: Sınır Özürlüden Sınır Ustasına

KENDİ ZEN BÖLGENİZİ YARATIN

Kendi Zen bölgenizi oluşturmak basit bir işlem olup bunu kendinize uyacak şekilde yapabilirsiniz.

1. Bir yer seçin. Bir odanın bir köşesi, tamamı ya da komodinin bir köşesi olabilir. Davetkar ve rahat gelen herhangi bir yer uygundur.

2. Size özel bir yer haline getirin. Rahatlatıcı ve ilham verici şeylerle dekore edin. Örneğin yanıp sönen şerit ışıklar, bir mum, bir şişe esans yağı, yumuşak bir battaniye veya minder ya da en sevdiğiniz şifalı taşlar veya kristaller. Sizi besleyen ve moral veren her şey olur.

Bu sizin özel alanınızdır. Hazırladıktan sonra sık sık ziyaret edip düşünebilir, günlüğünüze yazabilir, nefes alma alıştırmaları ve meditasyon yapabilir, *Sınırların Efendisi* bütünleştirme alıştırmalarınızı yapabilir ya da sadece birkaç dakikalığına enerji depolamak için kullanabilirsiniz.

Derin bir oh çektiğinizi şimdiden hissedebiliyor musunuz?

MEDİTASYON YAPIN

Kendinizi vererek yaptığınız bir meditasyon hem iç dünyanızda hem de hayatınızda daha fazla alan yaratacaktır. Hatta bütün etkileşimlerinizde size iki-üç saniye ilave yanıt süresi kazandırabilir. Bu kısa süreli ama önemli es sayesinde tepki yerine yanıt verebilirsiniz. Bunun da etkisi büyüktür.

- Kolaydan başlayın. İlk önce beş dakika oturmayı hedef alın. Bir alarm kurun.
- Rahat bir şekilde oturduktan sonra bir mum yakın ve uzun, yavaş ve derin bir nefes alın.
- Evrensel değeri olan ve *"Ben O'yum"* anlamına gelen basit bir Sanskritçe mantrayı söyleyin: *"So-ham."* Önce nefes alırken içinizden birkaç kez *"so"* deyip nefes verirken *"ham"* sözcüğünü tekrarlayın.
- Bu meditasyonu her gün, mümkünse sabah, ilk iş olarak yapın. Günlük rutininize birkaç dakikalık sessizlik ve sakinlik eklemenin ne gibi değişiklikler getireceğine dikkat edin. Zaman içinde alıştıkça, her hafta birer dakika daha ekleyip toplam süreyi yirmi dakikaya çıkarmayı hedef alın.

BoundaryBossBook.com/bonus adresinde ücretsiz rehberli meditasyonlar, ek farkındalık araçları ve başka stratejiler bulabilirsiniz.

BÖLÜM 2: Sınırın Temelleri

OLUR/OLMAZ

Zen bölgene git ve rahatça yerleş, çekirge. Sonra da günlüğünü çıkar ve sana uyan ve uymayan şeyleri (olur/olmazları) ortaya çıkarmaya hazır ol. Nelerden hoşlanıp nelerden hoşlanmadığınızı daha çok tanıdıkça, hayatınızın her alanında ne gibi sınırlar istediğinizi tespit etmeniz o kadar kolay olacaktır.

Aşağıdaki soruları bir rehber gibi alıp aklınıza ne gelirse, sansürlemeden, düzeltmeden yazın. Bütün listeyi tek bir seferde tamamlamak zorunda değilsiniz; gün içerisinde belirli durumlar ortaya çıktıkça ve aklınıza geldikçe not alabilirsiniz. "Olmaz" listenize iyice daldıktan sonra "Olur" listenizin uzamaya başladığını da fark edebilirsiniz. Hedef, ilişkileriniz dahil olmak üzere halihazırda hayatınızın her alanında size uyan ve uymayan her şeyin ana listesini hazırlamak olsun.

> **Ev.** Nasıl bir ortam tercih edersiniz? Gürültü seviyesi, aydınlatma, atmosfer, doku, temizlik vs. konuları düşünün.
>
> **İş.** Yaptığınız işi seviyor musunuz? İş arkadaşlarınızla olan etkileşiminizin yanı sıra fiziksel ortamı, çalışma koşullarını, kurumsal kültürü vs. konuları düşünün.
>
> **Parasal Durumlar.** Harcama, tasarruf, eşinizle bir bütçeyi paylaşma ya da masrafları başkalarıyla paylaşma gibi konularda olur ya da olmaz dediğiniz şeyler neler? Az miktarda bir tasarrufunuz olması size uyar mı yoksa kendinizi iyi hissetmek için bankada çok paranız mı olması gerek?
>
> **Aşk Hayatı.** Düzenli bir ilişki yaşamayı mı tercih ediyorsunuz, yoksa kısa süreli, sıradan ilişkiler mi? En sevdiğiniz iletişim yöntemi hangisi: mesaj, ko-

nuşma, görüntülü konuşma? Problemleri nasıl çözmeyi seversiniz?

Bir ilişkideyken birlikte olduğunuz kişiyle ne kadar birlikte zaman geçirmek ya da ne kadar yalnız kalmak istersiniz? Cinsellik nerede, ne zaman ve kimle olursa olur? Ve ne tür seks?

Bedeniniz. Sağlık durumunuz iyi mi? Pazarlığa tabi olmayan günlük veya haftalık alışkanlıklarınız var mı? Yoga, meditasyon vs.

Kişisel Alan. Ne kadar ihtiyacınız var? Tokalaşmayı mı tercih edersiniz, sarılmayı mı? Dokunulmasından hoşlanır mısınız, hoşlanmaz mısınız? Durumunuz yakın arkadaşlar, sevgili, tanıdık ve yabancılara göre nasıl bir farklılık gösteriyor?

İnanç ve Fikirler. Başkalarının inanç ve fikirlerinin sizinkinden farklı olması size uyar mı? Açık fikirlilikle dinleyebilir misiniz, yoksa yargılar mısınız? Hiç kimse onaylamasa da kendi inanç ve fikirlerinizin arkasında durabilir misiniz? Ateşli bir şekilde tartışmak size uyar mı uymaz mı?

Eşyalarınız. Başkaları eşyalarınızı ödünç alabilir, tabağınızdan yiyebilir veya cüzdanınızdan borç para alabilir mi?

İletişim. Arkadaşlarınızla, ailenizle, sevgililerinizle fazla iletişim halinde olmayı sever misiniz? Derin sohbetleri mi tercih edersiniz, yüzeysel mi? Konuşurken lafınızın kesilmesi size uyar mı?

Sosyal Hayat. Dışarı çıkmayı mı tercih edersiniz, evde oturmayı mı? Grup aktiviteleri size göre mi, yoksa daha çok birebir vakit geçirmeyi mi tercih edersiniz? Canlı müzik, törenler, partiler, barlar, kalabalık ortamlarla aranız nasıl?

İlişkiler. Halihazırda hayatınızdaki ilişkilerde olup da size uymayan her şeyin listesini hazırlayın.

Sınırların Efendisi olma yolunda ilerledikçe bu liste değişecektir. Unutmayın: neyin size uyup uymadığını bir tek siz biliyorsunuz. Listenizi ne kadar çok sahiplenirseniz, kendinizi o kadar güçlü ve tatmin olmuş hissedeceksiniz.

BÖLÜM 3: Eş Bağımlılık Bağlantısı

DUYGUSAL EMEK DEĞERLENDİRMESİ

Aşağıdaki kontrol listesini gözden geçirerek, duygusal emek anlamında dengesizlik olan ve gerekenden fazlasını yaptığınız ilişkiler olup olmadığını tespit edin.

Duygusal Emek Kontrol Listesi

- Genellikle herkes için her şeyi yapıyormuşum gibi hissediyorum.
- Hayatımdaki insanların çabalarımı daha çok takdir etmesini isterdim.
- Zaman zaman bir şeylerin altında bunalmış ve içerlemiş hissediyorum.
- Genelde hayatımdaki insanlar arasında aracılık görevi görürüm.
- Ben olmasam hiçbir şey yapılmaz.
- Başkalarının problemlerini ve meselelerini çözmekten ben sorumluymuşum gibi hissediyorum.
- Eşim/arkadaşım/ebeveynim/patronum işleri tamamlamak için gereken zaman ve enerjiyi genellikle hafife alıyor.
- Hem kişisel hem mesleki anlamda problemleri çözen kişiyim.
- Sosyal etkileşimler beni zaman zaman yorgun ve bitkin düşürür.

- Kendimi yüksek işlevli bir eş bağımlı tanımıyla özdeşleştiriyorum.
- Bir şeyin doğru yapılmasını istiyorsam, kendim yapmamın genellikle daha kolay olduğunu düşünürüm.
- Kendimi zaman zaman açıklanamaz bir şekilde bitkin hissediyorum.

Yukarıdakilerden ne kadar çoğu sizin için geçerli ise, o kadar çok duygusal emek harcıyorsunuz demektir.

Üzerinde Düşünülecek Sorular

- Nerelerde yapmanız gerekenden fazla duygusal emek harcıyorsunuz ya da bunun için gönüllü oluyorsunuz?
- Hayatınızın hangi alanlarında her şeyden sorumlu olan kişisiniz?
- Eşiniz/kardeşiniz/iş arkadaşınız ne(re)lerden sorumlu?

Halen sorumluluğunu üstlendiğiniz duygusal ve fiziksel işlerin bir listesini çıkarın ve nerelerde işi başkasına delege edebileceğinize, ilgili kişilerle konuşabileceğinize ya da aşırı çaba göstermeyi bırakabileceğinize bir bakın. İlişkilerinizde daha fazla eşitlik ve adalet yaratmak daha az içerlemenizi sağlayacak ve enerjinizi artıracaktır.

BÖLÜM 4: Bozuk Sınır Verisi

SINIR PLANINIZI ORTAYA ÇIKARMAK

Bu alıştırma *Sınırların Efendisi* yolculuğunuz için temel niteliğindedir. Aslında bu alıştırmayı yapmaya, *Şimdi Sıra Sizde* kısmında başladınız. Ama o sadece anlık bir durum tespitiydi. Şimdi artık derine inme zamanı.

Çocukluğunuzda, aile üyelerinin birbirleriyle ve dış dünyayla olan ilişkilerini belirleyen şey ailenizin koyduğu angajman kurallarıydı. Bugün özel ve mesleki ilişkilerinizde ne derece iyi ya da kötü sınırlar çizebildiğiniz işte bu kurallara bağlı.

Şimdi Zen bölgenize gidip rahatlayın ve aşağıdaki soruları okuyun. Sonra da kendinize evet yanıtı verdiğiniz sorular üzerinde daha fazla düşünmek, daha çok şey hatırlamak ve daha fazla yazmak için zaman ve alan verin. Yanıtlarınıza ve içgörülerinize ulaşmak için zaman tanımak adına, bu alıştırmayı birkaç seansta tamamlamak isteyebilirsiniz.

- İstismar, bağımlılık, katı kurallar veya ihmalin olduğu bir evde mi büyüdünüz?
- Anne-babanız, bakıcılarınız ya da sizi yetiştiren kimselerin problem çözme becerileri zayıf mıydı? Çatışma yaşandığında düşmanca yanıt veriyor, sessiz kalıyor ya da fiziksel veya sözel şiddete mi başvuruyorlardı?
- Fiziksel ve maddi anlamda mahremiyetten yoksun muydunuz? (Odanızın kapısını kapatabiliyor muydunuz? Eşyalarınız size mi özeldi, yoksa başkaları onları alıp kullanabiliyor muydu? Sizin izninizle ya da sizden izinsiz?)
- Herkes herkesin ne yaptığını biliyor muydu? Aile üyeleri birbirlerinin işlerine ve ilişkilerine çok fazla mı karışıyordu?
- Ailede diğerlerini kontrol eden bir ya da daha çok kimse var mıydı?
- Hayır dediğiniz zaman ya da gruba uymadığınız zaman cezalandırılıyor muydunuz?
- Aileniz bir şeyleri yapmanın tek bir "doğru" yolu olduğuna inanıyor, yeni fikir ya da önerilere karşı çok az mı tolerans gösteriyordu?
- Ailenin geri kalanından farklı olan duygu ve düşüncelerinizi paylaşmaktan caydırılıyor muydunuz?

- "İyi bir kız" olduğunuz için övülüyor ya da ödüllendiriliyor muydunuz? İtaatkar, uysal, uyumlu ve kibar olmak dahil.
- Düzenli olarak istenmeyen tavsiye veya eleştirilere maruz kalıyor muydunuz?
- Duygusal ve/veya fiziksel ihtiyaçlarınız ihmal ediliyor muydu?

Verdiğiniz evet yanıtları üzerine daha derin düşünerek aile üyelerinizin birbirleriyle ve dış dünyayla nasıl ilişki kurduklarını aydınlatabilecek; *Sınırların Efendisi* yolculuğunuzun geri kalanında size rehberlik etmesi *için Sınır Planınızın* ayrıntılı bir resmini ortaya çıkaracaksınız.

BÖLÜM 5: Derine İnmek: Şimdi, O Zaman Değil

İÇERLEME ENVANTERİ

Yeni ya da eski olsun, sadece siz kendinizi içerlediğiniz şeylerin toksik cezaevinden kurtarabilirsiniz. İçerlediğiniz şeylerin farkına varmak, bunlardan kurtulmanın ilk adımıdır. Aşağıdaki özdeğerlendirme soruları nasıl hissettiğinizi ve neye ihtiyacınızın olduğunu anlamanıza yardımcı olacak. Soruları okuyup cevaplarınızın bir listesini hazırlayın. Sonrasında herhangi bir şey yapmanız gerekip gerekmediğine karar verebilirsiniz.

- Halen içerlediğiniz herhangi bir şey var mı?
- Nerelerde kendinizi kızgın, üzgün hissediyor; duyulmadığınızı ya da görülmediğinizi düşünüyorsunuz?
- Hâlâ içerlediğiniz geçmiş olaylar var mı?

Eskide kalmış ama içerlemeye devam ettiğiniz şeyler varsa bunları günlüğünüze yazmak, hiç gönderilmemek üzere bir mektup yazmak veya uygunsa duygularınızı ifade etmek için ilgili kişi ya da kişilerle doğrudan konuşmak isteyebilirsiniz.

İçerlediğiniz şeyleri sahiplenmek, doğruyu konuşmanın ve görülmenin *Sınırların Efendisine* yakışan yoludur. Bu alıştırma sadece kendinizi özgürleştirmek içindir; bir başkasını affetmek veya yaptıklarına göz yummak için değil.

BÖLÜM 6: Üçlü Yanıt Yöntemi: Farkına Var-Bırak-Yanıt Ver

TERCİHLERİNİZİ, İSTEKLERİNİZİ VE SİZİN İÇİN KABUL EDİLEMEZ OLAN DURUMLARI BİLİN

Şimdi *Sınırların Efendisi* olma yolculuğunuzda tercihleriniz, istekleriniz ve sizin için kabul edilemez olan durumlar arasında bazı ince ayrımlara varmak için mükemmel bir zaman.

Hazırladığınız "Olur/Olmaz" listesine geri gidin (ikinci bölümün "Derine İnin" alıştırması) ve ana listenizdeki maddeleri hislerinizin yoğunluğuna göre sınıflandırın. Yazdığınız şeyler sizin için bir tercih mi (olursa iyi olur), kabul edilemez bir durum mu (asla olmaz), yoksa bu ikisinin arasında bir istek mi?

Unutmayın, ihtiyaçlarınız konusunda en başta gelen otorite *sizsiniz*. Hissettiğiniz şeyler için kimsenin iznine ihtiyacınız yok. "Olur/Olmaz" listenizi tercih, istek ve kabul edilemez olan durumlara göre yeniden gözden geçirmeniz nerelerde anlaşmaya varıp (tercihler) nerelerde varamayacağınızı ve varmamanız gerektiğini (kabul edilemez olan durumlar) açıklığa kavuşturacaktır.

ANNENİZİN OLUMLAMALARI DEĞİL

Olumlama özsaygınızı, stres düzeyinizi ve davranışlarınızı etkileyebilen kişisel bir ifadedir. Farkında olmasanız da kendinize söylediğiniz olumsuz sözler de olumlamaya girer. Tek fark, düzensiz sınırlar gibi istemediğiniz şeyleri olumlamasıdır.

Bunun yerine, bilinçli bir şekilde kendinize olan saygınızı artıracak, stresi azaltacak ve (davranışlarınızı yönlendiren) bilinçdışı zihninizi yeniden eğitecek pozitif olumlamalar seçin. Bu tarz olumlamalar, korktuğunuz ya da beklemeye şartlandığınız şeye değil de istediğinize odaklanmanıza yardımcı olacaktır.

Öncelikle kendiniz, hayatınız ya da dünya hakkında birkaç pozitif olumlama cümlesi hazırlamakla başlayın. Sonra da bu cümleleri gün boyunca tekrarlayın. Olumlama cümlesi oluştururken:

- Birinci tekil şahıs kullanın (özne "ben" olsun).
- Şimdiki zamanda yazın.

Sadece olumlu ifadelere yer verin. Olmasını istemediğiniz şeyleri değil, olmasını *istediğiniz* şeyleri ifade edin. Örneğin, *"Artık her gün yorgun değilim"* gibi olumsuzu olumlayan bir ifade yerine kısa tutun.

- Sizin için duygusal açıdan anlamlı hale getirin; doğru gelsin/hissettirsin.
- Olumlama cümlesini söylerken, doğru olduğunu düşünün ve çağrıştırdığı olumlu duyguları hissedin.

Başlangıç için birkaç örnek:

- Kendimi koşulsuz seviyorum.
- Tercih, istek ve sınırlarımı kolayca ve zarif bir şekilde ifade ediyorum.
- Kendime başkalarına gösterdiğim nezaketi ve düşünceli tavrı gösteriyorum.
- Zevklerime her gün öncelik veriyorum.
- Sakin ve rahat olmak benim için kolay bir şey.

Aklınızdan kendinizle ilgili olumsuz düşünceler veya korkuya dayalı ifadeler geçtiğini fark ederseniz, pozitif olumlamanıza geri dönün ve bu cümleyle ilişkili *duyguları hissedin*. Sözcüklerin kanatları ve yaratıcı güçleri olduğunun farkında olun. Havalanıp bir şeyleri harekete geçirebilirler. Kendiniz, hayatınız ve potansiyeliniz hakkında olmasını istediğiniz şekilde konuşun.

Bunların yanı sıra gündelik hayatınızda daha genel olumlama cümleleri de söyleyebilirsiniz. Örneğin,

"Kendimi her gün çok daha enerjik hissediyorum!" deyin.

- Her şey kolayca ve zarif bir şekilde akıyor.
- Her zaman gerektiğinden fazla vaktim var.
- İlahi bir güç tarafından yönlendiriliyor ve korunuyorum.
- Varlıklıyım.
- Bütün ihtiyaçlarım kolayca karşılanıyor.
- Seviliyorum.
- Değerliyim.
- Hayatımdaki bütün nimetler için minnettarım.

Pozitif olumlama cümlelerini farkında olarak tekrarlamak evrene gönderdiğiniz enerji titreşimini yükseltir; bu da kendinize çektiğiniz yaşantıları olumlu yönde etkiler. Bu, *Sınırların Efendisine* yaraşır düzeyde tatmin edici bir hayat yaratmak için niyetinizin akıllara durgunluk veren gücünden faydalanmanın bir yoludur.

BÖLÜM 7: Tepkisellikten Proaktif Sınırlara

İLETİŞİMDE DÜRÜSTLÜK

Birçoğumuz çatışmadan kaçınmak için küçük beyaz yalanlar söylemenin zararsız olduğunu öğrendik. *Sınırların Efendisi* için bu doğru değildir; özellikle de yüksek önceliği olan ilişkilerde. Huzuru bozmamak adına doğruları tam olarak söylememe, bazı bilgileri gizleme ya da bunları bir başkası yaptığında müsamaha gösterme kişisel gücünüzü ve sağlıklı sınırları baltalayan şeylerdir.

İletişimde ne derece dürüst olduğunuzu değerlendirmek adına, aşağıdaki davranışlardan sizin için geçerli olanları işaretleyin.

- Rahatsız edici bir durumdan kaçınmak için aslında istemediğim şeyler söylerim. Örneğin, katılmaya niyetimin olmadığı bir etkinliğe yapılan daveti kabul etmek gibi.
- Çatışmadan kaçınmak için bazen beyaz yalanlara başvururum. Örneğin, talepkar bir arkadaştan gelen telefonu bir bahaneyle geçiştirebilir ya da öyle olmadığı halde yemek yediğimi söyleyebilirim.
- Bir durumu manipüle etmek için genelde insanlara iltifat ederim.
- Kendime ve başkalarına verdiğim sözleri tutmam.
- Arkadaşlarım hakkında arkalarından şikayet ederim ama hoşnutsuzluğumu nadiren doğrudan dile getiririm.
- Biri yanımda dedikodu ettiğinde, çirkin bir fıkra anlattığında veya nefret söyleminde bulunduğunda rahatsızlığımı dile getirmek yerine genelde sessiz kalırım.
- Birinin dürüst olmadığını ya da sözünü tutmadığını bildiğimde bile, onlarla nadiren yüzleşirim.
- Birinin kötü bir davranışını dile getirmek yerine genelde onun adına bahaneler üretirim.

İşaretlediğiniz yanıtlar iletişimde dürüst olmadığınız alanlardır. Şimdi bu yanıtlardan üç-dört tane seçip her bir durumun nerede, ne zaman ve kimlerle yaşandığını ve etkileşim sonrası kendinizi nasıl hissettiğinizi günlüğünüze yazın.

Kalıplarınız hakkında neler öğrendiniz? Edindiğinizi bilgiyi bir dahaki sefere farklı tercihler yapmak için kullanın. Böylece bundan sonra bilinçli ve daha dürüst bir şekilde iletişim kurabilirsiniz. Tıpkı olmak üzere doğduğunuz *Sınırların Efendisi* gibi!

BÖLÜM 8: İşler Ciddileşiyor

HAYALİN YASINI TUTUN

Sınırların Efendisi olma yolculuğunda sık sık acı veren ya da insanı hayal kırıklığına uğratan çocukluk yaşantılarına dikkat çekilir. Bu yaşantılara olması gerektiği gibi sahip çıkmak, sonra da serbest bırakmak için yaşananları gerçekte olduğu gibi kabul etmek, sonrasında da olmasını istediğimiz ama gerçekleşmeyen halinin yasını tutmak gerekir. Çocukluğunuza dair hayal kırıklıklarının yasını suçlama veya yargılama olmaksızın dürüstçe tutmak, şimdiki hayatınızda daha fazla tatmin ve neşe duyabilmeniz için sizi özgür bırakacaktır.

Aşağıdaki üç adımı uygulayın:

1. Çocukluğunuza dair sahiplenmeniz gereken hayal kırıklıklarını tespit edin.

2. Önce gerçekte olan biteni, sonra da olmasını istediklerinizi günlüğünüze yazın. Duygularınızı açıkça ifade edin, kendinize ve acınıza karşı şefkatli olun. Yazdıklarınızı anlayışlı bir arkadaşınızla veya bir uzmanla paylaşmak isteyebilirsiniz.

3. Sonra yazdığınız sayfayı koparıp lavaboda, bahçenizde ya da güvenle ateş yakabileceğiniz herhangi bir yerde yakın. Yakma ritüeli, geçmiş hayal kırıklıklarının enerjisinden kurtulmak için etkili bir yol olabilir. (Eğer güvenli bir şekilde yakamayacaksanız, o zaman yırtıp parça parça yapın.)

BÖLÜM 9: Sınır Muhripleri

SINIR MUHRİBİ KARA LİSTESİ

Eğer bir *Sınır Muhribiyle* başınız dertteyse, kimle uğraştığınızı anlamak önemlidir. İlk adım davranışlarının envanterini çıkarmaktır. Bunun içerisine uyguladığı manipülasyon taktikleri, yaptığı sınır ihlalleri ve bu kişiyle olan bağlantınızın zorunlu mu yoksa isteğe mi bağlı olduğu girer.

Bu alıştırma esnasında yoğun duygular ortaya çıkabilir. Kendinize karşı nazik olun ve şefkatli bir gözlemci gibi hareket edin.

*Sınır Muhriplerin*iz hakkında bilgi toplamak için aşağıdaki adımları her birine tek tek uygulayın.

1. **KİM:** Aile, arkadaş, sevgili, eş, kardeş, patron, iş arkadaşı vs.

2. **DAVRANIŞLARI:** Pasif-agresif iletişim, gaslighting, her tür istismar, bağımlılık problemleri, sevgi bombardımanı, dürüst olmama, ________ (kendiniz ekleyin).

3. **YARATTIĞI ETKİ:** Korku, kaygı, içerleme, yorgunluk, öz saygıda azalma, maddi kayıp, ________ (kendiniz ekleyin).

4. **BAĞLANTI DÜZEYİ:** Önceliği düşük, önceliği yüksek ya da mecburi (örneğin, ortak ebeveynlik).

Mevcut kalıpları tespit ettiğiniz zaman, stratejik ve başarılı bir şekilde hareket etmek için daha iyi bir konumda olursunuz. Eylem planlarınızı hazırlamanıza ya da bir sonraki adımınızı planlamanıza yardımcı olması için, dokuzuncu bölüme bakın.

BÖLÜM 10: Gerçek Dünyadaki Sınırlar (Senaryo ve Örnek Cümleler)

BİR SONRAKİ SEVİYEDEKİ SINIRLAR

Artık elinizde sınır becerilerinizi uygulamaya geçirmek için gerekli araçlar olduğuna göre (Proaktif Sınır Planı, Üçlü Yanıt Yöntemi ve örnek cümleler), *Sınırların Efendisi* olarak yaşamınızı daha da desteklemek adına alet kutunuza zihinde canlandırmayı ekleyin. Bu teknik, arzu ettiğiniz sonuçları zihninizde şimdiden canlandırarak ve bu sonuçlar gerçekleştiğinde hissedeceğiniz duyguları şimdiden hissetmenizi sağlayarak kendi yolunuzdan çekilmenize yardımcı olabilir. Bu da istediğiniz şeylerin gerçekleşmesine yardım eder. Hem sizin hem de duyularınızın halen doğru ve gerçek bildiğinizin ötesine geçmesine izin verin ve olmasını arzuladığınız şeyi zihninizde canlandırın. Güçlü bir şekilde, sınır konuşmaları yaptığınızı hayal ederken mümkün olduğunca detaya girin ve o duyguları hissedin.

Bir sonraki seviyedeki sınırları belirlemek için aşağıdaki üç adımlı süreci uygulayın.

1. **Görün.** Kendinizi önemli bir toplantıda, müzakerede veya yıllık değerlendirmede hayal edin. Olmasından korktuğunuz şeylere odaklanmaktan kaçının. (Donup kalmak, kötü şartları kabul etmek, aşağılanmış hissetmek gibi...) Bunun olmasınıyerine, olmasını istediğiniz şeye odaklanın.. Sonuç ne olursa olsun, kKendinizi zihninizde güçlü, belagatli ve özgüvenli görün. —sonuç ne olursa olsun.

2. **Söyleyin.** Kendiniz, istekleriniz ve potansiyeliniz hakkında olumlu ve güçlü konuşun. (Örneğin, *"Umarım konuşurken hata yapmam"* yerine *"Zammı hak ettiğime inanıyorum. Kolayca pazarlık yapıyorum"* deyin.)

3. **Duyumsayın.** Gözlerinizi kapatıp derin bir nefes alın. Zihninizde canlandırdığınız resme odaklanın. Sonra beş duyunuzu birden kullanarak hayal ettiğiniz şeyi gerçekten deneyimlediğinizde hissedeceğiniz duyguları çağırın. (Örnek: Oda mükemmel sıcaklıkta. Sandalyeler rahat. Siz sakin ve kendinden emin bir haldesiniz. Dürüstçe ve kendinizden emin bir şekilde konuşuyorsunuz. Değeriniz üzerine pazarlık ettiğiniz için gururla ayrılıyorsunuz.)

Zihinde canlandırma tekniğini her duruma uygulayabilirsiniz. Düzenli bir şekilde yapıldığı zaman, yeni sınır becerilerinizi her gün uygulayabilmenizi olumlu anlamda etkileyecektir. Niyetinizin inanılmaz gücünden faydalanmak için her sabah beş dakika boyunca bu alıştırmayı yapın.

TEŞEKKÜR

Bu kitabın yazılmasında pek çok kişinin emeği var. Verdikleri inanılmaz destekten dolayı her birine son derece minnettarım.

En başta biricik aşkım Victor Juhasz'a sonsuz sabrı, sanatsal katkıları ve son bir yıldır alışverişten tutun da yemek pişirmeye, çamaşıra, yaptığı motivasyon konuşmalarından olaylara mizah unsuru katarak beni rahatlatmaya kadar yaptığı her şey için teşekkür ediyorum. Bunların hepsini son yirmi dört yıldır benden hiçbir zaman esirgemediği güler yüzlü mizacı, cömertliği ve bağlılığı ile yaptı. Seni çok ama çok seviyorum.

Yetişkin oğullarımız Max, Alex, Ben ve güzel ailelerine, en sağlıklı halime ulaşabilmem için bana ilham verdikleri ve mağarama gömülüp yazarken ortalıkta bulunmayışımdan dolayı gösterdikleri anlayış için minnettarım. Hepinizi çok seviyorum.

Annem Jan Cole ve kız kardeşlerim Tammi Rothstein, Kimberly Epstein ve Kathy Hughes'a destekleyici kardeşliğin gücünü ve spontan bir dans partisinin ne kadar eğlenceli olabileceğini öğrettikleri için çok teşekkür ediyorum.

Nixon'ın başkanlığından bu yana can dostlarım ve en yakın arkadaşlarım olan Donna McKay, Carrie Godesky, Ilene Martire, Cathy McMorrow, Maureen Ambrose ve Denise Perrino'ya elli yıldır gösterdikleri birlik ve dayanışma ve son üç yıldır durmaksızın sınırlar hakkında konuşmamı anlayışla karşıladıkları için minnettarım.

Destek, ilham ve arkadaşlıklarını esirgemeyen Lara Riggio, JoAnn Gwynn, Patty Powers, Danielle LaPorte, Kris Carr, Kate Northrup, Debbie Phillips, Amy Porterfield, Christina

Rasmussen, Christine Gutierrez, Jessica Ortner, Julie Eason, Davidji, Deb Kern, Gabby Bernstein, Richelle Fredson, Danielle Vieth, Latham Thomas, Elizabeth Dialto, Suzie Baleson, Carole Gladstone ve Taryn Rothstein. İyi ki varsınız.

Sevgili TC ekibine son bir yıldır boşluğumu cömertçe doldurdukları için minnettarım. Özellikle Tracey Charlebois'ya strateji sihrini konuşturduğu ve sınırsız sabrı ve nezaketi için teşekkür ediyorum. Sadık sağ kolum Joyce Juhasz'a planlı ve tertipli olmamı sağladığı, akıl sağlığımı koruduğu ve her şeye son bir kez göz attığı için; tasarımcı arkadaşım Wayne Fick'e de her şeyin iyi görünmesini sağladığı ve kitabım için tasarladığı mükemmel kapak için teşekkür ediyorum.

Bir diğer teşekkür ise güvenilir yazı ortağım ve arkadaşım Suzanne Guillette'e. Sadece bir hafta sonu için gelip planlama yapmama destek olacakken üç ayı bulan bir yazı yazma maratonuna katıldığı için... Sen olmasan başaramazdım.

Bir yazar olduğumu benden çok önce bilen ve bunu anlamam için sabırla on yıl bekleyen edebiyat ajanım Stephanie Tade'e de teşekkür ediyorum.

Son olarak, yorulmadan çalışan tüm Sounds True Yayınevi ekibine teşekkür ederim. Ortak yayıncı Jaime Schwalb'a rehberliği, sabrı, nezaketi ve bu meseleye kendi bakış açımdan bakmam konusunda beni cesaretlendirdiği için; geliştirici editörüm Joelle Hann'a içgörüsü ve becerileri sayesinde kelimelerimin çok daha rahat bir şekilde akmasına yardımcı olduğu için ve ortak editör Anastasia Pellouchoud'a beni "bulduğu" ve Sounds True'ya getirdiği için teşekkürler.